国家社会科学基金课题"高等学校聚合课程研究"成果（课题批准号：BIA180164）

CLUSTER COURSE
Theory and Practice

聚合课程

理论与实践

沈庶英

北京大学出版社
PEKING UNIVERSITY PRESS

图书在版编目(CIP)数据

聚合课程：理论与实践 / 沈庶英著. -- 北京：北京大学出版社，2024.5
. -- ISBN 978-7-301-35249-6

Ⅰ.H195.3

中国国家版本馆 CIP 数据核字第 2024EE9300 号

书　　名	聚合课程：理论与实践 JUHE KECHENG: LILUN YU SHIJIAN
著作责任者	沈庶英　著
责 任 编 辑	贾鸿杰
标 准 书 号	ISBN 978-7-301-35249-6
出 版 发 行	北京大学出版社
地　　址	北京市海淀区成府路 205 号　100871
网　　址	http://www.pup.cn　　新浪微博：@北京大学出版社
电 子 邮 箱	zpup@pup.cn
电　　话	邮购部 010-62752015　发行部 010-62750672 编辑部 010-62753334
印 刷 者	天津和萱印刷有限公司
经 销 者	新华书店
	650 毫米 ×980 毫米　16 开本　17.5 印张　234 千字 2024 年 5 月第 1 版　2024 年 5 月第 1 次印刷
定　　价	68.00 元

未经许可，不得以任何方式复制或抄袭本书之部分或全部内容。
版权所有，侵权必究
举报电话：010-62752024　电子邮箱：fd@pup.cn
图书如有印装质量问题，请与出版部联系，电话：010-62756370

前　言

　　教育是多学科共同协作的艺术。任何一门专业知识都不可能独立完成教育任务，必须在多学科交叉融合、交叠互补中实现人才培养，在多元碰撞激荡中形成新的认知，在各种观点的相互矛盾斗争中推进逻辑思维能力的提升。随着科学技术的发展，学科交叉融合已成为一种大趋势。聚合课程是建立在学科聚合统整基础上的一种新的教学模态。它从跨学科的视角审视教学内容、教学方法、教学模式、教育对象、教育形式、教育未来，从而实现学科交叉统整，完成多学科多角度育人，这必将为教育教学改革带来深远的影响。

　　聚合课程理论起源于通识教育。通识教育注重人的核心素养和综合能力的提升，需要从跨学科聚合统整视角开展人才全面发展的教育。本书基于中外通识教育的理论与实践，研究建立高等学校聚合课程教育模式，进而运用聚合课程理论开展聚合课程实践。以国际中文教育课程实践探寻聚合课程的社会意义，探索适合中国国情的高等学校聚合课程建设，创新和发展中国素质教育的模式与路径，以解决目前高校课程设置相对孤立、封闭、固化，人才培养知识面偏窄、理论知识和实践能力不能对接、价值观教育和知识教育不能有机结合、合作探究和自主创新能力缺乏等诸多问题，探索人才自主培养之路，全面提高人才自主培养质量，造就拔尖创新人才。

　　本书包括上篇、中篇、下篇共八章内容。上篇为聚合课程理论研究，包括第一至三章。第一章，聚合课程概述，阐释了聚合课程的概念、内涵、特征、功能，分析了聚合课程的形态特征、聚合课程的理论基础、聚合课程的评价以及聚合课程研究的理论意义和实践价值。第二章，聚合课程与通识教育，阐述了通识教育理论及国内外通识教育思想和实践，分析了聚合课程与通识教育的源流、差异及相互关联。第三章,聚合课程与新文科,阐述了新文科的产生及发展,阐释了新文科的聚合特征及与聚合课程的关联,分析了新文科视域下的聚合课程研究思路。中篇为聚合课程实践应用,包括第四至六章内容。第四章,聚合课程建设的实践,以通识课程"人类文明与当代中国"为例,探索并验证聚合课程建设问题。第五章,聚合课程建设实效考查,从两阶段、三调研入手(两阶段为学前阶段和学后阶段,三调研为学前摸底问卷调查、学后问卷调查和学习自传考查),分析验证基于聚合课程理论建设的通识课程"人类文明与当代中国"的教学实践效果。第六章,聚合课程建设实践的评价,从知识重构的融合度、教学团队协作状况、组织内部分工状况、学科之间内在联系、课程的实效性等五个维度及其所延展出的 25 个评价指标建立聚合课程的评价体系,并对"人类文明与当代中国"这门聚合课程进行分类系统评价。下篇为高等学校重要组成部分的国际中文教育聚合课程探索,包括第七至八章内容。第七章,聚合课程与国际中文教育,阐述了国际中文教育的历史沿革及聚合特征,分析了国际中文教育的交叉学科发展趋势,研究了国际中文教育的聚合课程建设形态。第八章,聚合课程指导国际中文教育实践育人,阐释了国际中文教育实践育人的聚合任务、亟待解决的问题,从课堂实践环境、校园实践环境、社会实践环境相互联动及虚拟仿真实验室机制和校企联合培养机制等,研究构建"三联动两机制"实践育人模态。

  本书的创新之处在于,把跨学科思维引入高等学校教育教学,采用多学科跨界融合的理念,研究高校课程建设,探索实施通识教育和素质教育的新模式、新路径。理论创新体现为以下三点。一是基于多学科交叉融合的课程观、教育观,提出现代教育应该从原子的、离散的、单打独斗式的课程状态向整体、系统、开放、融合意识回归。二是提出聚合课程是教与学的创新,是教学机制的再造,认为聚合课程中的"聚",既是教师的集聚,又是课程的集聚,还是师生互动和学生学习体验的集聚;聚合课程中的"合",既是不同学科知识的跨界融合,又是不同学科思想的融合,还是师生在教与学过程中学术精神的深度融合。三是提出聚合课程的基本特征,认为聚合课程具有同一主题、跨学科、协作授课、交叉融合、合作学习、多维视角等基本特征。实践创新在于通过通识课程"人类文明与当代中国"以及国际中文教育专业聚合课程的建设实践,探索出聚合课程的新模态,为高校课程育人开辟一条新路径。

本书的著述出版得益于很多师友的帮助。孟静怡老师在教育学理论研究方面给予了大力支持,对聚合课程理论研究提出了重要的宝贵意见;博士生刘芳铭、王建杰、单雅男做了大量资料整理工作;北京大学出版社邓晓霞老师积极推进本书出版,贾鸿杰老师为本书做了认真细致的编辑加工。在此一并致以衷心感谢!

本书研究获得 2018 年国家社会科学基金教育学一般课题"高等学校聚合课程研究"(批准号:BIA180164)的资助。

本书读者范围为从事高等教育理论研究和教学一线的教育工作者、课程与教学论专业研究生、从事教育改革发展的教育管理者,以及一切热心教育发展和跨学科研究的各界人士。

目 录

上篇　聚合课程理论研究

第一章　聚合课程概述 …………………………………………… 3
第一节　何谓聚合课程 …………………………………………… 3
　　一、聚合课程的概念内涵 ………………………………………… 3
　　二、聚合课程的基本特征 ………………………………………… 5
第二节　聚合课程模态 …………………………………………… 9
　　一、教师与教学资源的聚合 ……………………………………… 9
　　二、学生与学习环境的聚合 ……………………………………… 11
　　三、课程与课程的聚合 …………………………………………… 12
第三节　聚合课程的理论基础 …………………………………… 14
　　一、聚合课程与深度学习具有内在耦合性 ……………………… 15
　　二、学习科学为聚合课程奠定了教学基础 ……………………… 16
　　三、社会建构理论是聚合课程的实践基础 ……………………… 17
　　四、以学生为中心理论支持聚合课程建设 ……………………… 18
第四节　聚合课程评价 …………………………………………… 19
　　一、聚合课程评价的内涵 ………………………………………… 19
　　二、聚合课程评价的内容 ………………………………………… 21
　　三、聚合课程评价的指标体系 …………………………………… 22
　　四、聚合课程评价的模式 ………………………………………… 24
第五节　聚合课程的研究价值 …………………………………… 28
　　一、建设聚合课程的理论意义 …………………………………… 28
　　二、建设聚合课程的实践价值 …………………………………… 31

第二章 聚合课程与通识教育 … 35
第一节 关于通识教育 … 35
一、何谓通识教育 … 35
二、中西方的通识教育思想 … 36
三、通识教育的几个误区 … 38
第二节 国外通识教育简述 … 39
一、美国的通识教育 … 39
二、日本的通识教育 … 42
三、英国的通识教育 … 44
四、新加坡的通识教育 … 47
第三节 中国通识教育简述 … 49
一、大陆地区的通识教育 … 51
二、港澳地区的通识教育 … 61
三、台湾地区的通识教育 … 65
第四节 聚合课程与通识教育溯源 … 66
一、聚合课程的缘起 … 67
二、聚合理论催生了STEM教育 … 68
三、聚合课程与STEM教育有密切联系 … 71
四、聚合课程与综合课程 … 72
五、多学科与跨学科 … 73
六、聚合课程与通识教育的关系 … 74

第三章 聚合课程与新文科 … 77
第一节 新文科的产生 … 77
一、国外新文科的产生和发展 … 77
二、中国学科产生和发展的三个阶段 … 80
三、学科分化的弊端 … 81
四、中国新文科的发展 … 83
五、新文科"新"在何处? … 86

第二节　新文科的聚合属性 …………………………………… 90
　一、全面发展的育人属性 …………………………………… 90
　二、跨学科融合属性 ………………………………………… 91
　三、团队协作属性 …………………………………………… 92
　四、中国特色的人文社会科学属性 ………………………… 92
　五、重视问题研究属性 ……………………………………… 93
　六、通识教育属性 …………………………………………… 94

第三节　新文科视域下的聚合课程研究思路 ………………… 94
　一、深入调研 ………………………………………………… 95
　二、课程及教材设计 ………………………………………… 95
　三、总结经验 ………………………………………………… 95
　四、学科交叉统整 …………………………………………… 96
　五、培育人才 ………………………………………………… 96
　六、培育聚合课程教师队伍 ………………………………… 97
　七、评价研究 ………………………………………………… 97

中篇　聚合课程实践应用

第四章　聚合课程建设的实践 ……………………………… 101
第一节　课程概况 ……………………………………………… 101
　一、课程性质 ………………………………………………… 101
　二、课程建设意义 …………………………………………… 103
　三、课程建设目标 …………………………………………… 104
　四、人才培养目标 …………………………………………… 104
　五、教师团队组建及分工 …………………………………… 111
　六、课程安排及考核 ………………………………………… 112

第二节　教学内容建设 ………………………………………… 114
　一、内容建设的原则 ………………………………………… 114
　二、内容建设方案 …………………………………………… 115

第五章　聚合课程建设实效考查 · 121
第一节　考查方法及准备 · 121
　　一、调查问卷设计 · 121
　　二、学习自传设计 · 128
第二节　基于调查问卷的课程分析 · 129
　　一、客观题分析 · 129
　　二、主观题分析 · 133
　　三、综合分析 · 137
第三节　基于学习自传的课程分析 · 138
　　一、学习自传分析路径 · 138
　　二、学习自传分析过程 · 141
　　三、学习自传分析结论 · 161
第四节　聚合课程实践考查总结 · 162
　　一、课程设计科学，符合聚合课程的基本特质 · · · · · · · · · · · · · · 162
　　二、教学效果显著，全面提升学生综合素质 · · · · · · · · · · · · · · · · 165
　　三、实践经验宝贵，助力课程改革走深走实 · · · · · · · · · · · · · · · · 165

第六章　聚合课程建设实践的评价 · 167
第一节　知识重构的融合度评价 · 167
　　一、学科数量 · 167
　　二、知识融合度 · 168
　　三、与主题关联度 · 170
　　四、学生期待满意度 · 171
　　五、教师自我提升度 · 172
第二节　教学团队协作情况评价 · 173
　　一、教师数量 · 173
　　二、学科互予量 · 174
　　三、协作和谐度 · 175
　　四、知识增值度 · 176

五、教学资源开放度 …………………………………………… 178
第三节　组织内部协调情况评价 ……………………………………… 178
　　一、各自任务分工 ……………………………………………… 178
　　二、师生联系方式 ……………………………………………… 179
　　三、各自时间安排 ……………………………………………… 180
　　四、共同体是否健全 …………………………………………… 181
　　五、学生问题解决情况 ………………………………………… 181
第四节　学科之间内在联系情况评价 ………………………………… 181
　　一、培养目标的一致性 ………………………………………… 182
　　二、主题的聚焦性 ……………………………………………… 183
　　三、聚合的学科量 ……………………………………………… 183
　　四、学科之间的关联度 ………………………………………… 183
　　五、聚合的可操作性 …………………………………………… 185
第五节　课程的实效性评价 …………………………………………… 186
　　一、学生知识结构 ……………………………………………… 186
　　二、学生应用能力 ……………………………………………… 186
　　三、学生思维方式 ……………………………………………… 187
　　四、学生合作精神 ……………………………………………… 187
　　五、学习成效 …………………………………………………… 188

下篇　国际中文教育聚合课程探索

第七章　聚合课程与国际中文教育 ………………………………… 193
第一节　国际中文教育的历史沿革 …………………………………… 193
　　一、国际中文教育的发展历程 ………………………………… 193
　　二、孔子学院及其历史地位 …………………………………… 197
　　三、汉语水平等级考试（HSK） ……………………………… 201
第二节　国际中文教育的聚合特征 …………………………………… 207
　　一、学科交叉属性促进多学科融合 …………………………… 207

二、事业发展推动跨学科融合 ………………………………… 210
　　三、教学内容交叉融合促进了学科交叉统整 ………………… 211
　　四、教学方法兼收并蓄促进学科交叉融合 …………………… 212
　　五、学习需求多元化需要学科统整聚合 ……………………… 212
　　六、专业知识与智慧教育深度融合推动聚合课程发展 ……… 214
　第三节　国际中文教育的聚合课程建设形态 …………………… 216
　　一、从组织架构上聚合 ………………………………………… 216
　　二、从课程上聚合 ……………………………………………… 220
　　三、从教育环境的拓展聚合 …………………………………… 222

第八章　聚合课程指导国际中文教育实践育人 …………………… 224
　第一节　国际中文教育实践育人概说 …………………………… 224
　　一、国际中文教育实践育人的聚合任务 ……………………… 224
　　二、国际中文教育实践育人亟待解决的问题 ………………… 226
　　三、建设"三联动两机制"实践育人模式 …………………… 228
　第二节　课堂实践环境构建 ……………………………………… 229
　　一、课堂实践环境建设的必要性 ……………………………… 230
　　二、基于交互性的课堂实践环境建设 ………………………… 230
　　三、商务汉语课堂实践交互环境构建例析 …………………… 231
　第三节　校园实践环境构建 ……………………………………… 237
　　一、通过校园文化活动创设实践环境 ………………………… 237
　　二、通过虚拟仿真实验室机制建设校园实践环境 …………… 238
　第四节　社会实践环境构建 ……………………………………… 244
　　一、社会实践教学情况调查分析 ……………………………… 244
　　二、校企联合培养的实践育人机制 …………………………… 248

参考文献 ………………………………………………………………… 257

上篇

聚合课程理论研究

第一章 聚合课程概述

人类文明的历史是人类在不断与困难作斗争中解决一个又一个问题,在问题的解决中谋求生存、进步和发展的过程。人类所面对的问题是错综复杂的,不是依照人为划分的学科而存在和产生的,无论是人文科学、社会科学,还是自然科学,各学科都有其自身的优势和局限。科学技术的发展推动了社会进步,特别是在知识爆炸、社会复杂化程度日益提升的信息化、智能化时代,任何学科都凸显出无奈和短板,都不可能单打独斗解决问题。单一学科不能解决的复杂问题,需要多学科统整和互补,形成合力予以解决。随着科学技术的发展和人工智能时代的来临,许多现有的职业将会消失,新的职业将无法预测。今天学校里学到的知识,也许毕业后将没有多少用处,而未来社会所需的知识可能在今天的学校里并没有学到。教育如何培养适应未来社会需求的人才,这是一个值得研究的重要课题。教育必须要为人类开辟一条通往未来的通道,建设以学生为中心的人才培养机制,注重提升学生综合素质,注重培养学生的跨界思维以及持续学习、不断获取新知识的能力。聚合课程是引领未来教育改革发展的重要形态。通过构建多学科交叉融合,促进教育由单一学科向跨学科转变、由单纯知识传授向培养支撑终身发展的学习能力转变,以应对未来社会人才培养所需。

第一节 何谓聚合课程

一、聚合课程的概念内涵

所谓聚合课程,是基于跨学科视角的课程横向统整。即通过打破传统学科分野的藩篱,对不同学科知识内容进行融合、整合、再造,再由不同学科的教师,从各自学科的视角,针对同一主题进行协作式教学的组织形式。聚合课程是一种教育理念,其内涵包含课程、教学和教学法三个维度。

1. 课程维度

课程维度是聚合课程的教育呈现形式,即将跨学科的知识进行统整,通过课程聚合形成新的课程或课程群。

课程的概念由来已久,现代意义的课程观主要体现为两种。其一认为,课程是教学内容,而承载教学内容的是教材,所以课程就是教材。这是以学科划分知识的课程观,强调知识的专业性和人才的专门化。其二认为,课程是一种教育性经验,是对主体产生积极影响的各种因素的总和;或者认为,课程专指学校场域中存在和生成的有助于学生积极健康发展的教育性因素,以及学生获得的教育性经验。这种界定将学生的发展与课程联系在一起,注重过程培养,强调学生的成长所需要的多元综合因素。

聚合课程是生长于后者的课程形态,它超越学科的界限,将多学科的知识通过共同主题聚合在一起,建立起一种基于学科交叉统整的课程。这种课程融合了多学科的知识,并将这些知识进行聚合统整,建立起新的知识架构,从而形成有利于学生发展的课程形态,目的在于培养学生的综合能力和核心素质。

聚合课程可以是一种课程,即由多学科知识统整创生出的新的课程;聚合课程也可以是由多种课程集聚形成的课程群,其中每一门课程都围绕共同的主题,共同参与课程育人的任务。

2. 教学维度

教学维度是聚合课程的一种组织形态。聚合课程是一种新的教与学的模态,这种模态是现代教育从原子的、离散的、单打独斗式的课程状态向整体意识回归的一种再创造,是教育教学理念的变革。聚合课程呈现出多种组织形式。聚合课程中的"聚"即集聚,既是教师的集聚,又是课程的集聚，还是师生互动和学生学习体验的集聚，其核心是组织；聚合课程中的"合"即融合，既是不同学科知识的跨界融合，又是不同学科思想的融合，还是师生在教与学过程中学术精神的深度融合，其核心是合作。聚合课程是将多学科的知识和教师组织在一起，共同构建起新的课程或课程群，并通过这些课程或课程群开展跨学科教育。

学生学习的过程是各学科知识相互连接和相互融合的过程。认知习得理论认为，人的大脑在学习中会不断寻求联系和规律，并将知识模式化。因此，学习者内化的知识一定是融合的，而非孤立的。基于认知学中人脑对知识处理过程的观点，聚合课程能有效打破学科壁垒，通过主题教学创建学科之间的联系，帮助学生加强对知识的内化，开创一种有效的教学策略。

3. 教学法维度

教学法维度是聚合课程的思想应用。聚合课程是聚合思维法在教育实践和课程建设中的具体运用，是把广阔的思路、多学科的课程、学生的多种需求等聚集成一个焦点课程的方法集。通过聚合，不同学科教育思想、思维模式、教学原则相互交融碰撞，形成具有学科交叉融合优势的教学组织形式。

总之，聚合课程的具体教学模态所体现的不是单纯的教学形式，而是根据不同的教育教学需要而建设的多种教学模式和学习模式的集合。比如，由多种学科知识相互融合，围绕同一主题建设的一门聚合课程；由多学科的多门课程依从同一教学目标所建设的聚合课程群；由不同专业的教师为了共同的教育任务而建设的聚合课程教学组织团队；由不同专业、不同年级、不同国别的学习者形成的跨学科的学习共同体；由跨界融合的师生共同组建的聚合课程教与学的共同体。每种模态都体现了跨学科教育资源的整合、融合，目标都是为学生知识拓展开辟道路。

二、聚合课程的基本特征

聚合课程的基本特征体现为同一主题、跨学科、协作教学、交叉融合、合作学习、多维视角等六个方面。①

1. 同一主题是核心

聚合课程首要的就是确定一个共同的主题,以凝聚教师、整合教学方法、集聚学习资源。主题分为不同层级,有总主题,下设分主题。总主题确定聚合课程的核心,组织各个学科的优势力量,凝聚起教学团队;分主题形成聚合课程的教学单元,不同学科知识相互融合,相互渗透,再按照各自特点,形成交会互补、相互联系的单元知识序列。

聚合课程"同一主题"的理论基础是深度学习理论,该理论侧重学习的思维方式,指向学生的主动参与学习,以培养学生的高阶思维与问题解决能力。② 而在聚合课程的实施过程中,学生在教师引领下,始终围绕具有挑战性、融合性与思想性的主题内容参与学习,其实践路径是借助学科融合理念构建深度学习的主题内容。

2. 跨学科是特色

所谓跨学科,就是有意识地去参与并整合多个学术领域和多种学习方法来研究某个核心问题或项目。③ 在聚合课程中,教师学术背景跨界,教学资源跨越不同学科,教学方法多元交叉交融。学生能接触多学科的教育理念、多样化的教学风格,被多学科极大地赋能,从多学科的角度思考问题,体验到不同学科交叉融合的魅力。

聚合课程能够帮助学生建立学科之间的联系,将习得的信息和知识应用到现实世界的经验中。课程与教学论的相关理论与研究也支持"跨学科"性质的课程,包括"综合课程""综合教学"等。例如李(Lee M.)④通

---

① 沈庶英.基于跨学科模式的聚合课程研究:兼谈商务汉语聚合课程建设[J].教育研究 2018,39(1):119-125.

② 朱立明,宋乃庆,黄瑾,等.STEAM 教育核心理念下的深度学习:理据、架构与路径[J].中国教育学刊,2022(1):69-73.

③ 罗伯特·M.卡普拉罗,玛丽·玛格丽特·卡普拉罗,詹姆斯·R.摩根,等.基于项目的 STEM 学习:一种整合科学、技术、工程和数学的学习方式[M].王雪华,屈梅,译.上海:上海科技教育出版社,2016:78.

④ LEE M. Spark up the American Revolution with math, science, and more: an example of an integrative curriculum unit[J]. The social studies, 2007,98(4):159-165.

过研究发现,不同学科教师的协作教学必须在同一时间段内呈现,以获得最优的结果。

3. 协作教学是路径

聚合课程根据同一主题确定不同学科参与的课程数据项,由担任这些课程的教师组成聚合课程教师共同体,相互配合、相互协调,共同完成教学任务。由此发挥教师团队的力量,弥补单一学科教师知识能力和学术视野的不足。

协作教学一方面有助于教师个人效率和自我能力的提升,另一方面,协作教学也可以大大提高教学效果。自我效能理论的创始者阿尔伯特·班杜拉(Albert Bandura)指出,如果个人相信自身有能力完成可以产生特定成就的行为,这种信念就是自我效能。[1] 自我效能反映了对自己的动机、行为和社会环境的控制能力的自信。[2] 一个成功的聚合主题课程让每个人都参与决策制定。国外有研究表明,协同工作状态下的教师效率更高。定期合作的专业教师共同体提高学生成绩的可能性要比"单打独斗"的教师高出四倍。[3]

除自我效能理论外,协作教学也能从建构主义中找到其理据。从教学过程来看,协作教学是教学的过程,但从教师个人来看,协作教学同样也是学习的过程。建构主义认为,要建构起对世界的认识,必须要经历"同化"与"顺应"的过程。"情境""协作""会话""意义建构"是学习的四大要素。[4] 因此,在协同教学的过程中,教师在备课、授课及反思中,借助于

---

[1] BANDURA A. Self-efficacy: toward a unifying theory of behavioral change [J]. Psychological review, 1977, 84(2): 191-215.

[2] MICHAEL P C, ANDREW D F. Teaching tip sheet: self-efficacy[EB/OL]. (2009) [2024-02-26]. https://www.apa.org/pi/aids/resources/education/self-efficacy.

[3] SCRIBNER J, SAWYER R K, WATSON S, et al. Teacher teams and distributed leadership: a study of group discourse and collaboration [J]. Educational administration quarterly, 2007, 43(1): 67-100. PRINTY S M, MARKS H M. Shared leadership for teacher and student learning [J]. Theory into practice, 2006, 45(2): 125-132.

[4] 李建珍. 建构主义理论指导下的中小学教师信息技术培训[J]. 电化教育研究, 2003(3): 70-73.

其他教学媒介和教师的帮助,实现了其自身认知的主动建构过程。教师之间专业领域的相互融合、教学方法的不断切磋,都能为教师个人带来成长,并能将教师能力提升的效果反馈至教学当中。

4. 交叉融合是目标

学习不是知识的简单叠加,而是知识的交叉融合。认知习得理论提出,学生的学习成就是通过知识的整合而不是孤立的学习获得的。[①] 杜威(Dewey)也主张,教师需要通过课程带给学生真实世界的体验。学科知识的交叉融合可以促进学生更好地建立与现实世界的联系。在学习过程中,学生在教师的指导下以实践者的身份,通过交叉实践积累经验知识,从而认识世界。[②] 基于此,聚合课程能够为学生构建更好地进行知识融合的学习环境,不仅能够培养学生多学科视野的思维习惯,而且能够培养学生跨学科的读写、推理、批判、信息处理、问题解决、创造性表达等方面的能力。学生对跨学科的信息进行处理整合、加工再造、逐步积淀,就会将其潜移默化地内化为自身的能力。

5. 合作学习是策略

合作学习是一种结构化、系统化的学习策略。学习共同体是聚合课程的重要组织形式,教师和学生为了完成共同的教与学的目标,在学习共同体内进行思想交锋、智慧碰撞、知识共享。学习共同体成员不受专业和年级限制,既满足学生多元需求的兴趣,也促进教师的成长。

维果茨基(Lev Vygotsky)提出的社会建构理论认为,学习具有"社会性":知识不是客观的,而是主体经验的解释和假设;学习不是被动地接受知识,而是主动生成自己的经验;教学不是传递知识,而是创设一定环境支持和促进学习者主动建构知识的意义。[③] 维果茨基对建构主义的阐释

---

① RONIS D L. Clustering standards in integrated units[M]. 2nd ed. Thousand Oaks, CA: Corwin Press, 2007.

② KOVALIK S, OLSEN K. ITI: the model: integrated thematic instruction[M]. 3rd ed. Oak Creek, AZ: Susan Kovalik & Associates, 1997.

③ VYGOTSKY L S. Mind in society: the development of higher psychological processes [M]. Cambridge, MA: Harvard University Press, 1978.

也能为"合作学习"提供理论依据,他解释了儿童如何从成人的对话中学习概念。① 因此,在社会建构理论下,互动可以促进人智力和学习能力的不断增长。

6. 多维视角是方法

世界是多样的,认识世界的视角是多维的。面对同一主题,每个学科都各有长处和局限。学科多元交叉、互补、融合,既能拓宽教师的学术视野,影响教师的思维习惯,也能鼓励学生在探索不同学科领域的相互联系中提升学习的积极性、主动性和自信心。

第二节 聚合课程模态

课程是提高学生学业水平的关键性要素,"是教育教学活动的基本依据,是实现教育目标的基本保证,是学校一切活动的中介"②。充分利用综合学科的交叉性和知识体系的复合性,把跨学科的课程按照同一主题组织起来,构建开放的聚合课程模式,可以有效解决当前教学改革中面临的两个重要任务:一是为学生提供多学科的知识窗口,训练学习者养成交叉协同思维、多元学习方法和综合知识运用的能力。二是解决目前高校课程设置相对孤立、封闭、固化,人才培养知识面偏窄、专业交际能力弱、理论知识和实践能力不能对接、合作探究和自主创新能力缺乏等诸多问题。为此,需要结合教学改革实践,研究适合中国国情的聚合课程模式。本章着重从教师与教学资源的聚合、学生与学习环境的聚合、课程与课程的聚合等三个方面来阐释跨学科聚合课程的构建模式。

一、教师与教学资源的聚合

教师与教学资源的聚合是聚合课程建设的前提。教学资源包括的范

---

① VYGOTSKY L S. Thought and language[M]. Rev. ed. Cambridge, MA: MIT Press, 1986.

② 刘献君.抓住四个关键问题 加强大学本科课程建设[J].中国高等教育,2013(17):40—43.

围很广,凡应用于教学活动的物质系统的内容都应该算作教学资源。甚至教师也是教学组织建设的资源,是课程建设之基,是课程建设最重要的人力资源。

1. 组建教师共同体

教师是课程建设的灵魂。聚合课程需要整合优势资源,建立合作协调的教师共同体。这种共同体不是机构建设,而是教育教学机制的再造。比如商务汉语聚合课程的课程数据项可根据主题,从语言学、经济学、管理学、法学、心理学、文化学、信息科学等学科中产生,由相关课程的任课教师组成共同体。每门课程至少有一名主讲教师,以及若干名实践辅导员和助教。由一名学科理论权威或资深教学专家作为带头人,统合多方力量,组织研讨,规划课程架构,确定课程方案。成员分别承担教学内容设计、课堂教学、组织辅导、讨论及操练等教学任务及在线辅导任务。共同体成员要具有开放的思维,主动积极参与研讨、互动、交流,愿意接纳不同学科的知识和思想,共同开发具有交叉学科特色的商务汉语聚合课程。

2. 重构知识体系

聚合课程建设的核心是教学内容、知识体系的重构,而重构的前提是学科知识的解构,其依据是课程主题,基础是课程资源。因而,重构知识体系,需要采取三个步骤。一是明确课程主题。可围绕人才培养目标,建设开放包容、因材施教的聚合课程主题。二是解构学科知识。对参与聚合的课程数据项进行知识系统的分解,再根据主题提炼核心知识点,并进行纵向排布。三是重构知识格局。研究不同课程数据项知识点的内在联系,找到相互关联的契合点,按照教育教学规律,把不同学科的知识点横向融合,对不同课程资源进行重新开发组合,构建多学科共融互通的聚合知识体系。

3. 完成教学设计

教学设计是保证课程有效实施的关键环节。聚合课程的教学设计要求教师共同体围绕主题,研究各个数据项之间的联系,找到跨学科联系的切入点,创生新的交叉学科业态,主要包括三个环节。一是集体备课。教师共同体围绕同一主题进行多学科、多视角的协作研讨,规划设计课程内容,分别承担相应任务,在教学内容、方法、风格上相互关照、相互补足,建立理论与实践相结合的教学资源和综合的教学方法,完成课程准备。二是合作上课。聚合课程教学组织形式可以按照大班知识传授和小班针对性辅导两种形式进行,两种教学组织形式内容互动,形式联动,互相配合,协同一致。此外,专设实践指导教师,在模拟真实场景中,针对学生实践操练进行指导,建立理实相促的教学模式。同时安排专门教师负责在线学习辅导。三是信息反馈。聚合课程团队需要定期沟通教学信息,分析教学资源的有效性、教学组织形式的合理性、学习者的有效反馈数据等,对课程和教学做出相应的调整和改进。

二、学生与学习环境的聚合

1. 建立学习共同体

"学习共同体(Learning Community)"或"学习社区"是支撑以知识建构与意义协商为内涵的学习平台,在学习中发挥群体动力作用,成为信息时代知识创生的社会基础。共同体内部所产生的能量是一种化学的反应,而不是物理的简单叠加。学习共同体是开放的,成员可以是学生,也可以是教师、助教;可以中外混合,也可以跨专业、跨层级;可以是实体课堂的同学,也可以是在线的同学。共同体内通过不同文化的交流互鉴、信息沟通、资源共享、思想碰撞,形成相互影响、相互促进的人际环境,共同完成学习任务,养成多维思维习惯。

2. 运用合作学习法

合作学习法(Cooperative Learning)是20世纪70年代兴起于美国的一种学习方法。核心是以学生为主体,围绕教学主题,以合作的学习方式,由学生进行合作互助、探索研究,利用合作性人际交往,促成学生认知、情感和社会性的全面发展,以及学生的创新精神和实践能力的发展。学习者在合作学习中,参与问题讨论,进行交互性操练,完成群体内部的互相评价,最后获得沟通协调、适应变化、交流互动的机会,实现主动学习和个性化学习。

3. 基于项目的探究式学习

以社会需求为导向，以服务学生为宗旨，建设项目引领的聚合课程。基于项目的学习（Project-Based Learning，PBL）是一种以学生为中心的教学模式。这种模式通过项目研究，完成任务拓展，推动学生探究，其理论基础是建构主义学习理论、实用主义教育理论和发现学习理论。聚合课程通过组建项目学习共同体，为学生提供融入真实情境的体验，激发学生深度探究的热情，以实现知识和能力的协同发展。

三、课程与课程的聚合

现代学科发展的趋势是在高度分化基础上的高度综合。聚合课程可在整合现有课程资源的基础上，以主题为核心进行课程资源的重构与开发，构建多种形式的聚合模态。

1. 能力核心课程

能力培养是高端应用型、创新型人才培养的核心。其中，实践能力是能力培养的重要指向。离开了实践，既不能表现人的能力，也不能发展人的能力。学生的实践能力是以促进学生的发展为根本旨趣的学生主体在实践活动过程中的表现状态及其实践活动结束时所形成的结果。[1] 特别是完成复杂任务、解决复杂问题，不仅要综合地运用一般实践能力、专业实践能力和专业知识，还要运用跨学科、跨专业的知识和技能。[2] 中国传统教育思想特别强调知行合一，然而在目前的大学课程体系中，对学生实践能力培养的重视程度普遍不足，实践的广度和深度都未达到教育目标的要求。教学层面的实践也很有限，即使作为应用性较高的实务类专业知识课程，上课形式也依然以教师讲授为主，缺乏实操训练。因此，从实效性出发，聚合课程建设需要注重理论与实际的结合，注重知识向能力转

---

[1] 孙智昌.论学生的实践能力及其培养[J].教育研究，2016，37(2)：110－118.
[2] 何万国，漆新贵.大学生实践能力的形成及其培养机制[J].高等教育研究，2010，31(10)：62－66.

化,注重以能力为核心的课程建设。比如,借鉴"互联网+"思维,整合汉语口语课程、汉语写作课程、信息技术课程、企业营销课程、商务实践课程等五门课程,构建以"现代中国商务"为总主题的聚合课程。以其中的一个分主题"企业供应链"为例,汉语口语课程的商务业务交际训练、汉语写作课程的文书起草、信息技术课程的电子商务管理、企业营销课程的营销业务等等,都必须围绕企业供应链这个分主题的需要而展开有针对性的教学和实践训练。商务实践课程可以通过构建物理仿真的中国商业社会环境和基于3R①技术的虚拟企业及虚拟业务环境,为学生提供类真实的企业供应链的商务场景,进行商务技能实践,实现商务汉语沉浸式学习。

2. 时代核心课程

以商务汉语课程为例,来华的商务汉语学习者主要有三类:一是以商务工作为就业目标的在校学生,二是在中国工作的外国商人,三是正在接受汉语预科教育并准备到商科类学校学习商务专业的外国人。他们共同的诉求是在学好汉语的同时,了解真实的中国,掌握中国的商务规则和企业管理制度,提升综合运用汉语从事实际商务工作的能力。因此,聚合课程建设要体现时代特征,研究当前经济生活中的热点、难点问题,注重宏观把握,讲述真实、立体的中国故事,传播中国声音。比如,"一带一路"倡议是商务汉语学习者必须了解的内容,可以把商务口语、商务合同起草等汉语语言课程与国际贸易、国际商法等商务专业知识课程以及中外商务交流史、中国国情等中国文化课程相互融合,建设一门以"丝路与世界文明"为总主题的聚合课程。"高铁经济"可以作为其中一个分主题,语言课程围绕这个主题训练口语和写作,国际贸易课程分析共建"一带一路"国

---

① 3R 是 AR(Augmented Reality,增强现实)、VR(Virtual Reality,虚拟现实)和 MR(Mixed Reality,混合现实)技术的简称。AR 是通过计算机技术,将虚拟的信息应用到真实世界,真实的环境和虚拟的物体实时地叠加到同一个画面,在同一空间同时存在,以增强对真实环境的理解和认知。VR 是综合利用计算机图形系统和各种现实及控制等接口设备,为计算机上生成的可交互的三维环境提供沉浸感觉。MR 是 VR 技术的进一步发展,通过在虚拟环境中引入现实场景信息,在虚拟世界、现实世界和用户之间搭起一个交互反馈的信息回路,以增强用户体验的真实感。

家通过高铁建设所带动的经济合作和发展现状,国际商法课程分析高铁"走出去"所面临的法律问题,中国文化课程分析高铁建设如何促进共建国家文化交流繁荣。这种教学形式将促进留学生汉语运用能力、中外文化理解能力和综合商务运作能力的整体提升,增强对中国的深度了解、理解。

3. 项目核心课程

项目是知识向实践转化的中介,也是高校开展人才培养和服务社会的重要载体。高校教师无论是开展教学、科研还是服务社会,多以完成各种项目的方式进行。每一个项目都可以作为一个聚合课程的主题,并由此组建跨学科的教学团队和学习共同体。每一个能成为聚合课程的项目,都可以分解出若干核心课程数据项。比如,"环境与经济"是一个非常值得研究的世界性课题,它的核心聚合课程可以分解为环境学、中国经济问题、世界经济问题等课程数据项,可以由社会调研、当代中国经济、环境学三门课程的教师横向联合组成课题组,组织学生建设项目聚合课程。社会调研课程指导学生对中国的环境保护问题进行社会调查,了解中国在环境保护方面的做法,并进行分析研究;当代中国经济课程引导学生进行文献整理,从经济发展与环境的关系方面分析中国及世界经济问题;环境学课程从理论上对环境与人类社会及经济的可持续发展进行分析。学生通过调查研究、归纳整理、分析判断,最终形成研究报告,在知识运用、操作能力以及分析问题、解决问题的逻辑思维能力上得到全面提升。

第三节 聚合课程的理论基础

聚合课程是高等教育课程教学改革创新下的学科融合教育,它不只是将各个学科内容简单地整合在一起,更重要的是将各个学科不同的实践过程和精神内涵进行融合。与聚合课程相关的概念和观念由来已久,例如"学科整合"早在19世纪就已被提出。然而,学科领域分门别类带来的社会分工和效率使人们忽视了综合教学的益处,聚合和整合不被普遍接受。今天我们重拾聚合课程理念,强调学科的交叉融合,重视学生的学习体验,关注师生的互动联系,从理论上探讨聚合课程的学理基础。

一、聚合课程与深度学习具有内在耦合性

深度学习是信息科学和人工智能领域的重要概念。从人才培养视角来看,深度学习侧重学习的思维方式,指向学生的主动参与学习,以培养学生的高阶思维与问题解决能力为主。[①] 学生在教师的引领下,围绕具有挑战性、融合性与思想性的主题内容,能动地、愉悦地、交互地参与教学活动,在原有经验基础上实现知识的理解、联结与迁移,并将其运用于真实情境中的问题解决,最终形成具备批判性与创造性的高阶思维能力。聚合课程下深度学习的基本架构包含主题统整、任务驱动与目标诊断三个要素,其实践路径是借助学科融合理念构建深度学习的主题内容,通过问题解决理念提供深度学习的任务载体,利用技术赋能理念聚焦深度学习的思维目标,如表1-1所示。

表1-1 聚合课程与深度学习的内在耦合

项目	聚合课程	深度学习
核心理念	学科融合,交叉统整,跨界融通。通过同一主题建立起学科之间的相互联系,学科间互相借鉴、合作解决问题。	侧重学习的思维方式,指向学生的主动参与学习,以培养学生的高阶思维与问题解决能力为主。
主要目标	引领未来教育教学改革发展的重要形态,构建多学科交叉融合的聚合课程,促进教育由单一学科向跨学科转变,由单纯知识传授向注重培养支撑终身发展的学习能力的转变。	指向学生的主动参与学习,培养学生的高阶思维与问题解决能力,倡导对所学知识的深度理解,旨在培养学生对真实、复杂问题的解决能力。

---

① 朱立明,宋乃庆,黄瑾,等. STEAM教育核心理念下的深度学习:理据、架构与路径[J]. 中国教育学刊,2022(1):69—73.

续表

项目	聚合课程	深度学习
问题解决	学生在完成任务的过程中,对知识进行深层次理解,探寻知识之间的逻辑意义,在原有的知识基础之上思辨质疑、审视批判,从而实现对知识及其意义的理解。这种理解不只是对某些单一知识点的理解,还是对一组具有相同或相似特征的知识群的理解。	有助于实现学习方式的变革,强调现实情境下的问题解决,其过程强调实践能力和创新能力。
信息技术	信息技术是知识的重要组成部分。技术赋能帮助教师改善教学环境,构建智慧教学课堂;注重对学生思维的关注度,让学生经历从感性到理性的认知升华。	有助于促进学习目标统一。
基本架构	聚合课程建设的核心是教学内容、知识体系的重构,而重构的前提是学科知识的解构,其依据是课程主题,基础是课程资源。	深度学习基本架构涵盖主题统整、任务驱动、目标诊断。主题统整表现为挑战性、融合性与素养性,任务驱动表现为理解性、关联性与迁移性,目标诊断表现为批判性、持续性与高阶性。

二、学习科学为聚合课程奠定了教学基础

认知习得理论提出,人的大脑不断寻求联系、规律和模式化的路径,因而学生的学习成就将通过学科的整合而不是孤立的内容来获得。[①] 研究者苏泽(D. A. Sousa)发现学生对新奇事物(新的和不同的体验)反应

---

① RONISD L. Clustering standards in integrated units[M]. 2nd ed. Thousand Oaks, CA: Corwin Press, 2008.

积极,新奇事物更容易激发他们的兴趣和动机①,聚合课程与提高学生的兴趣和积极性有关。学生发现学科之间相互关联或者新旧知识之间包含联系将有助于学生批判性思维的产生,同时提高旧有知识的保留率。当学科之间建立联系时,学生能够将旧有知识转移到未来的学习中,这也正是聚合课程设计者的初衷,即提升学生的知识基础、达到预期的学习成就。基于人脑的构造模式,聚合课程通过主题教学创建学科之间的联系,开创了一种有效的教学策略。

三、社会建构理论是聚合课程的实践基础

维果茨基提出的社会建构理论认为,学习的过程是社会性的,即学习者通过与环境中的其他人的互动来深化对概念和想法的理解,从而提升学习深度。②"学习者为自己构建知识"这一论点是聚合课程理论模型的重要基础,因为学生学习的过程就是不断解决问题、在同一主题的学习内容间建立联系并深化理解的过程。③ 随着互动的深入,学习者建构了对刺激的思考,从而形成了学习所必需的脚手架,学习得以发生。有研究者支持维果茨基的社会建构理论,认为教师能够帮助学习者发挥更大的潜力。④ 所有的学习都是从经验中获得的⑤,而学生的潜在认知发展可以通过社交互动来实现。此外,良好的提问可以作为学习的支架,让学生拓宽其最近发展区,扩大掌握知识的潜在领域。⑥

---

① SOUSA D A. How the brain learns[M]. 3rd ed. Thousand Oaks, CA: Corwin Press, 2005.

② VYGOTSKY L S. Mind in society: the development of higher psychological processes [M]. Cambridge, MA: Harvard University Press, 1978.

③ JOHNSON T R. Natural resources integrated curriculum: a formative program evaluation[D]. Minneapolis: Walden University, 2011.

④ APPLEFIELD J M, HUBER R, MOALLEM M. Constructivism in theory and practice: toward a better understanding[J]. The high school journal, 2001, 84(2): 35−53.

⑤ RONIS D L. Clustering standards in integrated units[M]. 2nd ed. Thousand Oaks, CA: Corwin Press, 2008.

⑥ VYGOTSKY L S. Mind in society: the development of higher psychological processes [M]. Cambridge, MA: Harvard University Press, 1978.

四、以学生为中心理论支持聚合课程建设

教学论最基本的原则就是既要尊重知识内部的逻辑,也要尊重学生认知心理的发展。课程结构过于强调学科本位的现状亟待改变。基于此,聚合课程的创设势在必行。

聚合课程更加注重以学习者为中心。无内容的学习实际上是毫无意义的。教育经常思考的三个问题是"为什么学""学什么""怎么学",这是以学习者为中心的思考,是现代教育理念发生重大变化的体现。学习科学改变了我们对人类潜力和技能发展的看法。教学目的从传授既定的知识体系逐渐转向培养终身学习的能力,这对教育学具有重大意义。在这种理念的驱动下,出现了能够促进学生学习技能和学习策略养成的教学法。一些以学习者为中心的教学法旨在培养学生在没有教师相伴的情况下自主学习,这种教学法是围绕"自我调节学习"的概念形成的。自我调节学习具有"三层模型"——内层、中间层、表层。[①] 内层和中间层均为认知调节层,内层包括学生进行信息处理所需掌握的实践能力,中间层在于描述学生的知识和技能,帮助学生对学习的内容和方式做出有效的选择。外层为动机调节层,代表"自我",即学习者自己的目标、需求和期望。聚合课程视域下,促进学生进一步深度学习的过程,是一个帮助学生掌握知识、提升创造力和社会认同感的螺旋上升的过程:学生学习新的知识和技能,以实践的方式理解新知识,同时在应用新知识的过程中创造价值。聚合课程有能力影响"三层模型"中的每一层,可以实现以学习者为中心的教育。

[①] ZEIDNER M, BOEKAERTS M, PINTRICH P R. Self-regulation: directions and challenges for future research [M] // BOEKAERTS M, PINTRICH P R, ZEIDNER M. Handbook of self-regulation. Pittsburgh: Academic Press, 2000: 749-768.

第四节 聚合课程评价

一、聚合课程评价的内涵

聚合课程评价既是聚合课程建设的基本要素,也是聚合课程建设的重要"指挥棒",是聚合课程建设成败的关键因素。聚合课程可以指一类课程,也可以指一门课程。聚合课程的评价既可以是对一类课程集合的评价,也可以是对具体一门课程的评价。

按照对课程评价的一般理解,课程评价的主要范围"包括课程需要和(或)学生需要,课程设计、教学过程、在教学中使用的教材、学生成果目标、通过课程学生取得的进步、教师有效性、学习环境、课程政策、资料分配以及教学成果等内容"[①]。因此,聚合课程评价是一个包括课程需要、学生需要、课程设计、教学过程、教材、教育政策和环境评价等评价内容的复杂多样动态的评价过程。

以深度学习、学习科学(认知习得理论)、社会建构理论为基础的聚合课程可以被概念化为一个动态的、持续探究的过程,在这个过程中,个体通过不同方式与信息、核心素养建立关联,而建立关联的过程就是探究的过程。通用素养是个体适应未来社会生存和发展所需的关键能力、必备品格和价值观念。以此为基础,聚合课程的评价可以从这几个方面进行理解。

1. 聚合课程评价是一种多主体共同参与的活动

当聚合课程被定义为动态的、创造性建构意义的过程时,课程评价需要不断适应课程的动态属性,持续关注课程开发的条件、课程学习的环境以及各课程主体(主要是教师、学生和专家)在这一过程中的参与情况。受到参与理论的启示,通用素养是交互建构的,会受到使通用素养发挥作

---

① 江山野.简明国际教育百科全书:课程[M].北京:教育科学出版社,1991:168.

用的个人和环境的影响;通用素养塑造着建构活动,同时也受到建构活动的影响。因此,聚合课程的评价是一种多主体共同参与的活动,只有被置于一定的情境中才能够被理解。这一过程的参与主体包括检验和推动课程演进过程的所有人员,比如,教师、学生、督导人员和课程专家等。也就是说,聚合课程评价是一项集体实践活动,评价的核心问题是由多元化的、广泛的集体探究而建构的。

2. 聚合课程的评价是一种情境性的活动

从聚合课程的概念来看,它绝对不是重复操练的结果,而是通过社会建构实现的。建构聚合性知识的路径是多种多样的,并且建构路径也是因人而异的。此时的课程评价需要通过过程来反映课程主体观点的多样性和课程框架的多样性。也就是说,聚合课程评价应对的都是课程现实问题,而这些现实问题都是具有相应情境的。

3. 聚合课程评价是一个持续探究的过程

评价的探究过程不仅可以促进课程规划的动态发展,还可以帮助那些更直接参与规划的个体实现他们的个人目标和共同目标,这既包括教师,也包括学生。也就是说,指导和学习也是聚合课程评价的两个方面,而聚合课程评价是一个协作的、反思的意义建构过程;这个过程是情境性的、系统的、与课程规划和发展紧密结合的,有助于持续的学习和变化。聚合课程的评价基于每个参与者的共同需求、目标、信念和知识,与课程规划的发展过程同步。从理论上讲,这一过程会无限期地持续下去,并且在这一过程中把外部和内部、个人和社会、过程和产品结合起来,共同作为社会—教育—文化活动的组成要素,而非单独的实体。

基于上述分析,可以把聚合课程评价定义为一个持续的意义建构过程,它发生在真实情境下,通过社会协作、经验以及关于意义、价值和行动的协商来实现。评价目标和过程是通过所有相关人员(即学生、教师、监管人员、评估人员和其他利益相关者)之间有意识的对话来实现的。评价者同时作为引导者、监督者、促进者和学习者发挥着作用。教师、学生和利益相关者在实施和规范过程(学习和评价)中发挥着核心作用。他们既是评价对象,又是评价者。这种评价的基本概念是协作、主体间性、情境特异性、多样性、意义、建构、互惠原则和参与者/利益相关者。总而言之,聚合课程评价被理解为是一种基于真实情境的意义建构过程,这一过程需要课程评价主体共同参与,并且通过课程评价主体之间的持续合作探究来发展学生的关键能力、必备品格和价值观念。

二、聚合课程评价的内容

关于评价的另外一个重要问题就是,必须明确评价的对象和所需要的评价资料。传统课程评价的内容主要指向学生的学业成就,而对课程实施过程和主体需求并不关注,这就是所谓的"黑箱评价"(Blackbox Evaluation)。[1] 然而,聚合课程评价除了要关注学生的学业成就之外,学习目标、课程设计、课程实施、课程资源等内容也被纳入评价范围。也就是说,聚合课程评价已经超越了对评价结果数据的关注,将评价内容扩大到影响结果数据的先决条件和课堂交流过程。

需要指出的是,聚合课程评价是一个动态变化的过程,课程目标、课程实施、学习过程、课程资源等均不能用具体或者确定的量化指标来表述,而是假定这些内容均随着课程的展开而变化。在这种情况下,聚合课程评价只能对"教师和学生应该学会什么""教师和学生该如何发展"以及"教师和学生能够做什么"等做一般性的陈述和价值判断。课程评价不是简单地关注预期的结果是否实现了,而是判断学生学会了什么、学会或者未学会的内容是否符合预期、学生学会的内容对学生和利益相关者而言的价值有多大。更重要的是,关于学习目标和学习过程的判断是伴随着课程的发展而展开的,因此,聚合课程评价的重点应该是更多聚焦于影响这些目标的过程、环境、原因和人员上,而不是仅仅关注目标的实现与否。

---

[1] SCRIVEN M. The fine line between evaluation and explanation[J]. Social work practice,1999,9(4):521—524.

因此,目标及其影响因素都应该是聚合课程评价的重要内容。

1. 学习过程是聚合课程评价的内容之一

在学习过程中,有时候有些内容并不是学生主动要学的,有时候学生不能学习他们想学的内容。这表明学生不能学到他们想学的和有价值的内容,但这并不代表学习本身存在问题。在传统的课程评价中,由于没有提前设计这些未预料到的或者未被定义的目标,在评价的时候这些非预设性过程往往被忽视。比如,在传统的评价过程中还会出现这样的情况:教师或者学生根据课程的不同顺序来处理学习内容。这在传统课程评价中被认为是一种失败的实践。然而,在聚合课程评价中,会把选择好的学习顺序看作是促进进一步探究的动力,并将其作为今后讨论、决策和行动的依据。

2. 情境是聚合课程评价的题中之义

在聚合课程实施的背景下,课程评价与其说是"谁能做什么"(教师是否能按照计划实施课程,学生是否能达到预期表现),倒不如说是在学习情境中有哪些是"可以做的""可以选择做什么"以及"什么条件下才能够做到"等问题。因此,聚合课程评价并不是围绕课程有没有实施展开,也不是评判课程实施的好坏或者对错;真正关注的是伴随着学习和发展而产生的环境。如果课程是一个演进的过程,评价最关注的是:课程焦点是什么?如何确定、解释和应用这些课程焦点?为什么课程会以这种方式演进?当然,评价也会考查课程实施的效果是否是学生和教师所期望的、感兴趣的或者能够实现的,还要回答这些效果是如何实现的。只有了解课程情境以及参与者的建构过程,才能对课程做出有效的解释。也就是说,聚合课程评价不仅关注目标和学习过程,课程情境也是评价的重要内容。

三、聚合课程评价的指标体系

泰勒(R. W. Tyler)认为,评估也是课程编制的一项重要步骤。为此,聚合课程的建设与评价研究,应在遵循教育规律、教学规律和人才成长规律原则下,注重知识重构、团队协作、分工合理、目标可达,注重构建多元化课程评价体系,努力克服聚合课程内在可能出现的简单化、形式化、程式化、单一化等知识组织与管理问题。本部分将从知识重构、教学团队、组织管理、教育目标、教学效果等五个维度研究聚合课程评价体系建立及内部的相互关联。

(1) 知识重构的融合度。聚合课程不是学科知识的机械相加,而是跨学科知识的深度融合,是多学科知识相互关联、相互作用的突变。要评价参与聚合课程的各门课程是否建立起学科之间的学术联系;能否帮助学生提升跨学科的思维、视野和能力,实现认知升级、知识迭代;能否拓宽教师的学术视野、优化思维习惯,帮助教师实现知识共享、智慧碰撞、能力提升。

(2) 教学团队协作情况。聚合课程是教师的知识和方法的凝聚。要评价团队成员是否围绕同一主题进行知识的解构、开发和重构,评价教学资源的开放度、聚合度,评价学科或课程之间的相互依存和交叉融合的情况。

(3) 组织内部协调情况。组织建设和管理是聚合课程建设成效的重要保障。要评价课程与管理、课程与教学是否形成协调互促的关系,评价理论教学专家、实验导师、在线辅导员及助教等是否协调,与学生的联系和沟通是否顺畅。

(4) 学科之间内在联系情况。聚合课程建设的前提是需聚合和可聚合,是为实现教学目标所必需的教学改革,而不是为聚合而聚合。因此要评价课程整合是否符合学科相关联、知识可融合、目标可预见、执行可操作的特点。

(5) 课程的实效性。从教学成效评价聚合课程的效应,包括学生的知识结构是否得到拓展、应用能力是否得到提升、解决问题的思维能力有无提升、合作精神是否得到提升、学习成绩有无提高。该评价体系可参见表1-2。

表 1-2　聚合课程的评价体系

评价维度	项目1	项目2	项目3	项目4	项目5
知识重构的融合度	学科数量	知识融合度	与主题关联度	学生期待满意度	教师自我提升度
教学团队协作情况	教师数量	学科互予量	协作和谐度	知识增值度	教学资源开放度
组织内部协调情况	各自任务分工	师生联系方式	各自时间安排	共同体是否健全	学生问题解决情况
学科之间内在联系情况	培养目标的一致性	主题的聚焦性	聚合的学科量	学科之间的关联度	聚合的可操作性
课程的实效性	学生知识结构	学生应用能力	学生思维方式	学生合作精神	学习成效

四、聚合课程评价的模式

1. 评价模式选择

课程评价有多种模式,例如目标评价模式、目的游离(Goal-Free)评价模式、CIPP评价模式、外观评价模式、差距评价模式、CSE(Center for Study of Evaluation)评价模式、自然式探究评价模式、应答模式等。其中,CIPP评价模式是应用最为广泛、最为成熟的评价模式之一,又称"决策导向或改良导向行为模式",由美国学者斯塔弗尔比姆(D. L. Stufflebeam)提出。CIPP是背景(Context)、输入(Input)、过程(Process)和成果(Product)这四个评价维度英文名称的第一个字母组成的缩略语。① 当时为了对美国政府资助的课程改革计划实施评价,他们先是采用了泰勒的目标评价模式,结果遇到了困难:学生的情况各不相同,评价者很难对课程目标做出一致的描述,而且目标评价模式只在课程实施结

---

① STUFFLEBEAM D L. Evaluation as enlightenment for decision-making [M]// WALCOTT H B. Improving educational assessment and an inventory of measures of affective behavior. Washington, DC: Association for Supervision and Curriculum Development and National Education Association, 1969: 41-73.

束时才提交评价报告,对于课程实施过程中遇到的问题无法解决。于是斯塔弗尔比姆与他的同事认识到,必须确立一种新的评价模式,为课程决策提供有用的信息。其理念为:评价不是为了证明,而是为了改进。

背景评价:即要确定课程计划实施机构的背景,明确评价对象及其需要,明确满足需要的条件,诊断需要的基本问题,判断目标是否已反映了这些需要。

输入评价:主要是为了帮助决策者选择达到目标的最佳手段,而对各种可供选择的课程计划进行评价。

过程评价:主要是通过描述实际过程来确定或预测课程计划本身或实施过程中可能存在的问题,需要对计划实施情况不断加以检查。

成果评价:即要测量、解释和评判课程计划的成效。收集与结果有关的各种描述与判断,把它们与目标以及背景、输入和过程方面的信息联系起来,并对它们的价值和优点做出解释。

CIPP评价模式考虑到影响课程计划的种种因素,可以弥补其他评价模式的不足,相对来说比较全面。该评价模式的启示是多方面的。在理论上,CIPP模式属于一般方案评价的范畴,自然适用于课程评价。不过,在应用于课程之时,需要结合课程理论和课程实践的具体情况,进行具体的改造和完善工作,以反映课程本身的特殊性和独特性。[1] 另外,CIPP评价模式的各个环节,尤其是新提出的可持续性、可应用性等概念的含义,有待进一步深入研究。在实践上,CIPP评价模式可以作为我们分析聚合课程评价的基本框架。

2. CIPP模式与聚合课程评价的适切性

CIPP模式的系统性与聚合课程的综合取向相适切。聚合课程是跨学科的综合性课程,具有综合性、实践性、体验性、生活性等重要特征,这些特征一定程度上也决定了聚合课程的评价需要将课程设计与选择、课

---

[1] 方嘉静,田秋华.基于CIPP模式构建中小学劳动教育课程评价指标体系[J].教育导刊,2022(5):56—63.

程实施和评价融为一体进行整体观照。在课程评价中,应对方案、目标、过程、结果等进行全过程、全方位的考查与评估,以全面考查学生在知识、技能、情感、观念、态度与品质等方面的发展状况。同时,使评价者更全面地了解和分析聚合课程实施与发展状况,在对课程进行调整和改进时能够"有迹可循"且"对症下药"。

CIPP是一种系统全面的评价模式,将背景、输入、过程、成果评价集于一身,可以对聚合课程评价进行系统性的考量。首先,背景评价注重对方案出台的背景和目标确定的依据进行评价,这能为聚合课程目标建立和课程设置提供基础;其次,输入评价是对方案优劣进行判断,这可对聚合课程方案本身的适切性、可操作性、有效性、经济性等进行必要的诊断和预估;再次,过程评价是对方案实施过程进行考查,可帮助各参与者对聚合课程实施情况进行跟踪记录;最后,成果评价是对方案最终成效进行测量或形成解释与判断,进而为学校管理者、师生等提供聚合课程实施的改进建议和方向。

相较于传统学科课程,聚合课程不仅重视知识的习得,更强调各个阶段的学生能够在不同的实践和体验中,养成并发展相关能力与素养。聚合课程目标的多样性,需要丰富多样的课程实施体系给予支持。而学生观念和素养养成的过程本身是一个长期积累的过程,且在不同阶段有不同的素养发展特征和要求,无法立竿见影地呈现效果,因而,如果只以课程实施的一个阶段所呈现的课程结果或仅以某种单一方式来评判整个课程质量和实施效果显然过于片面。此外,学生在课程学习后会产生显性结果和隐性结果。其中,潜移默化而形成的观念、态度和情感等隐性特质复杂多样,难以直接量化,那种唯结果或唯目的的评价方式是难以全面而客观地反映学生素养发展全貌的。可见,学生观念与素养的养成以及聚合课程的实施与评价均具有阶段性、多维性、复杂性的特征。

CIPP模型是具有多样性和灵活性的评价模式,与聚合课程的上述特征与要求相适应。它注重系统分析和比较分析,主张运用调查法、文献法、观察法、实验法和访谈法等多元的评价方法与手段,将定性评价与定量评价相结合，使评价者不仅可以根据不同的课程目标、内容与实施需要采用与之相适应的评价方法，同时也可以针对课程实施前中后各阶段灵活使用一种或多种评价方法，从而对不同阶段聚合课程实施的整体状况以及学生通用素养发展的整体水平提供全面的、准确的评价，以更好地发挥聚合课程评价的功效。

3. 聚合课程评价模型

依据 CIPP 模式创建的"背景评价、输入评价、过程评价和成果评价"评价框架系统，我们构建了与之相对应的"课程开发准备、课程方案选择、课程组实施和课程成效评估"四位一体的聚合课程评价模型（见图1-1）。

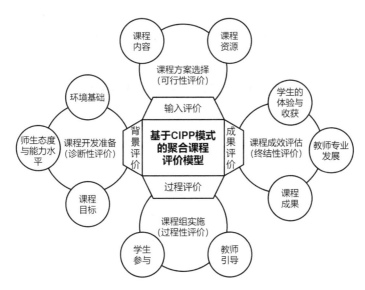

图 1-1 基于 CIPP 模式的聚合课程评价模型

该模型各要素之间的相互关系为：以基于背景评价的课程开发准备为前提，对聚合课程的环境基础、师生态度与能力水平、课程目标等进行诊断性评价；以基于输入评价的课程方案选择为保障，对聚合课程内容、课程资源等进行科学性、合理性和可行性评价；以基于过程评价的课程组实施为核心，对聚合课程实施中学生参与、教师引导进行过程性评价；以基于成果评价的课程成效评估为关键，对聚合课程实施后学生的体验与收获、教师专业发展、课程成果等进行终结性的评价。各个阶段所对应的评价之间是和谐统一、相互衔接但又相对独立的关系。"相互衔接"表现在聚合课程过程评价和成果评价是以背景具有合理性及输入具有可行性为前提,而课程实施中的过程评价和课程实施后的成果评价又为最初的背景和输入评价提供信息反馈和保障;"相对独立"则表现为可以同时、不断地循环往复进行多个阶段的评价,也可以对某个阶段实行针对性评价。

结合聚合课程的特点,从背景、输入、过程和成果四个维度建构基于CIPP课程评价模式的聚合课程评价体系,有利于获得聚合课程实施全过程中的效果反馈,从而调整聚合课程领导决策,进而推进课程有序有效开展。聚合课程评价运行需要调动多元主体参与评价、运用多元评价方法、根据评价反馈持续改进,从而推进聚合课程目标达成。[①]

第五节 聚合课程的研究价值

一、建设聚合课程的理论意义

1. 建设聚合课程有利于全面贯彻党的教育方针

高校育人是一项系统工程,需要诸课程之间的分工、配合、联动产生系统合力,共同发挥课程体系与价值教育的同向效应,最终实现教育的总目标。聚合课程的跨学科交叉融合,有助于促进德育、智育、体育、美育等有机融合,为培养中国特色社会主义建设者和接班人,培养担当民族复兴大任的时代新人奠定坚实基础。

从内涵和使命来看,高等教育是培养高级专门人才和职业人员的主要环节,高等教育的核心职能是人才培养。根据《中华人民共和国高等教育法》的规定,高等教育的任务是培养具有社会责任感、创新精神和实践

---

① 殷世东.中小学劳动教育课程评价体系的建构与运行:基于CIPP课程评价模式[J].中国教育学刊,2021(10):85-88.

能力的高级专门人才,发展科学技术文化,促进社会主义现代化建设。学生通过接受高等教育,逐渐了解自己和他人,参与复杂的学习和研究活动,兼容多种观点,反思和发展自己的知识、信念和能力。而培养富有批判性、社会责任感和反思能力的个性化群体更多是通识教育的使命,通识教育不仅向学生传授知识,更向其传递一种科学精神和人文素养,培养学生的品格、能力和智慧。基于此,聚合课程所倡导的学科融合,更利于培养学生开阔的视野,利于提高学生的人文素养、增进品德塑造,利于培养综合性优秀人才,是高等教育担当"立德树人"使命的重要实践。

我们有必要将聚合课程的建设置于当前教育体制改革的宏观背景下来分析,深化教育体制机制改革,应充分激发学校和人才生机活力。聚合课程所倡导的以德为先、能力为重、全面发展、科学成才的观念,同样是深化新时代教育评价改革的关键要素。其中对于"通用素养、科学精神、人文品德"的关注,有助于化解"五唯"导向下不科学、不合理的评价机制,淡化对学业成就的片面追求,转而树立关注学生的学习动机、社会情感等更具综合性、整体性的人才培养观念。

2. 建设聚合课程有利于探索通识教育的新路径

通识教育作为新时代的教育理念,其目的是全面提升学生综合素质。但从目前高校通识教育的课程设置看,大多是各学科课程简单罗列,缺乏课程之间相互关联、融合的统整。阿尔弗雷德·诺思·怀特海(Alfred North Whitehead)阐述文学、科学和技术三者关系时认为,各学科之间的割裂是非常有害的。"每一门课程都应该包括另外两门……学生所受到的任何一种训练,都必须与其他两方面的训练相得益彰。"[1]"其中的任意一种都不能孤立地进行,否则会导致智力活动和性格方面的惨重损失。"[2]聚合课程可以把不同学科的内容通过共同的主题进行统整,有利于有效贯彻通识教育理念。

---

[1] 怀特海.教育的目的[M].庄莲平,王立中,译.上海:文汇出版社,2012:63.
[2] 同上书,第71页.

信息时代的到来对人才培养提出了更高的要求。建立在数字技术基础上的社会和行业分工要求人们分析和处理更加复杂的信息,同时也愈发凸显人际交往、沟通合作等社会情感能力的价值。① 信息技术的高速发展给人们的生产生活方式带来了新的变化,特别是改变了学生的学习需求。例如,电子设备、信息检索技术的广泛使用弱化了对于单一知识和技能的需求,人们可以迅速便捷地搜索和使用信息,也可将一些基础性任务"外包"给电子设备,但也更加强调批判性思维、协作沟通能力、信息整合能力等通用素养。在此背景下,跨越学科边界的聚合课程能够为学生通用素养的培育提供土壤。

3. 建设聚合课程有利于促进学科交叉融合

聚合课程不仅仅是一门课程,其核心内涵是由不同学科的教师,从各自学科的视角,针对同一主题进行协作式教学的组织形式。这是一种教与学的新模态,是现代教育从离散的、单打独斗式的课程状态向整体意识回归的一种再创造,是不同学科教育理念、思维模式的统整,有利于促进学科的交叉融合和新学科的生长。

学科交叉融合发展是科技发展的历史必然和未来的趋势,是学科在充分发挥优势特色的基础上得以长足发展的必要条件。在交叉学科时代来临的今天,整合学科的优势,形成交叉融合的聚合课程模态是高等学校学科发展和提升竞争力的战略之举。重大科技创新需要多学科的整合、融合、交流互鉴,人文社会科学的发展需要理科、工科思维的参与,交叉学科可以打破学科壁垒,使知识互相渗透、融会贯通,形成更具优势特色的学科增长趋势。

4. 建设聚合课程有利于培养未来社会所需要的人才

社会的急剧变化使得新时代的年轻人面临更复杂的选择和任务。信息时代的到来使得青年一代在居住地、工作岗位和个人生活方式等方面

---

① FARRINGTON C A, MELISSA R, ELAINE A, et al. Teaching adolescents to become learners: the role of noncognitive factors in shaping school performance: a critical literature review[M]. Chicago: The University of Chicago Consortium on Chicago School Research, 2012.

面临多元且复杂的选择,这种变化无疑更加注重个体的能动性,更要求服务于创建更加自由、包容、开放的社会环境。但与此同时,社会的急剧变化也对人才培养和社会治理体系建设提出了更高的要求。学生需要在接受教育的过程中,逐步形成适应个人终身发展和社会发展所需要的必备品格与关键能力。核心素养已成为关注热点,通用核心素养则是重中之重。在全球最受关注的 7 大素养中,通用素养独据 6 条,分别是沟通与合作、创造性与问题解决、自我认识与自我调控、批判性思维、学会学习与终身学习、公民责任与社会参与。聚合课程能够弥补学科本位的"专业主义"教育可能存在的不足,帮助青年一代在更加多样和复杂的社会中茁壮成长。

二、建设聚合课程的实践价值

(一) 从教的层面看

1. 聚合课程可以有效创新高等教育课程观、教育观

聚合课程具有同一主题、跨学科、协作授课、交叉融合、合作学习、多维视角等基本特质,开阔了高校课程建设的新视野,在观念上突破了多年来形成的学科壁垒,有利于推动高校课程建设向提升学生综合素质和能力方向发展。

2. 聚合课程开拓了跨界融通研究的新方法

聚合课程通过跨界整合课程资源和人力资源,打破了封闭式思维模式,有效推进了统整、开放、系统的科研方法的运用,必将引领高校课程研究进入新境界。

3. 聚合课程将引领学术交流互鉴的新风尚

聚合课程创造更多跨越学科的学术交流机会,在聚合课程的建设中,不同学科的教师互学互鉴,知识融合,思想和方法相互碰撞,可以推动学术研究健康发展,拓宽学术研究新路径。

(二) 从学的层面看

1. 可以帮助学生建立起知识的联系

聚合课程的核心优势是解决学科之间相互割裂的问题。聚合课程通

过跨学科的知识统整,能建立起学科之间的知识联系;通过多学科视角的冲击,可以有效促进学生知识和能力的全面发展;通过多学科教师的引导,可以建立起立体化的思维模式,提升多学科的综合素质;通过跨学科、跨层级的团队建设,可以建立起多学科融通创新的方法论,有利于建立起多领域和深层次的研究架构,增强研究的协调性。

2. 可以提升学生思维、思辨能力

相关研究表明,跨学科学习可以帮助学生建立高阶思维技能,在不同学科领域之间形成有意义的联系。① 聚合课程从多学科视角给学生提供多维方法论,培养学生从不同侧面认识同一问题的能力,提高思辨能力,提高分析问题、解决问题的能力,从而培养第四次工业革命时代所需要的创新思维、网络化思维和跨界整合技能等基本素质。

林恩·埃里克森(H. Lynn Erickson)认为,通过综合课程,学生能够建立起跨学科的联系,使用更高层次的思维,并且通过精心策划的综合课程,能够提升学习的深度和严谨性。② 艾斯纳(E. W. Eisner)建议课程应该包括解决问题、形成各种解决方案的诸多阶段,并通过这些阶段培养批判性思维、团队合作和公民意识。精心设计的综合课程应包括三方面具体内涵:①概念性思维,为细节提供意义;②建立超越历史和各种背景的概念性思想的研究主题;③认识到课程涉及的相关学科及学科间的连通性,认识到个体素质的重要性并学会欣赏。③

3. 可以培养学生的通用核心素养

时代的发展呼唤教育对学生通用核心素养的培养。核心素养更关注学生的整体性发展,其突出特征就是强调"跨学科"的综合能力。④ 第一,

---

① 罗伯特·M.卡普拉罗,玛丽·玛格丽特·卡普拉罗,詹姆斯·R.摩根,等.基于项目的STEM学习:一种整合科学、技术、工程和数学的学习方式[M].王雪华,屈梅,译.上海:上海科技教育出版社,2016:78.

② ERICKSON II L. Concept based curriculum and instruction: teaching beyond the facts [M]. Thousand Oaks, CA: Corwin Press, 2002.

③ EISNER E W. Preparing for today and tomorrow[J]. Educational leadership, 2003, 61(4): 6—10.

④ 杜娟,石雪飞,邹丽娜.核心素养导向的STEM教育[M].北京:清华大学出版社,2021.

聚合课程可以为培养学生文化素养提供养料。聚合课程不仅仅可以软化学科间的边界,打通学习者知识融合的通道,同时还能提供一种跨学科的思维方式,帮助学生综合运用所学知识解决问题。第二,聚合课程可以为学生的自主发展提供方法。聚合课程可以有效培养学生自主学习和自我管理的能力。知识内化的过程不仅存在于课堂之上,还存在于课下的不断思考和不断实践中。聚合课程使得学生在知识内化中寻找到个体发展的角度,最终帮助学生认识和发展自我价值。第三,聚合课程可以为学生的社会参与提供途径。聚合课程建设的过程也是一种协作和实践的过程。协作学习更多是在培养一种社会性的能力,可以让学生乐于融入集体、有效融入社会。而实践的过程增强了学生的社会参与感和社会责任感,帮助学生成为社会有用之人。

4. 可以激发学生的学习兴趣

教育实践告诉我们,一个领域的方法可以解决另一个领域的问题,从相关学科入手,可以解决目标学科的问题。在解决问题的同时,学科之间的联系能够促使学生产生兴趣和学习动力。[①] 当学生第一次接触某一问题时,会感到新奇和陌生;而在另一门课中再次见到,就会感到熟悉和亲切;在第三门课中见到,可能就会喜欢并乐于探究。聚合课程针对同一主题,由不同学科的教师从各自的视角引导学生探究,将学生带入一个个神奇的领域,从而把"横看成岭侧成峰"的魅力展示给学生,对激发学生的求知欲和探索热情会有积极的正向推动作用。

从长远来看,聚合课程带给学生的好处远远不止于课堂或学习的当下阶段中,聚合课程还给予学生将不同领域信息知识进行融合的学习视角,让学生能够更容易发现信息之间的联系,这种训练对学生未来的发展有着极大的帮助。[②]

---

① LEE M. Spark up the American Revolution with math, science, and more: an example of an integrative curriculum unit[J]. The social studies,2007,98(4):159—164.

② CAMPBELL D M, HARRIS L S. Collaborative theme building: how teachers write integrated curriculum[M]. Boston,MA: Allyn and Bacon,2001.

5. 可以建构以学习者为中心的课程模态

聚合课程更加重视学习者"学"的目的和"学"的过程。广义上来讲，聚合课程模式下，学习者不仅包含坐在课堂里的学生，而且包括参与教学的人员，教师和学生均可以被看作学习者。聚合课程的教学过程绝非"满堂灌"，而是致力于让学生和教师在课程实施过程中交叉参与、协作探究，构建一种师师、师生、生生之间知识互补、平等学习的课程模式。狭义上来讲，聚合课程分别做到了"还教于学"和"还学于学"。一方面，聚合课程真正做到了"教师为主导，学生为中心"的教学理念，教学目的是培养促进学生全面发展的核心素养，教学过程中由多学科教师为学生搭建学的"脚手架"，促进学生协作实践、自主探究，可谓"还教于学"；另一方面，聚合课程将知识内化的过程交给学生，让学生学会学习、乐于学习、自行组织学习，强化学生学习的主观能动性，使之真正掌握学习的自主权，可谓"还学于学"。

第二章 聚合课程与通识教育

聚合课程源于通识教育,是通识教育的一种优化形态和专门化表达。本章以通识教育的产生和发展为线索,解读聚合课程的历史渊薮。

第一节 关于通识教育

一、何谓通识教育

通识教育的概念源于西方,英文为 General Education。通识教育的理念自古有之。西方的通识教育起源于自由教育(Liberal Education),自由教育也译为心智教育、博雅教育。中国的通识教育源头可上溯至春秋战国的百家争鸣时期。

通识教育真正以概念出现是在 19 世纪初。当时美国为了建国和开发,急需各类应用型人才,于是一些大学就开设了法律、自然科学、工艺技术类的课程,并且对传统古典文雅学科对于现代科技发展的作用提出了质疑。这种"反传统"的思潮,遭到了耶鲁大学的坚决反对。由耶鲁大学的教授们发表的著名的《1828 年耶鲁报告》(*The Yale Report of 1828*),强调大学的目的在于"提供心灵的训练和教养",这种训练可以增强心能的力量,教养可以充实心灵的知识。而这种训练和教养获得的最佳途径就是古典文雅学科,这种广博的学习可以为学生未来从事任何行业提供所需的知识储备。而那些"广受欢迎的流行的"职业训练类科目根本不应该在大学里存在。次年,美国鲍登学院(Bowdoin College)的帕卡德(A. S. Parkard)在《北美评论》(*North American Review*)发文声援耶鲁大学,提出了通识教育的概念。① 这是通识教育概念的产生。当然,这里所倡导的通识教育基本拘囿于传统的古典文献,与现代的通识教育概念完全不同。

现代意义上的通识教育,也叫"一般教育""普通教育""通才教育""自由教育"或"博雅教育"。它通过对人进行多学科、全方位的知识浸润,不但助力学生获得广博的知识,还提供培养学生独立思考的能力、进取的态度、强烈的社会责任感、健全的人格、开阔的视野、深远的洞见、博雅的精神的全人教育,以适应社会环境、人际环境的变化。它摒弃了职业性和专业性的功能性教育,强调的是育人,体现的是人文关怀,关心人在各个领域的生活可能,目的在于培养健全的个人和自由社会中健全的公民。

根据《哈佛通识教育红皮书》(General Education in A Free Society Report of the Harvard Committee)的定义,通识教育不是关于一般知识的空泛教育,也不是普及教育意义上的针对所有人的教育。它是学生整个教育中的一部分,该部分旨在培养学生成为一个见多识广、负责任的人/公民。② 通识教育是相对于专业教育而言的,是自由教育的延续。它不仅仅是为了满足学生未来职业的需要,更在于为学生养成健全人格打下基础,是为学生迎接未来世界可能面临的各种难以预测的挑战而开展的教育。

二、中西方的通识教育思想

在西方,柏拉图和亚里士多德推行的自由教育即为通识教育的雏形。柏拉图提出人类要追求永恒的普遍的真理,而非短暂有限的物象,这种观念或价值就是通识教育的思想基础。柏拉图认为,人的灵魂中有理性、激情、欲望三种成分,欲望占据灵魂的大部分,通过良好的教育,可以使人的理性、激情得到良好的培养和训练,强化理性的作用,使其领导激情和欲

---

① 张俊.美与自由教育[J].哲学动态,2020(10):120—126.
② 哈佛委员会.哈佛通识教育红皮书[M].李曼丽,译.北京:北京大学出版社,2010:2.

望,从而使理性、激情、欲望协调发展,使人成为理性的人和自由的人。他所强调的理想的人是身心的和谐发展。亚里士多德继承并发展了自由教育理念,强调人的理性、天赋、习惯的和谐发展,理性教育是道德教育的核心,人需要通过理性教育,节制情欲,顺应自然天分,养成良好的习惯。他的"对话式""散步式""讨论式"教育,体现了不同思想观点的交融碰撞融通的教育思想。这是西方通识教育之源。此后大学的书院式教育、经典诵读等,皆延续着这种通识教育思想。

在东方,中国传统文化中充盈着通识教育思想。孔孟思想是中国通识教育的代表性源头。《论语·为政篇》曰:"君子不器。"就是说,君子不是专业技术人才。这就是孔子时代对于通识教育既定的教育目标。通过君子文化培养核心素质,具备健全的人格、独特的人格魅力、综合能力和卓越的领导能力,为社会提供领袖人才。在《论语·述而篇》中更为明确地规约了君子的标准,即"文、行、忠、信",强调君子之德在于忠信。《礼记·学记篇》通过学习过程的描述,记录了君子养成的过程以及君子的行为范式。"一年视离经辨志,三年视敬业乐群,五年视博习亲师,七年视论学取友,谓之小成。九年知类通达,强立而不反,谓之大成。夫然后足以化民易俗,近者说服,而远者怀之。此大学之道也。"《大学篇》更进一步阐释了育人之道:"大学之道,在明明德,在亲民,在止于至善。"这是任何专科教育所不能企及的,是中国传统文化的通识教育之本,是现代通识教育的不竭源泉。在古代典籍里,通识教育思想可谓俯拾即是。《周易》的"君子多识前言往行";《中庸》的"博学之,审问之,慎思之,明辨之,笃行之";《淮南子》的"通智得而不劳";《论衡》的"博览古今者为通人","通人胸中怀百家之言";等等,都强调博览群书、融通百家的学术思想。朱子《大学章句集注》中进一步明确了教育的三个等级,一是"教之以洒扫应对进退之节,礼乐射御书数之文",二是"教之以穷理正心修己治人之道",三是"修身齐家治国平天下"。这些言语行为的教育不是任何一个专业所能完成的,正是通识教育的具体体现。

这种传统教育思想锻造了几千年来中国人的价值取向、民族精神、人文传统、家国情怀等,形成了中国的国魂。由于中国文人士大夫的学业归宿是科举进仕,这种教育所产出的君子即为国家治理者,由此直接影响到中国几千年的社会治理体系。

现代通识教育的目标指向是素质教育,素质教育是针对学科分化而提出来的。为了克服分科教育带来的种种弊端,通过多学科知识的交融,增强学生科学素养、人文素养、技术素养、审美素养、实践能力素养等,以提升学生的基本素质。通识教育所追求的博雅教育、全人教育、自由教育、能力拓展训练等教育方式,与当代中国提出的"德、智、体、美、劳"全面发展的素质教育、思想品德教育、核心能力和素养教育等有异曲同工之妙,其基本内核都在于关注学生的全面素质提升。

三、通识教育的几个误区

尽管通识教育的理念由来已久,但是却一直没有引起足够的关注,在大学教育中也没有足够的地位。多年来通识教育常常被误读,最主要的误区在于:

1. 认为通识教育就是常识

长期以来,通识即常识成为很多人的认识误区。必须明确一点,通识教育绝不是简单的常识,它不是各门知识浅易化的组合,不是常识的拼凑,不是蜻蜓点水式的知识介绍。通识教育是系统化、体系化的教育,是知识的科学统整和融合,是在对多学科知识的精粹提取基础上的知识再造,是为学生提升心智、志趣、素质的综合教学模式,它追求的目标是 $1+1>2$ 的教育升华。

2. 认为通识教育是专业课程的附庸

有人认为,通识教育是无专长的,是没有独立存在价值的,是为了配合专业教育而存在的,是专业的附庸。这是长期以来专业至上思想的流弊。通识教育是专业学习的重要前期积累,是奠定专业思想的必要准备。通识教育通过潜移默化的教化,为学生提供了宽厚的人文基础、科学基础和开阔的视野、多方位的思维能力,为学生坚定专业学习、增强学术鉴赏力和强化学术精神打下了重要基础。这种综合能力的提升成为持续性专业学习的保障。

3. 认为通识教育是填补学分空白的选修课程

在很多高校,通识课程就是学生补学分、凑课表的零散课,学生不重视,学校不关注,老师没热情,极大影响了通识教育的效果。其实通识教育是学生知识积累、能力养成、思维提升、情感端正的来源,是学习专业课程的必要基础,是通专结合的人才培养模式的必需内容,是学生教育过程中不可或缺的重要组成部分。它绝不是可有可无凑学分的选修课,更不是给不同学科敷衍知识领域宽度的点缀。

第二节 国外通识教育简述

通识教育一词起源于西方,并有深厚的理论基础和实践积累。本节以美国、日本、英国、新加坡为例,谈谈国外的通识教育发展情况。

一、美国的通识教育[①]

美国是现代通识教育的发源地,总体上很重视通识教育,发展过程很具典型性。各大学各有特色,建立起不同时期通识教育的形态。

1. 经典阅读形态

经典阅读(Classic Reading)自大学创建之始即得到倡导和追捧,强调博雅教育,目的在于培养学生广博的知识、优雅的气质和高尚的人文情怀。这是欧洲大学的遗风。比如哈佛大学刚刚成立的时候,就要求学生必须研读经典文献,所开设的课程有语言、人文、社会、自然四大类属,包括逻辑学、修辞、希腊文、希伯来文、阿拉伯文、叙利亚文、教义问答、历史、植物学、伦理与政治、数学、天文等12种。其中修辞和教义问答是贯穿

---

① 本节主要参考文献为《美国大学的通识教育:美国心灵的攀登》(黄坤锦,商务印书馆,2023:7—38)、《全球化时代的大学通识教育》(黄俊杰,北京大学出版社,2006:118—143)。

1—4年级始终的。这种状况延续很久,成为大学的最初形态。

2. 自由选修形态

在美国,通识教育这个名词自产生以来,就受到实用主义的诟病,在矛盾和斗争中形成了新型的通识教育形态,即自由选修(Free Elective)形态。由于受到德国大学"学术自由"的影响,同时为了满足美国西部开发的应用型人才的需求,大学教育从传统的古典文雅学科的狭窄领域中挣脱出来,开发出新型的包括法律、自然科学在内的应用类课程,供学生自由选择,目的是培养适应工业社会所需的各种人才,而不是每个学生都读相同的科目。这就拓展了通识课程的内涵。

3. 规定主修和分类必修形态

自由选修的弊端是:学生所学知识缺乏系统性;为了强调应用性,所学习的内容常常偏窄;缺少共同的核心价值取向的引导。为此,哈佛大学在20世纪初改革了自由选修的形式,设定了规定主修和分类必修课程,要求学生在保证毕业的16门课程中,必须有6门是集中主修某一专业领域的,还有4门是在文学、自然科学、历史、数学4类课程中各选修1门,另有6门是自由选修。这就出现了大学分科分系的形态,也是现代大学选修课和必修课设置的基础模式。

麻省理工学院的通识课程也属于分类必修形态,主要传承理工类大学"科技与人文课程结合"的历史取向,彰显出了折中主义教育哲学理念[1]。其通识教育课程分为六大类别:科学课程(Science)、交际课程(Communication)、人文社科课程(Humanities,Arts and Social Sciences,简称 HASS)、科技类限定选修课程(Restricted Electives in Science and Technology,简称 REST)、实验课程(Laboratory)和体育教育课程(Physical Education)[2]。

---

[1] 崔军,汪霞.从历史走向未来:麻省理工学院通识教育理念探析[J].大学(学术版),2012(6):71—77.

[2] 吴坚.美国研究型大学通识教育课程模式及启示[J].华南师范大学学报(社会科学版),2016(6):97—102.

4. 共同核心科目形态

规定主修和分类必修的弊端是：将大学分科分系，并将通识课程概论化，这样学生只能获得知识的梗概，难以形成完整的学术知识系统，由此受到一些人的诟病。为此，1929 年芝加哥大学进行了改革，将全部课程组合为 4 个部门：人文学、社会学、生物学、物理学。强调文雅教育，把经典名著作为全体学生必修的主干课，亦即共同核心科目。

5.《哈佛通识教育红皮书》形态

1943 年，哈佛大学的康能校长组织"通识教育目标委员会"，研究通识教育问题，并于两年后发布了《自由社会的通识教育》（习称《哈佛通识教育红皮书》）报告。报告指出，通识教育的目的在于培养完整的人，这种人要具备四方面的能力：有效进行思考的能力、清晰沟通思想的能力、做适切明确判断的能力、辨识普遍性价值的认知能力。为了达到这个目标，通识教育的核心课程包括人文科学、自然科学、社会科学三大领域。要求每位学生在最低限的 16 门科目中，完成主修 6 门、通识课程 6 门、自由选修 4 门。通识课程的数量由原来的 4 门增加了 2 门，而且要求任课教师必须是各领域卓有成就的知名教授。这份报告被称为二战后通识教育的"圣经"。

6. 核心课程形态

20 世纪 70 年代，美国学生运动泛滥，导致通识教育陷入低迷。各大学为了挽救颓势，纷纷研究相应对策。哈佛大学提出了核心课程的概念，提出了《核心课程报告书》(*Harvard Report on the Core Curriculum*)。报告中核心课程分为五大类：文学与艺术、科学与数学、历史研究、社会与哲学分析、外国语文和文化。这些内容经过实践后修改为六大类，即：文学与艺术、科学、历史研究、社会分析、道德思考、外国文化。这些作为核心课程的建设基础，至今依然保留，只是各个学校会根据自己的特点做出一些调整。

以斯坦福大学为例，斯坦福大学强调博雅教育目标，核心课程设置方面包括三方面要求——写作要求、语言要求和均匀要求。写作要求学生具备用英语写出散文或应用文、学术论文的能力;语言要求是要求学生掌握至少一门外语;均匀要求是要求学生跨专业、学科选择课程,以拓展知识的宽度,培养富有责任感的社会公民。开设的课程包括文化核心课程、科学核心课程和人文及社会科学核心课程三方面。其中,文化核心课程包括文化、观念与价值、世界文化、美国文化等;科学核心课程包括数理科学、自然科学、技术与应用科学等;人文及社会科学核心课程包括文学及美术、哲学和社会及宗教思想、社会及行为科学等。

二、日本的通识教育[①]

日本有着重视通识教育的传统。二战以后,由于受到美国的影响,日本通识教育与美国的通识教育相似度很高。通过不断改革,目前日本的通识课程有了一定的变化,各个学校不再是整齐划一的模式。

1. 以教养课程为通识教育的呈现形态

日本在各大学开设教养课程,作为通识教育课程。教养课程是每个学校一、二年级的主课。以保留日本传统教养课程较为完整的东京大学为例,该校建有教养学部,专门管理一、二年级学生的通识教育。开设的教养课程主要有三类,一是基础科目,包括外国语、情报(资讯)、方法论基础、基础演习、体育等基础科目;二是综合科目,包括思想及艺术、国际及地域、社会及制度、人间及环境、物质及生命、数理及情报六大类;三是主题科目,是教师自设主题的课程。这三大类别中每一类别都包含多门课程,并且是开放性的,构成了通识课程的课程体系。学生结合自己的专业特点及三、四年级专业学习所需,在一、二年级从这些类别中选择相关的课程,完成通识教育。

2. 设置专门教养课程形态

以前日本的大学都设置专门的教养学部,作为专门承担教养课程的

---

① 本节主要参考文献为《全球化时代的大学通识教育》(黄俊杰,北京大学出版社,2006:151—170)。

机构,专门负责大学一、二年级的教养课程的开设。如前文所述,东京大学现在仍然保留教养学部。① 大学前两年进行基础知识教育,后两年再进入专业学习。后来随着教育改革,有的大学的教养学部改变了名称,比如京都大学的教养学部改为"综合人间学部",九州大学的教养学部改为"大学教育研究中心"。随着名称的变化,内核也在慢慢发生变化,更倾向于专业综合素质的培养。并且,绝大多数私立大学都取消了教养学部,把原来的教养学部的工作移交给了专业学部,学生入学即进入专业学部,教养课程由专业老师承担。

在日本公立大学比私立大学更重视通识教育,公立大学大多像东京大学一样,单独设置教养课程机构,并坚持在大学一、二年级专门开设教养课程。而私立大学由于更多关注到学生的就业问题,把教养课程放在专业学部,由专业学部自行安排,由专业老师兼任教养课程教师。很多学校从大一开始即进入专业课程和教养课程并行的模式,教养课程的课时和学分都相应减少了。

3. 通识教育融入专业教育形态

进入新世纪以来,很多日本大学取消了教养课程,而将通识教育与专业教育相融合,实际是将1—2年的通识教育改为贯穿本科阶段1—4年的通识教育,强化了通识教育的内涵。这使得很多大学的课程体系发生了变化,课程更体现了综合性和融合性特征,形式也相对灵活,多以实践和小型研讨的形式开展,通识课程也由原来的人文、社会、自然、外国语、体育五类改为综合科目、基础科目、教养科目、外国语科目和健康体育类科目。这在实际上是增强了基础性和综合性,提升了通识教育的地位。例如,东京工业大学通识教育就是培养以专业教育为支撑的兼备社会性和人文性,有远大志向的人才。其通识课程包括文科科目、英语科目、第二外语科目、健康科目、日语・日本文化科目、教职科目等。学生入学后,

---

① 金宏奎.中西大学通识教育理念演进与制度建设比较研究[J].当代教育理论与实践,2017,9(12):48—53.

会有入学后的必修科目——立志计划,通过小组讨论提高学生口语表达能力;学生在大三后半段后,教师会根据学生目前学习的教养课程,与学生探讨如何将所学通识教育知识用于今后的职业实践当中,完成教养毕业论文。除此之外,还有专门的领导力培训基地,为学生提供以表达能力为首的领导能力的课程。①

三、英国的通识教育②

1. 英国通识教育的基本形态

通识教育有两种内涵,一是指区别于专业教育的非专业部分,二是指一种教育理念和思想。前述的美国属于第一种。日本在很长一段时间学习美国教育模式,是第一种观念主导,但在近年来正在向着第二种转变。而英国通识教育完全属于第二种,它不同于美国及其他国家,大学中没有专门开设通识教育课程,而是将通识教育的思想和精神融入课程体系中,大学课程设置强调在专业课程中实现通识教育,加强文理科之间的沟通。在课程学习中体现通识理念,既注重新兴科技和实用教育,又强调传统的博雅教育。

英国大学历史悠久,其通识教育起源于古希腊的自由教育。③ 自由教育在19世纪以前是以开阔视野、启迪心智、增强能力等为目标的教育过程。到了19世纪,西方的政治、经济、科技都发生了巨大变化,推动教育向前发展,通识教育的内涵也随之拓展,名称也发生了变化。正如布鲁贝克(John S. Brubacher)所说:"为了确保对自由教育进行重新思考所需的灵活性,一些人把'自由教育'这一古老称呼还给传统主义者,同时打出

---

① 芦雅洁. 工程教育中的通识教育:以四所工科院校机械工程专业为例[C]//素质教育与立德树人:中国高等教育学会大学素质教育研究分会2018年年会暨第七届大学素质教育高层论坛论文集,2018:341-354.
② 本节主要参考文献为《大学通识教育比较研究》(甫玉龙、于颖、申福广,光明日报出版社,2019:50-61)。
③ 殷冬玲,朱镜人. 古希腊自由教育思想的嬗变及对英国大学通识教育的影响[J]. 高教探索,2015(12):41-45.

了'普通教育'的旗号。"①博雅教育是英国大学的一面旗帜。比如牛津大学,几百年来一直坚守着博雅教育,至今仍然在课程教学中贯穿着博雅教育。

2. 英国通识教育的基本原则

(1)在教育对象上拓宽了范围,从对少数人扩展到全体学生。实行的是全员教育,是无选择无差别的教育,每个学生在专业课程学习中都会接受通识教育。

(2)在教育目的上立足于个人与集体的关系,从单纯理性的目的到对整体人群的关注、对社会的关注,注重公民培养。

(3)在教育内容上从对职业教育、专业教育的排斥到一定程度的认可,人文思想贯穿始终却不拘泥于此。

(4)在教育实践中注重与专业教育融合,把自由教育与专业教育有机结合,体现了历史的传承和社会科技发展的协调性。

(5)在课程建设中关注通识教育与专业教育的结合和探索精神的培养。怀特海认为:"并没有一门课程只给学生普通陶冶,而另一门课程只给专门知识。"②通识教育的建设体现了高度的融合性,是课程的整合再造。正如哲学家亚历山大所言,通识教育"指的是培养学生的探索精神,而不是指教导学生选修哪些学科"③。

3. 英国通识教育的实施办法

(1)通过公共必修课和选修课开展通识教育。公共必修课中体现通识的内涵,选修课更具有专业的倾向,是为了培养学生的专业兴趣。比如,剑桥大学的通识教育,在课程设置上,开设公共必修课和选修课,公共必修课包括自然科学和人文科学两部分,旨在培养学生的科学和人文素

---

① 布鲁贝克.高等教育哲学[M].王承绪,郑继伟,张维平,等译.杭州:浙江教育出版社,2002:94.
② 怀特海.现代西方资产阶级教育思想流派论著选[M].北京:人民教育出版社,1980:121.
③ 阿什比.科技发达时代的大学教育[M].滕大春,滕大生,译.北京:人民教育出版社,1983:18.

养,训练学生心智;选修课较为专业化,学生根据兴趣自由选择,旨在培养学生专业领域知识能力和兴趣,养成探究精神。

(2)倡导学术自由,强调教育目的的内在性。重视传统古典人文学科,坚持自由教育思想,在人才培养上,注重批判精神和创新能力培养,注重持续学习、终身学习能力养成,鼓励学生质疑、批判、探索,在学生心性、智慧和知识方面齐头并进。比如,剑桥大学重视知识的价值,反对教育的功利性,目的在于培养具有广博学识的知识人。学生可以自由争论、质疑,以培养他们追求真理、追求自由的品性。

(3)采用学院制教育模式。学院制中的学院是独立的组织管理机构,教师和学生集中在学院中,学习、生活、研究均在学院中进行,学院是学生生活和学习的家园。学院的知识内容包括文学、哲学、社会学、古典学科及基础的自然科学,保障学生的心智塑造,培养其德行和生活能力。

(4)全员导师制。新生入学时,学院即为每位学生安排一位专门导师。每位导师负责3—10名学生,指导学生的学习、生活和品德修养。导师会给学生开展个人辅导、小组活动或开设讲座等,也指导学生选课、制订学习计划、指导学习方法等。学生需定期向导师汇报,导师会给出评价,提出指导意见和建议。导师的指导是宽泛的、人性化的,是因材施教的,在指导的过程中,注重挖掘学生的潜能,鼓励支持学生探索创新,塑造其完整人格。在牛津大学和剑桥大学,导师制都贯彻得非常完备,也在通识教育方面发挥了重要作用。

(5)全力贯彻博雅教育。博雅教育是英国大学教育理念的突出色彩。从纽曼的自由教育思想出发,大学要求教授普遍知识,学科和课程基本围绕古希腊的"七艺"展开。其中古典学科知识在大学中一直占有重要的一席之地。注重文理交融,不突出专业性。学生通过学习这些知识,心智受到培养,理智得到训练。这是大博雅的体现。以牛津大学为例,在19世纪上半叶开设的课程以古典学为核心,数学、逻辑学、神学为辅,内容涉及人文和自然领域,体现了文理交融。教育目标是培养学生严格的逻辑推理能力和解决问题的能力,培养未来的社会精英所需的基本素质。到了

19世纪中叶,随着自然科学及理科地位的提升,牛津大学兼顾自然科学知识和人文知识,古典学科依然占据主导地位,通过古典文学名著的熏陶,塑造学生独特的审美观和高尚的道德观,培养学生集中性解决问题、创造性探究以及逻辑推理能力。

四、新加坡的通识教育

新加坡建国初期,其教育发展注重实用主义,以服务于发展工业化和发展经济为指导思想。之后,受经济转型影响,"专才"无法服务于新发展需要,急需全面复合型人才。同时,国民精神层面的需求也日益明显,为此,新加坡政府发布了《大学教育报告书》,提出了加强对学生的通识教育。至今,新加坡践行通识教育已有三十余载,其通识教育形成了具有特色的本土化模式。[①]

1. 核心课程模式

该模式将大学教育所需的知识分为若干领域,各领域均有其特有的核心课程,学生应该在每个领域学习一定数量的课程或修满最低学分,以加强人文科学、社会科学、自然科学等基础学习,打通各学科间的联系。[②]

以新加坡国立大学博雅学院为例,其通识课程与专业课程是相对独立存在的,通识教育课程主要集中在第一、二学年,第三、四学年再进入专业学习。[③] 其通识教育核心课程体系包括历史研究、文学与艺术、道德推理、定量推理以及社会分析等六个模块,全面广泛的课程帮助学生入学后奠定了终身学习基础,在这一基础上,学生可发展一门"专业",实现通专结合。其通识教育课程设置以跨学科性为基础;教学组织形式主要有研讨课、讲座课、自主学习课三种。

2. 分布必修+自由选修课程模式

这一模式下的教育,会为学生提供必须参加的学科领域的通识教育

[①] 李睿.新加坡大学通识教育课程模式的特征及问题[J].惠州学院学报(社会科学版),2017,37(5):119—124.

[②] 同上.

[③] 同上.

课程计划,还有至少应参加的课程数量或必须修满的最低学分。① 在全面发展学生的核心能力的同时,还为学生提供广泛的、丰富的自由选修,学生可根据自己的兴趣进行自由学习。

以南洋理工大学为例,其通识教育课程设置主要由三部分组成:通识核心课程、通识教育自由选修课程、通识限定选修课程,相对于核心及限定选修课程来说,自由选修课程对学生的学分要求相对较多。通识核心课程包括沟通技巧、伦理学、环境可持续发展、企业与创新、新加坡研究等。② 通识限定选修课程涵盖了商业与管理、人文与艺术、科学、技术与社会等领域的内容,学生至少需在各领域选修一门课程。通识教育自由选修课程除校内课程外,还有校外实践活动。对课程的选择和实施必须尊重学生本来的经验,使之获得连续的生长。③

3. 跨学科课程模式

跨学科课程模式提倡均衡及全面性的教育,主张以学生兴趣为导向,提供大量跨学科课程,促进学生全面均衡发展。④

义安理工学院是这一模式的代表。该校的成立是适应当时的新加坡政府为促进经济快速发展、培养专业人才建立的。该学院共有9个分院,其中最为特殊的就是跨学科教学部,它承担全学院的跨学科课程教学工作,开设的通识教育课程主要分为跨学科必修课程、跨学科选修课程两部分。⑤ 跨学科必修课程主要是培养学生的沟通能力和创造力,要求学生在三年的学习期间必须完成10门以上的跨学科课程学习。⑥ 跨学科选

---

① 李睿.新加坡大学通识教育课程模式的特征及问题[J].惠州学院学报(社会科学版),2017,37(5):119—124.
② 魏影.中国与新加坡历史学专业本科课程体系比较研究:以南洋理工大学与黑龙江大学为例[J].黑龙江教育(理论与实践),2017(12):5—6.
③ 杨颉.大学通识教育课程:借鉴与启示[M].上海:上海交通大学出版社,2009:27.
④ 李睿.新加坡大学通识教育课程模式的特征及问题[J].惠州学院学报(社会科学版),2017,37(5):119—124.
⑤ 同上.
⑥ 孔建益,顾杰.提高人才培养质量与高等教育教学改革研究[M].武汉:湖北人民出版社,2012:110.

修课程囊括了所有的学科类型,并且学院规定学生必须选修自身专业以外的课程。

新加坡通识教育的发展虽已初具规模,但也存在一定的问题。例如,核心课程模式成本过高,部分通识课程内容忽视了学生整体发展水平,为实现教育公平而采取的大班授课制,在一定程度上无法更好地实现师生之间有效、充分的互动。这些问题不是新加坡独有的,是通识教育发展的普遍问题。针对这些问题,目前仍维持核心课程模式的部分大学也提出对核心课程模式进行改革。[1]

以上东西方国家的通识教育变革多集中在二战结束后,此时,各国多处在新的发展起点上,国际局势日趋稳定,为了完善本国自身发展,更为迎合把握全球化趋势,以上国家纷纷开始改革本国教育体系。立足21世纪的今天,信息技术的迅猛发展带来了更高层次的全球化。对此,各国应立足时代发展,放眼全世界,参照其他国家已有的通识教育经验,发展新的迭代的通识教育。

第三节 中国通识教育简述

中国社会几千年来受到传统儒家思想的影响,通识教育具有根深蒂固的社会基础。人们把博古通今、学贯中西、博学多才等作为人才的评定标准,并且设定"博学之、审问之、慎思之、明辨之、笃行之"(《中庸》)作为学习的目标,代表了中国通识教育思想的理论基础。而对于知书达理、温良恭俭让等核心素质的要求正是通识教育的核心要义。

中国的通识教育可以分为古代、近代和现代三个大的阶段。

在中国古代,通识教育的目的是培养孔子所谓的"贤才""君子",荀子所谓的"大儒""雅儒",王充所谓的"通人""文人""鸿儒"等。传统文化中提出的"六艺"就是通识教育的主要内容,培养的是博学多才的人。

---

[1] 陈小红.大学通识教育课程:理论与实践[M].汕头:汕头大学出版社,2010:116.

近代中国的通识教育自辛亥革命算起,即指民国三十八年间的教育。在这一阶段,由于战乱频仍、社会动荡,教育也处于不安定状态。一些人认为,中国之所以落后挨打,就是因为科学技术的落后,所以要学习西方的科学技术,由此就在一定程度上弱化了对于传统文化的通识教育。但是学界并没有放弃通识教育,自19世纪末20世纪初中国近代大学建立以来,就有一批留学归国的教育先行者,他们将"通才教育"理念引入中国,甚至在一定程度上着意推崇,并开始付诸实践,以弘扬中国的人文精神,倡导国民的民族精神及人文传统,以鼓舞人们投身到民族救亡运动中。

最先将"通才教育"引入中国大学的是近代启蒙思想家严复,他在《原强》中提出要保国保种,就必须"鼓民力,开民智,新民法"。他的思想之后演化成了德、智、体三者并行的大学教育观。1912年,蔡元培主持制定《大学令》,明确"学"与"术"应分离,提出"大学以教授高深学术,养成硕学闳材,应国家需要为宗旨"。此外,分别毕业于美国伍斯特理工学院、耶鲁大学、哥伦比亚大学、哈佛大学的清华大学校长梅贻琦、复旦大学校长李登辉、东南大学校长郭秉文、浙江大学校长竺可桢等在我国大学教育的探索与发展进程中,也积极推广美国大学的通才教育模式。① 由此,中国若干精英大学开始仿效美国施行通识教育。除以上高等学府,不得不提的还有当时因战争原因迁设于云南昆明,由北京大学、清华大学、南开大学联合组建的西南联合大学,西南联大将通识教育作为基础理论,旨在培养"通才",在人才培养上取得了有目共睹的显著成效。1941年,清华大学校长、西南联大三位常委之一的梅贻琦先生与兼任清华大学及西南联大教务长、社会系主任的潘光旦先生在《大学一解》中指明"重心所寄,应在通而不在专……通识之授受不足,为今日大学教育之一大通病",提出"通才为大,而专家次之"的著名论断。② 基于以上研究进程及成效,结合如

---

① 江渝."通才教育":西南联大成功经验探析[J].西南民族大学学报(人文社科版),2010,31(8):252-257.

② 江渝,李杰.从思想自由到学术自由:西南联大的大学之道[J].西南民族大学学报(人文社科版),2008,29(12):286-290.

今的发展现状,能够看出:通识教育理念的引入与推广对于中国近代教育思想而言,是重大突破。并且,有一批既具学术造诣,又具创新精神的先行学者,他们立足中国传统教育,借鉴西方通识教育经验,正努力推动教育理念落地。由此为中国现代教育奠定了扎实的教育发展基础,拉开了中国通识教育研究的序幕。

下面从大陆地区、港澳地区、台湾地区三个区域,分别探讨1949年以后中国通识教育建设情况及存在的问题。

一、大陆地区的通识教育

自1949年新中国成立以来,大陆地区的教育理念几经变化。先是受到苏联的影响,在分科教育方面走得很激进,虽然建立了专业化的人才培养模式,但是在一定程度上忽视了传统的通识教育;1956年,社会主义改造完成后,高度集中的计划经济体制已然建立,这更强化了专业化培养模式。[1] 此时的大学院系调整,可以作为分科教育的代表性方式,这使得大学在专业化路上走得更远,这时期通识教育相对弱化。

改革开放以后,人们急于抢回失去的十年,特别是感受到在科学上与欧美的距离,希望尽快在科学技术方面超英赶美,一方面强化专业教育,另一方面也开始反思专业教育的局限性。虽然专业教育模式培养了大量优秀的专业技术人才,推进了各个行业的专业化深层次发展,但当时国家也注意到专业化的教育模式的弊端:学生的专业知识窄化、能力培养片面化,学生的全面发展,尤其是人文素养、科学素养等方面的发展受限。因此,国家在大学的分科教育方面进一步做了更加细致的工作,对通识教育更加重视。

直至20世纪90年代,一方面是综合性人才的需求,另一方面也是受到欧美通识教育思想的影响,对人的综合素质评价得到重视,各个大学纷纷采取行动,开展通识教育。1993年,中共中央、国务院发布《中国教育

---

[1] 张亮.我国通识教育改革的成就、困境与出路[J].清华大学教育研究,2014,35(6):80-84.

改革和发展纲要》,从义务教育到高中教育,到大学教育,提出教育改革与发展的目标、措施,引起了对素质教育及通识教育的重视。1995年,第八届全国人民代表大会第三次会议通过《中华人民共和国教育法》,进一步明确强化基础教育,提出一系列教育规范化的规定。同年,国家设立52所高等学校为素质教育试点。1999年,中共中央、国务院推出《关于深化教育改革全面推进素质教育的决定》,在52所试点学校工作基础上进一步深化高校素质教育课程建设。

21世纪后,科学技术迅速发展,既推进了各类资源的整合,也更加追求教育资源整合的最优化。在此基础上,不仅需要有专业化的人才培养目标,还在人格、知识、性情、品格等方面提出全面发展目标,真正实现高质量内涵式发展。2012年中国共产党第十八次代表大会报告中首次提出"把立德树人作为教育的根本任务",把"为谁培养人、培养什么人、怎样培养人"这一教育根本问题作为核心任务,引导开展通识教育。这些对做好新时代教育工作和人才培养工作具有十分重要的指导意义。

大陆地区的通识教育作为规模化研究始于20世纪90年代中叶。为此,本节梳理了近30年来通识教育的发展和研究概况,再从较为常见的通选课模式、核心课程模式、大类培养模式、书院制模式、经典阅读模式等方式入手,介绍大陆地区通识教育的发展情况。

(一) 近30年大陆地区通识教育发展概况

大陆地区的通识教育受到重视并快速发展是从20世纪90年代中叶开始的。这个时期被视为通识教育黄金时期。此间根据通识教育发展的情况又可以划分为两个阶段。

1. 第一阶段:试点阶段(1995—2000年)

1995年7月,国家教委下发《关于开展大学生文化素质教育试点工作的通知》。在全国52所高校进行试点,由此正式拉开了以文化素质教育为表征的通识教育序幕。[1] 在此阶段人们主要针对当时的教育状况,

---

[1] 周谷平,张丽.我国大学通识教育的回顾与展望[J].教育研究,2019,40(3):107-116.

特别是高等教育的一些问题进行分析,对通识教育的必要性进行了论证。章开沅指出大陆地区教育存在三方面问题:长期片面学习苏联学科分化的形态,导致专业面过窄;过度追求适应市场经济需要而在教育上表现得急功近利,教学质量受到冲击;社会不良风气对校园文化造成了侵蚀等。① 龚放分析了大陆地区教育的种种弊端,包括专业化教育出现的"功利化"倾向,"应试教育"以及过早的文理分科暴露的种种弊端,提出大陆地区的教育需要加强人文关怀、重建人文精神,开展通识教育,指出大学通识教育(普通教育)的重要性会日益凸显出来。② 针对当时高等教育渐渐显露的重专业轻文化、重学问轻做人等弊端,教育研究专家和教学专家达成共识:大力推广发展通识教育,有助于我们更好地满足物质文明和精神文明双发展的需求,为社会培养有知识、有素养的人才。推广通识教育刻不容缓。为此,李曼丽提出专业教育与通识教育相结合的主张,认为"专业教育与通识教育相结合是面向 21 世纪高等学校课程改革与发展应有的战略选择",尽管科学技术推动了教育的专业化,但学科之间已出现综合化趋势。并且提出,未来新世纪社会发展,需要能够打破专业局限性,并可以与不同的人进行必要交流的全面人才。她还分析了人才市场呈现出的越来越多样化的需求形势,指出要适应这种需求的变化,必须克服专业教育带来的片面发展的弊端,站在更高的水平上开展全面发展的教育。③ 当时的学者普遍对通识教育充满了渴望和期待。这个时期是通识教育的萌动期。

2. 第二阶段:推广阶段(2000 年至今)

进入新世纪,大陆地区已将通识教育落实到大学教育的课程规划中,并在实践中不断完善与发展。2001 年,北京大学举办"元培"计划实验班,之后,清华大学、浙江大学、南京大学也先后成立相关学院,推动通识

---

① 章开沅.通识教育与人文精神[J].高等教育研究,1995(2):1-3.
② 龚放.现代大学通识教育之我见[J].上海高教研究,1997(2):46-50.
③ 李曼丽.专业教育与通识教育相结合:面向 21 世纪的中国高等学校课程改革[J].高等教育研究,1998(1):27-28.

教育探索进程。2005年,复旦大学成立"复旦学院",入学新生不分专业,统一完成一学年的通识教育,之后再进入专业学习。

在积极推进通识教育的进程中,大陆地区通识教育研究主要集中在通识教育概念辨析、通识教育课程构建与实施、国外大学通识教育借鉴等方面。除大陆地区通识教育本身的研究之外,中外通识教育的对比借鉴研究成果也大量涌现出来。很多学者以美国通识教育研究为借鉴,结合大陆地区通识教育存在的问题,针对大陆地区教育实际提出开展通识教育的主张:规划确定好中国本土化通识教育的理念及目标,构建合理的通识教育课程体系,打造专业教师队伍。① 由此可见,通识教育的研究和通识教育的积极推进是同步进行的,也体现了国家的教育行政管理体制、教育观念以及社会历史发展的新特征。

(二) 大陆地区通识教育模式

1. 通选课模式

通选课,顾名思义就是通识选修课。一般包括自由选修的通选课、部分指定的通选课、完全指定的通选课。自由选修的通选课是公共选修课的模式,学生在所开设的选修课中任意选择满足学分的课程即可;部分指定的通选课是由学校指定一部分课程作为学生必须选修的课程,这类课程一般是跨学科的,比如,理工学科的学生需要选择人文社科的某一门或几门课程作为选修课,人文学科的学生需要选择计算机、数学等自然科学的一门或几门课程作为选修课;完全指定的通选课是学生需要按照每个专业指定的课程选修,几乎没有自由选择的余地。

通选课模式的优势是:课程较为丰富,知识面相对较为宽泛,涉及各个领域的知识内容,学科一般跨越自然科学、社会科学、人文科学等各个领域,学生可以通过多领域获取广泛的知识,拓宽视野,开阔思路,提高能

---

① 参见以下文献。刘拓,陈秀平,李平康.中美部分大学通识教育实践比较研究[J].黑龙江高教研究,2004(3):156—159.唐少清.全人教育模式的中外比较[J].社会科学家,2014(12):110—118.谢鑫,蔡芬.美国一流大学通识课程结构的模式分析:以哈佛大学、哥伦比亚大学、普林斯顿大学、芝加哥大学和布朗大学为例[J].教学研究,2020,43(3):67—75.

力,以保证知识结构的合理性和完整性。

通选课模式的弊端是:专业性代替了通识性,课程大都是每个专业已经开设的课程中放开给其他专业的学生选修的,内容太专,有的所涉知识面过于狭窄,对于跨专业的学习者缺少通识的引导和教育。由此进行的教育,使学生很难构建起通识的全面的整合的学科知识体系。

2. 核心课程模式

核心课程模式是将传统分科教育的不同学科的知识进行整合,从多学科的视角培养学生的能力和兴趣,了解多学科的基本知识与研究方法,使学生具备跨学科的分析问题和解决问题能力,具备多维度思维能力和判断能力,具备核心的知识和能力,学会学习,特别是学会自主学习,以应对可持续学习、终身学习的社会变革需要。

核心课程模式的优势在于,以培养学生的核心能力为教育目标,打破了传统的学科分类模式,强调知识的系统性和综合性,通过多学科交叉综合的精品课程,培养学生综合运用多学科的知识解决社会问题的能力,提高学生跨文化的知识整合再造能力,扩大学生视野,提高学习能力,塑造学生的世界观、人生观和价值观。比如,北京大学的核心课程模式就提出了"加强基础、淡化专业、因材施教、分流培养"的方针,打破了学科壁垒,打通了学科界限。

核心课程模式的不足在于:由于其综合性和整合性特点更适合学科齐全的综合性大学,专业少的小学校很难开展;由于跨学科的难度较大,会面临各种各样的困难,可以开设跨学科课程的教师也有限,所以核心课程的种类目前还不太充足,还难以满足学生的需求;在学科组合方面还缺少理据,目前跨学科整合的随意性很大,需要有科学研究和论证。

3. 大类培养模式

进入 21 世纪,社会竞争加剧,高科技领域对人才的创新、创造的要求标准逐步提高,需要具备持续学习、不断探索、终身学习的能力。单一学科的教育已经不能满足人才培养的需要,各高校都在进行学科的改革,进一步淡化专业的分野,强化学科之间的相互影响、相互渗透、相互联系,培养交叉学科的人才。为此,出现了超越学科界限的大类人才培养模式,先进行1—2年的大类培养,再根据自己的兴趣选择研究的专业方向,以培养"宽口径、厚基础、具有创新能力"的复合型人才。在招生时,把一些相关或相近的学科整合在一起,进行大类培养,为学生打下厚实的基础,以利于其未来专业的转换和复合型能力的养成。

近年来开展的强基计划就是一种大类培养模式。所谓"强基计划",就是加强基础学科人才培养的计划。2020年,教育部颁布了《教育部关于在部分高校开展基础学科招生改革试点工作的意见》,明确了强基计划的具体实施方案。

强基计划的指导思想是探索多维度考核评价模式,着力实现学生成长、国家选才、社会公平的有机统一。在部分高校招收一批有志向、有兴趣、有天赋的青年学生进行专门培养,为国家重大战略领域输送后备人才。坚持育人为本,探索在招生中对学生进行全面、综合评价,转变简单以考试成绩评价学生的做法,引导学校更加重视学生的成长过程,更加重视培养学生的综合素质。

在人才选拔上,强基计划主要选拔培养有志于服务国家重大战略需求,且综合素质优秀或基础学科拔尖的学生。由有关高校结合自身办学特色,合理安排招生专业。突出基础学科的支撑引领作用,重点在数学、物理、化学、生物及历史、哲学、古文字学等相关专业招生。

在人才培养上,高校要对通过强基计划录取的学生制订单独的人才培养方案和激励机制,对通过强基计划录取的学生可单独编班,配备一流的师资,提供一流的学习条件,创造一流的学术环境与氛围,实行导师制、小班化等培养模式。畅通成长发展通道,对学业优秀的学生,高校可在免试推荐研究生、直博、公派留学、奖学金等方面予以优先安排。探索建立本—硕—博衔接的培养模式,本科阶段要夯实基础学科能力素养,硕博阶段既可在本学科深造,也可探索学科交叉培养模式。推进科教协同育人,鼓励国家实验室、国家重点实验室、前沿科学中心、集成攻关大平台和协同创新中心等吸纳这些学生参与项目研究,探索建立结合重大科研任务进行人才培养的机制。强化质量保障机制,建立科学化、多阶段的动态进出机制,对进入强基计划的学生进行综合考查、科学分流。

首批试点的学校有36所,分别是北京大学、中国人民大学、清华大学、北京航空航天大学、北京理工大学、中国农业大学、北京师范大学、中央民族大学、南开大学、天津大学、大连理工大学、吉林大学、哈尔滨工业大学、复旦大学、同济大学、上海交通大学、华东师范大学、南京大学、东南大学、浙江大学、中国科学技术大学、厦门大学、山东大学、中国海洋大学、武汉大学、华中科技大学、中南大学、中山大学、华南理工大学、四川大学、重庆大学、电子科技大学、西安交通大学、西北工业大学、兰州大学、国防科技大学等。

各校都提出了特色的人才培养方案。清华大学"强基计划"培养方案加强选育衔接,专门设立了致理、未央、探微、行健、日新5个书院,并聘请了5位在校内备受尊敬、教学科研有深厚造诣、富于管理经验和育人情怀的知名学者担任书院院长,分别负责基础文科类、基础理科学术类、化学生物学、数理基础科学和理论与应用力学等专业的人才培养,且专门设计了"理+工"双学士学位培养模式。既突出基础理科专业的支撑引领作用,又与当前国家在高端芯片与软件、智能科技、新材料、先进制造和国家安全等前沿领域的迫切需求紧密相连。

北京大学不仅培养模式颇具特色,而且招生的专业大都是国内最优秀的专业,并且还通过开展"博雅学堂"试点工作,对"强基计划"学生实施全过程培养,具体措施包括建立"基础学科+多元选择"培养体系,实行"核心课程+跨学科课程、研究性学习、实践训练"等多样化和开放探索的专业培养,推行"1+X"导师制,拓展国际交流项目等。① 这在通识教育的人才培养方面是一次大胆和科学的探索。

4. 书院制模式

书院制模式是传承中国传统的书院教育模式,同时借鉴国外书院制

---

① 钟建林,苏圣奎."强基计划"政策解读及因应策略:兼析36所"强基计划"试点高校2020年招生简章[J].教育评论,2020(5):3—13.

的教学方法和教育精神形成的一种新型的住宿制教育模式。书院的特点是住宿制、跨学科、导师制等。

书院的学生均住宿在书院,书院包括宿舍、食堂、教室、多媒体实验室、阅览室、图书馆、娱乐室等保障齐全的生活与教学设施,学生的生活与学习融为一体,在这里可以满足学生的课内外学习和丰富多样的生活需求,有利于学生之间相互交流、相互学习,有利于形成团队合作的氛围,对学生的人格养成、兴趣形成、价值取向等具有重要的推动作用。

书院的学生来源于不同的学院、不同的年级,他们在一起交流互动,信息呈现指数增长,这种模式的效果远胜于单纯的老师进行课堂教学的效果。学生通过参与和组织各种学术及娱乐活动,提升自身的素质。在书院还经常开展面试坊、写作班、社交礼仪讲座等活动,以此提高学生的学术兴趣、工作能力和兴趣爱好。

书院实行导师制,导师一般是团队,由专家教授、青年教师、管理人员等共同组建,帮助学生在学业、生活、情感的养成方面做出指导。配合导师制,有的书院还设有学长制,由高年级的学生担任,负责指导、引导低年级学生熟悉并尽快融入书院的学习和生活,帮助他们共同提高。

书院制的优势是充分体现了以学生为中心,打破了专业限制,学生可以自由选学课程;来自不同学院和不同年级的学生,朋辈之间互相交流学习,更有利于形成独立的精神品格;同处一室的环境,不同学科的思想和知识相互碰撞,知识的空间更加广阔,更有利于扩大学生视野;导师制方便师生交流,也有利于组建项目团队,开展多种形式的教学活动。

书院制的局限是学习社区式的管理过于集中和统一,一定程度上限制了学生的发展;导师制如果贯彻不彻底,就会人浮于事或形同虚设,导师没有更多精力照顾到每一个学生,学生有问题找不到导师,结果是辅导员代替了导师;在大学中,各个学院都有自己相对独立的管理模式,书院的学生在学籍管理上还是隶属于学院,这样就会形成管理的责任不清。

5. 经典阅读模式

经典阅读模式是通过经典阅读计划、经典阅读课程开展的通识教育模式。① 首先学校为学生开具经典阅读书单,制订阅读计划和规则,然后为学生开设小班经典阅读研讨课程,通过阅读、讨论、讲授、反思,实现对经典著作的理解、吸收、掌握,从而提升学生的人文素质和科学素养。

经典阅读的书目都是经典名著,学习方法一般采用小班研讨、教师导读、开设讲座等形式。通过经典阅读,提高学生的阅读兴趣,养成阅读习惯,提升思辨能力,掌握阅读方法;阅读著作可以陶冶情操,塑造学生的人格。学生可以深度理解先哲的思想,提高自身修养、理论水平和道德品质。

经典阅读在实际操作中也遇到了很多问题。一是经典名著的选择没有统一的标准和规范,各个学校在名著选择上差异很大,而且名著之间也缺乏逻辑联系;二是教学的方式及要求不同,学习效果也不甚一致,学生的获得感差异也很大;三是学生对有些经典著作缺乏认识,认为离现实很远,不能解决现实问题,有急功近利的现象。

关于通识教育还存在一些问题:少部分教育行政主管部门对于实施通识教育的意义、价值以及必要性和迫切性的认识尚且不足,教育政策和管理措施不到位;专业教育与通识教育难以融合,本土化程度不高②。上述问题尚需从多学科、多路径、多维度展开合作研究。

(三) 大陆地区大学通识教育实践研究

近年来,高等学校对通识教育越来越重视,除了针对通识教育在人才培养的重要作用方面展开探讨外,国内的各大高校还积极探索通识教育实践改革。2015年,北京大学、清华大学、复旦大学、中山大学等四所高校共同发起成立"大学通识教育联盟",并开启了各具特色的通识教育实践,如表2-1所示。

---

① 冯惠敏,熊淦,沈凌.弘扬教育自信:中国特色通识教育模式探新[C]//高校·学科·育人:高等教育现代化:2017年高等教育国际论坛论文集,2017:202—211.
② 张亮.我国通识教育改革的成就、困境与出路[J].清华大学教育研究,2014,35(6):80—84.

表 2-1　四所高校通识教育实践一览表

院校	提出时间	实施时间	相应学院/组织		现有课程模块
			成立时间	学院/组织名称	
北京大学	2000	2001	2007	元培学院	人类文明及其传统 现代社会及其问题 人文、自然 科学与方法
清华大学	2002	2006	2014	新雅书院	人文、社科、艺术、科学
			2020	致理书院 日新书院 未央书院 行健书院 探微书院	基础理科学术类专业 基础理科工程衔接类专业 基础文科类专业
复旦大学	2004	2006	2005	复旦学院 通识教育研究中心	文史经典与文化传承 哲学智慧与批判性思维 文明对话与世界视野 社会研究与当代中国 科学探索与技术创新 生态环境与生命关怀 艺术创作与审美体验
中山大学	2004	2009	2008	南方学院	自然科学 社会科学 人文科学 心智健康
			2009	博雅学院	中西方经典著作的研读 古典语言(古汉语、拉丁语、古希腊语) 古典作品的学习 现代人文与社会科学

从表 2-1 及各院校官网信息可知,21 世纪之初,通识教育理念在大陆地区开始兴起,北京大学、清华大学、复旦大学、中山大学等纷纷结合本校教学特点,探索适合本校的通识教育理念、制度、课程,这为之后的通识教育发展提供了丰富的经验。但从最开始提出实行通识教育模式,再到实行通识教育课程,这个过程也很曲折,主要集中在师资力量不足、课程设置存在"拼盘化"现象等方面。并且,最初的通识教育实践中,大学内各学科间的壁垒难以一下突破,跨院系、跨学科、跨专业进行得还不够充分,由此也会有一些质疑通识教育的声音,针对以上的共性问题,下面四所高校先后分别进行了调整,北京大学元培学院于 2014 年提出新版教学计划;清华大学于 2014 年提出了价值塑造、能力培养、知识传授"三位一体"的教育理念,进一步突出通识教育的基础地位,强调"通识教育与专业教育相融合"[1];复旦大学于 2013 年将原先的六大模块课程重建为七大模块,进一步推进各模块核心课程建设[2];中山大学从 2010 年 9 月起,为本科一、二年级的学生开设系统设计的新通识教育课程。2015 年四所高校发起成立"大学通识教育联盟"后,开始合作探索通识教育。

二、港澳地区的通识教育

香港、澳门的通识教育发展起步较早,较早地建立起了近代通识教育理论系统,并在之后的教学实践中不断完善。港、澳通识教育紧抓"全人教育"这一核心,力求做到以学生为主体,为社会输送高质量的新型人才。[3]

(一)香港的通识教育

1911 年,香港大学的建立标志着香港高等教育的开始。香港大学成立之初,就把通识教育放在重要位置。香港通识教育既注重教育理念,也

---

[1] 刘民,田娟.教育综合改革背景下我国高等教育教学的变与不变[J].高教探索,2015(8):36—40.
[2] 孙莉,冯秀娥,赵玉辉,等.高等院校文化素质教育课程体系建设的比较研究[J].教书育人,2014(5):65—67.
[3] 吴成国,吴攸.港澳高校通识教育对我们的启示[J].通识教育研究,2017(00):36—43.

关注教育实践。

中国最早开设通识教育的当推香港高校,而在香港又首数香港崇基学院。1951年创办之初该院就模仿美国大学的博雅教育,开设了"人生哲学"课程。1963年,港英政府将崇基、新亚、联合三所书院合并为香港中文大学,"人生哲学"课程即改为"通识课程"。[①]

1988年,香港科技大学成立,创校之初,即全局规划实施通识教育。香港科技大学1991年开始招生,此时,教学理念相较之前更为先进,因此在最初就对通识教育进行了全方位的设计。例如,成立通识教育中心,后为吸引优秀师资,设立理、工、商、人文社会科学四个学院,明确人文社会科学学院为其他三个学院提供通识教育课程。[②]

1937年,为发展工业教育,成立了香港官立高级工业学院,于1947年更名为香港工业专门学院,1972年改为香港理工学院,1994年更名为香港理工大学。该校建设以来,积极引入通识教育理念,培养既有专业本领又具通识能力的人才。这其实与当时的港英政府十分重视高中和大学学制改革有关。[③]

然而,香港的通识教育并不是一帆风顺的。多年来,香港的学制基本上套用了英国的"3223"模式,即初中3年,高中2年,大学预科2年,大学3年。英式学制的"通识"要求在大学入学前完成。[④] 但是,当时香港学生在中学和预科阶段接受的教育主要是追求功课好、考试成绩好,对通识教育的了解甚少;就读大学期间,因大学学制太短,学生学业压力大,无法更好地参与通识课程的学习。

1990年代中期,为提高大学教育质量,弥补专精教育短板,增加通识课程,香港一些大学建议将大学学制改为4年。1994年,除香港理工学

---

① 冯增俊.香港高校通识教育初探[J].比较教育研究,2004(8):66—70.
② 庞海芍,余静,郇秀红.港台高校的通识教育管理模式与启示[J].江苏高教,2016(2):103—106.
③ 庞海芍,王瑞珍.通识教育在香港[J].北京理工大学学报(社会科学版),2007,9(S1):164—169.
④ 同上.

院之外,香港城市理工学院、香港浸会学院等也升格为大学。这三所高等院校均是在学校的转型发展过程中,充分认识专精教育的弊端,转而重视通识教育。

1998年,香港回归祖国。香港各大学受到鼓舞,与内地学者合作交流更加密切,在教育思想上有了更多探索,在人才培养目标、教育核心要义、铸牢中华民族共同体意识方面有了更多思考,通识教育的重视程度进一步加强,课程设置更加规范。比如 STEM 研究方面的合作有了新突破,通过与内地合作办学等形式也加强了通识教育的推进。

回顾香港的通识教育发展历程,其特点可概括为以下几点:

(1) 各所大学的通识教育发展史长短不一,各具特色。1990年代中期后,各所院校均更加重视通识教育,推进通识教育的实践。

(2) 受英美通识教育影响较多。学制上最初仿效英国学制,因通识教育倡导者多为美国留学归来,理念与实践上受到美国通识教育的影响。

(3) 通识教育内容重视中国文化。多所院校均开设"中国文化"研读课程,例如香港理工大学的"中国研读"课程;1998年香港城市大学设立中国文化中心,并推出"中国文化"课程。

(4) 教育目的是全人教育、完整教育。香港通识教育理念一直在不断进行调试,力求更好地将理念融入教育实践中,培养视野开阔,具备良好的思想道德素质、文化素质、身体素质的复合型人才。

香港通识教育取得了一系列成效,展望未来也面临一系列的挑战,比如如何推进香港社会演变和大学现代转型,如何建构新时代的通识教育体系,并使之与大学的时代发展和香港的繁荣、国家的美好未来紧密地联系起来。

(二) 澳门的通识教育

澳门经过欧风葡雨潜移默化的影响,在这片土壤上,中西文化并存,形成了独特的社会文化景观。

澳门的高等教育起步较晚,1981年3月,私立东亚大学成立。1987年,中葡政府签署了联合声明,最后同意于1999年12月20日澳门回归中国。作为回归工作之一,澳葡政府加快了高等教育建设。1988年澳葡政府收购东亚大学,并在1991年将其更名为澳门大学。减少人才流失是当时的办学主要目的。

澳门高等教育主要以私立学校为主体,中葡学制共存,中、葡、英三语教学。20世纪90年代,澳门的产业结构模式单一,博彩业"一业独大",这虽大大推动了澳门经济发展,但也产生了不小的负面影响:贫富差距过大、产业入职门槛低以及人才学历水平低。因此,当时的澳门急需丰富产业结构。新兴产业的发展需要高等教育人才。多元经济时代给人们提供了更多择业的机会,为适应职场需要,培养学生终身学习能力十分重要。教育虽暂时未形成完善体系,但中西文化并存的发展为之后的通识教育提供了多元化的教育实践基础。

澳门回归祖国后,在中央政府支持下,利用多元经济、文化的优势,进一步深入教育改革,加大教育投入,加速师资队伍建设,各高校大力发展高等教育。例如,澳门大学推行融合专业、通识、研习和社群教育的"四位一体"教育模式,在澳门的大学中独树一帜。澳门大学现设立10所书院,书院之间相辅相成,以体验式课程规划提供全人教育的环境,力求培养学有所成及情操高尚的学生,致力于提升学生的公民责任心、全球竞争力、知识整合力、团队协作力、服务与领导力、文化参与及健康生活等七项胜任力。

澳门科技大学作为回归后澳门人自己兴办的第一所大学,现设创新工程学院、商学院、法学院、中医药学院、酒店与旅游管理学院、人文艺术学院、医学院、国际学院、博雅学院、通识教育部;涵盖文、理、工、法、管、商、医、药、旅游、艺术、传播、语言等学科门类课程。其中,博雅学院除提供全日制学位课程外,还开设夜间学位课程和短期培训课程,为有意继续进修的人士提供终身学习机会。经多年教育探索与发展,该校开拓出了一条"专业教育＋通识教育"的独特教学模式。① 为国家培养了众多基础理论扎实、实践及创新能力强、通晓中英双语、德才兼备、符合科技与经济全球化发展所需的高素质人才。

港澳地区的通识教育均发展于中西并存的文化土壤之上，虽在起步之初都存在不足，但是港、澳高校的通识教育并没有急功近利，在关注全人教育的通识课程设置方面体现为广而泛，给予学生选课自由。同时，港澳高校还强调继承中国传统文化，整合古今、中西文化。② 通识教育的开展，大大推动了现代大学的新时代转型。

三、台湾地区的通识教育③

台湾地区从教育理念上重视通识教育，自20世纪50年代开始进行了一些通识教育方面的尝试。1956年，东海大学申报开设"宏通教育"，经批准后同年开设"通才教育"。④ 1958年，台湾教育主管部门颁布了"共同必修科目"作为各个大学的通识教育核心课程。这个方案分别于1964年、1973年、1977年做了三次修改。但是通识教育的执行情况并不是太令人满意。1984年，再次对这个方案的具体细则做了规定，公布了"大学通识教育选修科目实施要点"，明确要求各个高校要在文学与艺术、历史与文化、社会与哲学、数学与逻辑、物理科学、生命科学、应用科学与技术等七大学术范畴内开设各种选修科目，规定学生必须修习4—6学分的通识课程。1987年成立专案小组，进一步研究改进方案，1988年全面修订大学课程。但是收效亦不理想。到1992年，公布了"大学共同必修科目表"，建立起跨学科的课程架构，将通识课程纳入共同必修科目中，由原来

---

① 任伟伟,郭峰.澳门科技大学人才培养模式述评及其启示[J].现代教育科学,2010(1): 135—138.
② 吴成国,吴攸.港澳高校通识教育对我们的启示[J].通识教育研究,2017(00):36—43.
③ 本节主要参考文献为《全球化时代的大学通识教育》(黄俊杰,北京大学出版社,2006)。
④ 张德启.台湾高校通识教育课程发展及其特色[J].河北师范大学学报(教育科学版), 2009,11(9):89—94.

的4—6学分提高到8学分。① 这是通识教育改革的一种突破,是一项创举,也显示了台湾在建设通识教育方面的决心。

台湾较早地开启了通识教育研究,既有对国外通识教育的探讨,比如日本通识教育、美国通识教育等;也有从不同角度对通识教育课程相关问题进行的论述,例如通识课程的设计等。关于台湾自身的通识教育实践也有很多研究,比如台湾通识教育的改革,台湾中原大学、台湾大学的通识教育分析等。然而,作为通识教育的执行机构,台湾各个高校在落实上并没有实现预期的目标,需要研究解决落实的问题尚有很多。

(1)通识课程的研究尚不到位。通识课程的重要性虽然得到重视,但是对其内涵的认知还不一致。在有组织地开展学术交流活动方面尚不积极,通识课程研究机构不健全。

(2)通识课程建设缺乏系统组织管理。各校普遍缺乏专门负责协调规划通识课程的机构。各个大学在积极推动通识课程建设,加强通识课程规划和教学设计方面进展不力。

(3)课程设置的系统性还需要加强。课程设置随意性很大,缺少系统性规划,缺乏规范的体系化通识课程。

(4)缺乏系统的教材。基于系统规划的通识教育课程和教材尚不完备。

(5)通识课的教师队伍缺乏。在组织教师积极参与通识课建设、组织学生助教团队等方面需加强。

(6)缺乏跨界融通的意识。在通识课程建设方面,部分学校人员缺少合作观念,过于本位主义,缺少跨学科合作的意识。

第四节　聚合课程与通识教育溯源

在通识教育曲折发展过程中,从最早的古典文雅的教育,到多学科的

---

① 闫亚林.另一种大学竞争力:中国台湾高校通识教育的两次评鉴[J].教育理论与实践,2005(10):57—62.

集合,有时也表现为多学科的组合,甚至有拼凑的痕迹。根本的原因是通识教育处于一种物理变化中,而不是化学变化。聚合课程是在通识教育理念下生成的一种优化通识教育模式,使课程由组合变融合,知识由叠加变融通,具有化学变化特性。本节介绍聚合课程与通识教育的历史发展及相互关系,不可避免地会牵涉到一些概念,对部分概念会进行一定的讲述和辨析。

一、聚合课程的缘起

聚合课程起源于20世纪90年代,当时美国研究型大学对新生通识教育课程进行改革,加州大学洛杉矶分校成功开发出了聚合课程,并于1998—2000年间进行了实践,主要由不同院系的教师组成教学团队,开设了集自然科学、社会科学和人文科学为一体的新生通识教育聚合课程,包括"全球环境""种族间的动态""现代思想史""宇宙与生命的演变"四门课程。2002年,又将新生通识教育聚合课程确定在艺术与人生、社会文化以及科学探索三个领域,并制订了涉及三个领域课程的系统评估方案。[1]

新世纪以来,中国一些高校也开始关注和实践聚合课程。如南开大学开设的"数学文化课程"就是对聚合课程的有益尝试。它将数学的思想、精神、方法与文化相结合,以培养学生基于数学方法的理性思维、美学价值、创新意识。[2]

随着新文科的建设和发展,学科交叉融合成为发展的大趋势和人才培养的重要方向,聚合课程有了更加坚实的理论基础和更为强大的研究阵地。近年来的跨学科研究已经深入到各个学科、各个阶段的教育环境中,学科交叉融合已经被高等学校所接受。很多学校开展了通识教育,其

---

[1] 戴丽娟.美国大学通识教育课程模式研究:以 UCLA 的聚合课程为例[J].大学(学术版),2013(12):73—77.
[2] 沈庶英.基于跨学科模式的聚合课程研究:兼谈商务汉语聚合课程建设[J].教育研究,2018,39(1):119—125.

中以聚合课程构建的多学科协同创新的模式收到的效果最为显著。

多学科聚合形态的课程建设,创建了通识教育课程和发展素质教育的新模式、新路径,解决了由于学科分化而产生的相对孤立、封闭、固化的课程设置问题,拓展了学生的知识面,提高了学生的专业交际能力,使理论知识和实践能力相结合、价值观教育和知识教育相统一,进一步培养了学生的合作探究和自主创新能力,提升了学生综合素质,实现了复合型、创新型、应用型的人才培养目标。

二、聚合理论催生了 STEM 教育

STEM 教育起源于美国。它是科学(Science)、技术(Technology)、工程(Engineering)、数学(Mathematics)的首字母缩写,是近年来流行的一种教育形态,是一种成功的聚合课程实践。这种教育形态是国际上探索 21 世纪人才培养的一种新的教育理念与举措。

STEM 教育有着一定的历史。1986 年,美国国家科学基金会(National Science Foundation,NSF)发布了《科学、数学和工程本科生教育》报告,特别强调要"加强大学教育并追求卓越,以使美国下一代成为世界科学和技术领导者"。这被看作 STEM 教育的开端。10 年后,1996 年,美国国家科学基金会发表了《塑造未来:透视科学、数学、工程和技术的本科生教育》报告,总结了 10 年来美国大学在科学、数学、工程和技术教育方面的进展情况,并且提出了未来发展的建议,强调要大力培养 K-12 教育系统中科学、数学、工程和技术学科的师资队伍。[①] 这是将 STEM 教育贯彻到中小学的开始。11 年后,2007 年 10 月 3 日,美国国家科学基金会发布了《国家行动计划:应对美国科学、技术、工程和数学教育体系的重大需求》报告,除了总结科学、数学、工程和技术教育实施情况外,还提出了两个建议,一是强化从国家层面协调 K-12 年级和本科阶段的 STEM

---

① 张建芳.美国 STEM 发展脉络及对我国基础教育的启示[J].湖北教育(科学课),2018(4):87-91.

教育的主导作用,二是提高教师水平和增加相应的研究投入。① 这是STEM教育的深化。2010年,美国总统科技顾问委员会提交了一份《培养与激励:为美国的未来实施K-12年级科学、技术、工程和数学教育》的报告,报告指出:"STEM教育将决定美国未来是否能够成为世界领袖,是否能够解决如能源、健康、环境保护和国家安全等诸多领域的巨大挑战。STEM教育还将有助于培养国际市场竞争所需要的能干且灵活的劳动力。"②STEM教育将确保美国社会继续做出基础性发现,并提升对我们自身、我们的星球和宇宙的理解。STEM教育将造就科学家、技术专家、工程师和数学家,他们将提出新的思想,制造新的产品,并创造出21世纪的全新产业。③ STEM教育将为每一个个体提供为获取足够生活的薪水,以及为他们自身、他们的家庭和社区做出决定所必需的技术技能和计算素质。可见,美国已经将STEM教育逐步纳入国民教育体系,并成为国家发展战略的核心计划。2011年,美国颁布的《K-12科学教育框架》(*The Framework for K-12 Science Education*)进一步推动了STEM教育建设,明确提出"实践、跨学科概念和核心概念"三者整合的思想和实践框架。2013年,美国颁布的《新一代科学教育标准》(*Next Generation Science Standards*,NGSS)则从内容标准上进一步丰富和拓展了其内涵。

STEM教育自产生以来,在世界很多国家受到关注。2006年英国教育与技能部发布了《科学、技术、工程和数学计划报告》(*The Science, Technology, Engineering and Mathematics Programme Report*),2010年,英国"代表教育之科学团体"(SCORE)发布了《STEM提供者的变革性课程》(*The Changing Curriculum for STEM Providers*)。随着STEM教育的发展,其内涵也在不断拓展,不再局限于科学、技术、工程和

---

① 张伟达,张伟成,王海艳,等.STEAM教育对我国科学教育改革的启示[J].东南大学学报(哲学社会科学版),2017,19(S2):136-138.
② 赵中建,施久铭.STEM视野中的课程改革[J].人民教育,2014(2):64-67.
③ 张健.创客空间支持下小学STEM课程建设的实践研究[J].求知导刊,2020(12):18-19.

数学四门学科,出现了 STEMx,也体现了 STEM 教育的包容性和开放性。2013 年召开了全球 STEMx 教育大会,参加国家包括芬兰、澳大利亚、新西兰、赞比亚等多个国家。

中国引入 STEM 教育的时间相对较晚,2012 年《上海教育·环球教育时讯》中开辟了专栏介绍和讨论 STEM 教育问题,这种教育模式正式进入中国。此后,在中小学开展的 STEM 教育研究和实践较大学要多一些。我国 STEM 教育实践本土化程度还不是很高,需要依据中国 K-12 教育的具体情况完善中国的 STEM 教育。中国特色的 STEM 教育还应该包括社会(Society)、态度(Attitude)、环境(Environment)和梦想(Dream)等人文"STEM",即将社会主义核心价值观完整地嵌入到学生的健康成长和发展中,嵌入到创新人才的培养体系中。[①] 2017 年 6 月,中国教育科学研究院专门成立了 STEM 教育研究中心,旨在引领和指导中国 STEM 教育科学发展、提升教育国际竞争力。随着 STEM 教育的深入发展,人们进一步丰富和完善这一教育理念。

STEM 是一个不断发展变化的概念。现在的 STEM 是已经由原来的科学、技术、工程和数学不断拓展为一种教育形态,人们根据教育实际,认为艺术(Arts)是教育不可或缺的要素,于是将 STEM 变成了 STEAM。2015 年 9 月,教育部在《关于"十三五"期间全面深入推进教育信息化工作的指导意见(征求意见稿)》中提出,通过信息技术促进各学科教学内容和模式的变革,探索 STEAM 新教育模式。也有研究者提出 STEAM 教育需要与"互联网+"融合[②],在这一融合过程中,创新能力显得极为重要。随着互联网、人工智能及信息技术的发展,STEM 的容纳量不断拓展,已经变成了一种开放的教育模式,代表着学科的整合和融合。

[①] 赵兴龙,许林.STEM 教育的五大争议及回应[J].中国电化教育,2016(10):62—65.
[②] 王娟,吴永和."互联网+"时代 STEAM 教育应用的反思与创新路径[J].远程教育杂志,2016,35(2):90—97.

三、聚合课程与 STEM 教育有密切联系

整合学科的 STEM 教育模式就是聚合课程的教育模式之一。通过学科统整建立起多学科共同参与的教育教学模式，可以是跨学科的课程聚合，由此建立起 STEM 课程聚合群；也可以是跨学科的知识聚合，由此建立起多学科交叉融合的一门课程。

STEM 教育是聚合理论的产物，聚合课程和 STEM 教育有着共同本质的渊源。如果从狭义上把 STEM 作为特指的科学、技术、工程和数学的专门课程来说，STEM 是聚合课程经过聚合统整的表现形态；如果从广义上把 STEM 作为一种教育形态，聚合课程就是 STEM 教育的一种延伸。聚合课程的主旨在于聚合统整跨学科的课程和知识，而 STEM 就是跨学科的教育形态，这是二者共同的本质特征。

聚合课程是由不同学科的教师，从各自学科的视角，针对同一主题进行协作式教学的组织形式，具有同一主题、跨学科、协作授课、交叉融合、合作学习、多维视角等六个特质。[①] STEM 教育是科学、技术、工程和数学教育的融通，提倡将这四门学科进行交叉融合形成有机整体，以更好地培养学生的创新精神与实践能力。STEM 教育形态是一种成功的聚合课程实践，是聚焦科学与工程问题的聚合课程，是聚合课程顺应当今时代要求的更精准化的教育理念，是当今时代科学发展阶段下的聚合课程。STEM 教育这一全新教育范式的出现推动了聚合课程的大发展与大变革。

聚合课程与 STEM 有以下三点不同。第一，出发点不同。聚合课程由加州大学洛杉矶分校提出，致力于改革和发展通识教育[②]；STEM 教育由美国国家科学基金会提出，其出发点是为服务国家战略，提升美国学生

---

① 沈庶英.基于跨学科模式的聚合课程研究：兼谈商务汉语聚合课程建设[J].教育研究，2018,39(1):119—125.
② 戴丽娟.美国大学通识教育课程模式研究：以 UCLA 的聚合课程为例[J].大学(学术版),2013(12):73—77.

的科技水平和科学素养[①]。第二,涵盖领域不同。聚合课程涵盖科学探索、社会文化、人文艺术、思维训练、道德思想等智育和德育领域,比STEM 的涵盖领域更加广泛。STEM 主要围绕科学、技术、工程和数学等理工领域,后来引进了艺术领域,形成了"STEAM"[②]教育。第三,人才培养目标不同。聚合课程既要求学生在某一特定领域进行深入探究,也鼓励学生探索不同学科领域之间的相互联系,其强调的是学生的全面发展。STEM 教育重点培养学生科学、技术、工程、数学等理工科素养,培养创新型科技人才,服务国家发展战略。

四、聚合课程与综合课程

在研究中,通常会遇到"综合课程"的概念,它与聚合课程是什么关系呢?这里有必要阐述一下二者的关系。综合课程与聚合课程都是由Integrated Curriculum 翻译而来。我国一般将其译为"综合课程",但这样的翻译并不能揭示其内涵和理念,随着多个学科协同教学组织形式的发展,学界对其认知不断深化,提出了更体现学科之间关系的"聚合课程"一词。

综合课程与聚合课程的命名分歧在于"综合"与"聚合"二词上。综合是指将不同种类、不同性质的学科从形式上组合在一起。聚合是将不同学科知识进行跨界融合。这个过程是教师的集聚、课程的集聚,也是师生互动和学生学习体验的集聚,其核心是组织和合作。[③] 与"综合"相比,"聚合"更强调关联性、统一性和合成性。例如,我们在日常生活中有聚合物,但没有综合物,这正体现了"聚合"一词的外部一体性和内部一致性。由综合课程向聚合课程的演变体现了学界对课程组织形式一体化程度认

[①] 杜娟,石雪飞,邹丽娜.核心素养导向的 STEM 教育[M].北京:清华大学出版社,2021:41.

[②] 余胜泉,胡翔.STEM 教育理念与跨学科整合模式[J].开放教育研究,2015,21(4):13—22.

[③] 沈庶英.基于跨学科模式的聚合课程研究:兼谈商务汉语聚合课程建设[J].教育研究,2018,39(1):119—125.

识的加深,即由多个学科并驾齐驱实施教学向由不同学科的教师从各自学科的视角针对同一主题进行融合式协作教学的逐渐转变。

五、多学科与跨学科

研究聚合课程离不开跨学科和多学科这两个词语,这里有必要做出区分。多学科(Multidisciplinary)指不同学科共同发挥作用但彼此之间不存在相互作用的学科合作形式,跨学科(Interdisciplinary)是指不同学科之间通过相互作用共同发挥作用的学科合作形式。

多学科与跨学科主要有三点联系。第一,起源相同。多学科与跨学科均起源于"学科"概念,是学科体系不断分化延伸发展的结果。第二,形式相同。二者均为非单个学科组成的课程组织形式,强调以非单一学科的视野解决复杂问题。第三,多学科是单学科向跨学科演变的中间阶段。多学科是一种存在,跨学科是一个过程,多学科发展是跨学科出现的基础。多学科的学科组成形式也是跨学科中学科间相互联系相互交融的前提。

两者的区别体现在以下三点。第一,理念不同。多学科体现的是学科分化理念,跨学科体现的是学科合作理念。第二,学科间关系不同。多学科依然完整地保留着各个学科的独特内容,各学科的框架特色依然存在,其根本上还是针对单一学科进行研究,学科之间界限清晰,并未产生交融。跨学科完成了不同学科在彼此渗透的过程中学科间界限逐渐被打破,最终相互融合的过程。[①] 第三,产出不同。多学科本质上是多个"单一学科"的叠加和排布,不会产出新的领域或学科,跨学科是学科之间的融通融合,会产生新的交叉学科。跨学科中的学科互动会形成新的研究领域或学科,跨学科过程中的学科交叉点往往就是新学科的生长点。[②]

---

① 张雪,张志强.学科交叉研究系统综述[J].图书情报工作,2020,64(14):112-125.
② 路甬祥.学科交叉与交叉科学的意义[J].中国科学院院刊,2005(1):58-60.

六、聚合课程与通识教育的关系

聚合课程是课程的组织形式,是基于跨学科视角的课程横向统整。而通识教育是高等教育中针对学习者核心素质和能力提升而设置的素养教育,是学生成长所必需接受的非专业性教育。就目的而言,通识教育旨在培养积极参与社会生活的、有社会责任感的、全面发展的社会人和国家公民;就内容而言,通识教育是一种广泛的、非专业性的、非功利性的基本知识、技能和态度的教育。①

聚合课程来源于通识教育,是通识教育的一种教学表现方式。但其特有的融合性对通识教育的课堂形式进行了升级,其同一主题的性质进一步明确了通识课程的培养方向,团队合作模式创造了通识课程教育新环境。可以说,通识教育的理论发展会影响聚合课程,聚合课程对通识教育的课堂形式进行了优化及再创造。

(一) 聚合课程与通识教育的差异

聚合课程和通识教育的区别主要有三点。

1. 性质不同

聚合课程是教育的组织形式。而通识教育是教育的组成部分,是人才培养所需知识体系中的重要知识构成,它可以是独立的一个学科的一门课程。是否有共同的主题是区别通识课程和聚合课程的重要标志。一般讲,通识课程可以是一门学科知识开设的一门课程,无须考虑与其他课程的相互关联和主题的相互契合。而聚合课程是多门学科的知识体系聚合在一起构成的一门课程,或不同学科的课程按照共同的主题组织起来开设的多门课程的课程集群。② 无论是同一门课程还是多门课程,共同主题是聚合课程的核心要素,也是所构成的学科交叉融合的灵魂。

---

① 李曼丽,汪永铨.关于"通识教育"概念内涵的讨论[J].清华大学教育研究,1999(1):96—101.
② 沈庶英.基于跨学科模式的聚合课程研究:兼谈商务汉语聚合课程建设[J].教育研究,2018,39(1):119—125.

2. 强调的侧重点不同

通识教育强调的是内容,之所以称之为通识课,是因为学科知识的普遍性和普及性的特征,是人才培养所需知识体系中的重要知识构成,可以是独立的一个学科的一门课程。聚合课程强调的是呈现形式,是学科知识或课程之间的关联,而且一定不是一个学科知识或某个学科单一课程所能实现的。

3. 学科知识统整状态不同

聚合课程的知识体系是不同学科从各自学科的视角就同一主题课程而进行的知识的融合或结构的互相嵌入。聚合课程也可以是多门课程,各门课程之间是组合关系,知识的关联度紧密,强调相互协调、相互支撑、相互观照。而通识教育在课程及学科知识的关联度上不强调相互联系,缺少聚合统整。

(二) 聚合课程与通识教育的关联性

聚合课程生发于通识课程,并优化了通识教育。聚合课程的教学表现形态体现为通识课程,而通识课程是通识教育的课程形态,二者的理论基础支撑着通识课程的健康发展。当聚合课程以多学科的知识内容统整为一门课程时,可以称之为通识课程。

1. 聚合课程的融合性升级了通识课程

聚合课程是一种通识教育,是通识教育的升级版,或优化版。同一主题、不同学科,是聚合课程的特点,也是未来通识教育的发展方向。

聚合课程本质在于跨学科的相互融入。这种融合是多学科知识的彼此吸收、容纳、再造、创新,是对知识生成性的统整,是对学科分野产生的孤立、片面、分裂、分隔的一种弥补。传统的通识课要么是一门学科知识的普及,要么是多门知识的组合,而聚合课程是将多门学科知识统整为一门课程或课程群,学科知识相互融通,彻底打破了学科的界限,形成了系统化、体系化的跨学科知识脉络。它既摒弃了单一学科的弊端,又将多学科进行统整融合,形成一个完整的课程框架,这种新的课程框架克服了课程组合带来的相互隔阂和不兼容,保证了教育教学的完整性和协调性。

2. 聚合课程的同一主题完善了通识课程

长期以来,通识课程常常局限于某一专门学科的普及性教育,或者是对某一专门知识的科普性宣讲,即使是多学科共同开设的课程,也缺少整合和融合,缺少一条主线。聚合课程以同一主题将多学科的课程或知识融合在一起,形成新的学科知识体系,使通识课程的育人功能得以完善。

聚合课程的融通基础在于共同主题下的相互补足。聚合课程是以同一主题为核心,建立起多学科的协同育人模式。这共同的主题是多学科交叉融合的魂,是融合的基础和保障。参与聚合的学科,从各自的视角和学科特点,针对同一主题开展育人活动,保障了知识的融通。知识不再是由学生自己统整,而是由教师在教前进行统整,给学生的是完整的、相互补充、相互印证的知识资源,这些知识给学生带来多元思维的机会,让学生从不同的学科知识的视角获得教益,这对于人才培养也具有重要的意义。

3. 聚合课程的团队合作创造了通识课程教育新环境

聚合课程的创造性特征在于多学科教师的深度协调合作。传统通识课程要么是一个学科教师的单打独斗,要么是组合在一起的多学科教师各自为战,缺少一种集体协作的机制。聚合课程是把不同学科的教师统整在一起,建立起课程团队,由一位专家牵头,大家共同商讨课程的主题、育人目标、每个学科围绕主题承担的育人任务、各个学科的教学内容、各个学科内容之间的协调关系、各自的教学方法及相互配合的模式等。这就在团队协作上建立起优势互补、协同创新的保障机制。

聚合课程是团队协作的模式,由不同学科的教师构成跨界融合的育人团队,依据各自学科的优势,顺应教育的特征,为学习者构建起多维视角、多元层次、多种思维相互交融碰撞的新的教育环境。聚合课程的跨界融通打开了通识教育的新境界,这种创新的环境提升了人才培养的层次和品级,为学生的成长、成才提供全方位的帮助。

第三章 聚合课程与新文科

新文科是继新工科、新农科、新医科之后的一种新型学科建设形态。名称肇始于美国,但是其语义远远超越了原有的内涵。中国新文科的建设旨在弘扬学科的交叉融合,拓展学科的宽度,建立学科之间的联系,培养学生的综合素质。本章将介绍新文科的成长过程,研究新文科与聚合课程的契合点,以拓宽学科交叉统整研究的视野。

第一节 新文科的产生

所谓学科,在中国历史上并没有严格、明确的分类,古人区分的文章和数术也没有学科概念上的分野。中国古代读书人研习的经史子集,只是图书类目的划分,并不是学科的划分。真正意义的学科产生,源于现代对西方文化的输入。

一、国外新文科的产生和发展

一般认为,新文科发起于美国希拉姆学院(Hiram College)。其实,新文科的产生由来已久。研究国外新文科(New Liberal Arts)教育的发展,首先需要理解 Liberal Arts Colleges 的概念。Liberal Arts Colleges 一般译为"文理学院"或"博雅学院"。根据威廉姆斯学院、阿默斯特学院、斯沃斯莫尔学院等美国排名前位的文理学院专业来看,Liberal Arts Colleges 的课程开设并不排斥理科专业的存在,而是以一种人文科学、自然科学和社会科学等专业并存的形式办学。因此,新文科的发展更侧重于在学科融合的基础上对传统僵化的文科学习模式进行修正。

早在1944年,杜威就提出了文理学院发展的问题。他指出,科技的不断进步对文科发展产生了较大的社会压力,科技可能会改变文科的学习或思维方式。因此,文科更需要进行知识、人与自然的融合,加深对当代社会科技发展的社会基础和社会后果的深刻认识。① 此外菲利普斯(D. E. Phillips)等学者也对文科的发展提出了看法,认为文科更新性、技术性和综合性较差。文科必须提出明确和具体的能满足个人和社会普遍需要的发展目标;必须改造教学内容以满足这些目标;必须掀起一场彻底的改革。文科应该以生物学、人类学、心理学和社会学等多种知识为教学内容,培养对人类发展有着足够认识的人才。② 要重视开展全球研究、跨学科研究、选择性传统研究,培养学生独立思考的能力。③

1982年,斯隆基金会资助发起了一次新文科项目的实践,旨在鼓励将定量推理、计算机使用、数学模型等技术纳入文科课程的中心地位。他们认为,现代素质教育应该培养出能适应现代科学技术的人才,他们应该对各种技术思维模式的应用具有丰富的经验和使用能力。④ 1982—1992年间,斯隆基金会向23所文理学院资助近2000万美元资金,用于在文科课程中推进定量推理等技术的使用。受资助院校也设置了技术应用、心理学、经济学、医学、生物学等课程模块。其中克莱蒙特麦肯纳学院(Claremont McKenna College)还开展了实践教学,极大地丰富了学生的教育经历。⑤

相比斯隆基金会的尝试,近年(2016年开始制订方案,2018年正式实施)由希拉姆学院发起的新文科改革影响更大。这项改革更加侧重于数

---

① DEWEY J. The problem of the Liberal Arts College[J]. The American scholar,1944,13(4):391-393.
② PHILLIPS D E. The new liberal education[J]. Bulletin of the American Association of University Professors (1915—1955),1946,32(2):341-351.
③ BAUMAN M G. Liberal arts for the twenty-first century[J]. The journal of higher education,1987,58(1):38-45.
④ GOLDBERG S. The sloan foundation's new liberal arts program[J]. Change:the magazine of higher learning,1986,18(2):14-15.
⑤ ALFRED P. The new liberal arts program[EB/OL].(1999-06-26)[2024-02-26]. http://www.statlit.org/pdf/1993AmesSloanNLA.pdf.

字技术的应用。希拉姆学院的院长瓦洛塔（Lori E. Varlotta）认为，传统的文理学院过于单一，需要进行系统性改革，否则就会逐渐消亡。① 起初，希拉姆学院的新文科改革仅仅是改变文科僵化死板的学习方式，将网络信息技术融入传统的文科教学中。② 后来，随着改革的深入，希拉姆学院将"知识融合的学习""对学生影响深远的实践活动"和"非滥用的技术应用"相结合，其目的在于让学生做好学习和全面发展的准备，培养高智灵活、具有社会责任感的思想家和实干家。③ 瓦洛塔认为，学生应具备分析和批判性思维能力、沟通技巧、计算机技能、跨文化和多样性技能、不滥用信息技术系统或者设计思维、团队合作和团队建设技能等综合性特征。④ 其教学方式有四个特点：(1)共同的新生经验（Common First-Year Experience）——大一学生共同参加包括研讨会、人文课程和社会科学课程等基础课程，同时思考学习的意义；(2)融合的专业（Integrated Major）——学生选择一组相互关联的核心课程，这些课程与他们选择探索的社会前沿挑战或新兴机会联系在一起；(3)系统的课程核心（Coherent Core）——学生从艺术学、传播学、教育学、社会学、医学等专业中选择并完成相关课程，也可以辅修任何其他专业课程；(4)丰富的体验活动（Experiential Activities）——每个学生都至少参与一个体验式学习活动。活动包括实习、学习旅行、指导性研究、服务性学习项目等。

---

① VARLOTTA L. Designing and implementing systemic academic change: Hiram College's model for the new liberal arts[J]. Planning for higher education journal, 2018, 47(1): 12-31.
② VARLOTTA L. The new liberal arts: where mobile technology meets mindful technology [EB/OL]. (2020-03-26)[2024-02-25]. https://evolllution.com/technology/tech-tools-and-resources/the-new-liberal-arts-where-mobile-technology-meets-mindful-technology.
③ VARLOTTA L. Hiram College as the new liberal arts: integrated study, high-impact experiences, mindful technology[EB/OL]. (2017-04-05)[2024-02-25]. https://www.higheredtoday.org/2017/04/05/hiram-college-new-liberal-arts-integrated-study-high-impact-experiences-mindful-technology.
④ VARLOTTA L. Designing and implementing systemic academic change: Hiram College's model for the new liberal arts[J]. Planning for higher education journal, 2018, 47(1): 12-31.

综上，国外新文科发展多存在于文理学院，而非其他综合性大学。由于国外对 Liberal Arts 的不同定义，文理学院课程并未像中国大学一样泾渭分明，文科学生接触理工科专业较为日常，对理工科课程接受度也较高。因此在知识融合的基础上，国外的新文科改革更加侧重于培养文科学生以科学技术以及理工科研究方法开展学习。课程实践也多为学院自身的实验性调整，没有形成大范围的教育改革，新文科的概念也更像是一种改革方式，而不是像中国的新文科一样是一种学科建设和发展的教育理论体系。

二、中国学科产生和发展的三个阶段

中国学科概念的产生肇始于五四运动。其时倡导的新文化运动，树起了民主和科学两面旗帜，同时引入了自然科学和人文社会科学的概念，由此出现了学科的概念。当时中国的学科建设还是个新生事物，为了快速兴建起中国的人文社科体系，并且能够尽快应用于救国图强，当时的文科基本照搬了欧美的人文社会科学体系。这可谓中国学科产生的第一个阶段。

学科发展的第二个阶段是新中国成立之初，当时的中国百废待兴，各个大学的学科残缺不全，为了尽快恢复正常教育环境，也受到当时国际关系的影响，教育和科学模式基本照搬当时苏联的模式，学科方面也全面引入并吸纳了苏联的学科分类体系，并逐步建立起了新中国的学科体系。

学科发展的第三个阶段是改革开放以来。中国的改革开放打开了与国际社会交流互鉴的大门，为了加快步伐把失去的时间夺回来，在"科学技术是第一生产力"的口号激励下，人们开始积极引进西方科学技术，同时也广泛吸收了西方的学科体系。在对西方的学术理论、学术思想进行学习引进的同时，对整个学术领域也进行了全面变革，填补了一些学术空白，比如在经济学、政治学、法学、管理学等方面，基本移植了西方的学科模式。由此建立起了较为系统化、体系化的完整的中国现代学科分类体系。

三、学科分化的弊端

学科意识的产生、学科细目的分别、学科体系的形成,对于中国的科学发展而言是革命性的建设,具有重要的意义。由于学科的划分来源于西方,其中很多理念和方法都是从国外借鉴来的,难免会存在一些水土不服的问题。特别是近年来,随着科学技术的进步和人才培养的多元化需求,这些问题愈加明显地暴露出来。

1. 人文社会科学学科建设脱离中国本国文明基础的情况较为严重

由于学科划分借鉴于西方,当前,我国学科建设对西方名校存在一定的路径依赖,总是遵循"世界标准"和"国际惯例",照搬英美建设方案,逐步走向西方化、同质化、去国家化的"学科陷阱"。一般而言,学术知识体系往往是建立在对本国文明的思考之上。西方文明立足于西方的社会实践和知识系统,而我国尚未建立起独立、系统、完善的学科知识体系,需要借助国外的学科标准来衡量自己,导致中国学者对我国学科产生"边缘危机意识"。有学者认为,"经过上百年,尤其是近几十年的努力,从欧美移植过来的这些学科本身尽管都是在中国语境下由中国人自己在研究,但是这些学科浓厚的西方气质并未发生根本性的变化。这一点几乎表现在所有哲学社会科学学科上"[1]。受制于我们所移植的人文社会科学整体框架,我们依然在用西方模型、西方话语来表述和表达中国,这一点几乎表现在所有哲学社会科学学科上。因此,学界普遍认为,我国的人文社会科学学科应当以中国特色社会主义理论体系和我国国情为基础,形成一种不同于西方学科建设思路的学科体系。在这方面还有很长的路要走。

2. 严格进行学科划分并不能适应当今知识生产的迅速发展

在传统的知识生产模式下,学科和学科组织几乎都是"封闭化的科研场域",这种"内循环"式的知识生产文化促进了学科内部的统一和谐,加速了同一学科的深化和细化,但也造成了不同学科边界上的"文化围墙"

---

[1] 王学典.何谓"新文科"?[N].中华读书报,2020-06-03(1).

和不同学科间乃至异质学科间心理上的"文化隔阂"。① 由于学科的划分具有一定滞后性,新知识产生一段时间后才会获得新学科的承认,在一定程度上制约了新知识的继续发展和研究效率。因此,在知识生产模式深刻变革的趋势下,打破孤立封闭的学科文化生态,建设共生相融的学科文化生态是学科建设创新的必然选择。② 新知识生产模式的结果是学科边界的日趋模糊,从单一学科到学科交叉融合是不以人的意志为转移的客观规律和事实,跨学科工作成为一种规则。这就决定了人文学科必须进行范式创新,打破固有的学科划分逻辑,进一步促进人文学科与自然科学、社会科学的交叉融合,真正进行跨界协同的复合型研究。③

3. 现有的学科分类不足以支撑现代科学技术的发展

一方面,不断出现的新兴技术让人们很难把它们界定为某一独立学科,原有的对学科进行划分的方式又很难跟上时代发展,而当今时代科学技术领域的前沿问题单一学科往往解决不了,从引领科技发展潮流到解决国家重大急需问题,都"要以'问题导向'的大领域、大方向为区块,整合学科集群"④。因此简单的单一学科建设不能满足科技的发展需求,对学科的过度细化也会产生一定的学科壁垒,不利于跨学科的研究和知识的流动。另一方面,新科技革命给各学科人才培养带来一些新的要求,如新专业、培养方案的调整,新课程的产生和替代,等等,研究方式不断转变⑤,因此学科建设亟待更新。

4. 现有的学科分类难以满足对培养全面发展的人才的需求

近年来,科学技术的进步和人才培养的多元化需求,要求在实践中培

---

① 白强.大学知识生产模式变革与学科建设创新[J].大学教育科学,2020(3):31-38.
② 同上.
③ 张庆玲.世界一流学科建设背景下人文学科的生长困局分析[J].大学教育科学,2021(1):44-52.
④ 王义遒."漏网之鱼"或许是"卓越"之源:从《"双一流"建设,学科真的那么重要吗》一文说开来[N].中国科学报,2019-12-18(1).
⑤ 樊丽明,杨灿明,马骁,等.新文科建设的内涵与发展路径:笔谈[J].中国高教研究,2019(10):10-13.

养出知识更复合、学科更融合、实践能力更增强的新型人才。① 目前的学科分类显得过于拘谨和细碎,各个学科之间界限越来越分明,交叉融合难度很大,对于学习者生成整体性、完整性、系统性的知识架构产生了阻碍。其结果导致目前我国高校不少专业的培养目标与定位比较模糊,专业核心能力与核心素养不够明确,课程体系与课程内容无法有效支撑专业培养目标和学生毕业素质要求的达成。此外,一些专业囿于单一的学科或专业门类界限进行课程设计,较少进行跨学科、跨专业的主题课程开放选修,也没有给予学生更多的学习选择权。这种文理科、文科各专业之间的隔断或界限不利于跨学科交叉的创新人才培养,也不利于人才培养匹配社会需求。②

在这样的环境下,受到新工科、新农科、新医科的启发,一种能够充分体现中国特色、跨越学科界限、统整各个学科知识、建设多元融合的知识链接的全新学科架构——"新文科"应运而生。

四、中国新文科的发展

从教育学的视角看,新文科是在新时代,站在新的起点,通过对学科的全面审视建立起来的一种新的学科思维,是人文社科发展的必然趋势,是学科建设在当前时代背景下的顺势而为。

2016年5月17日,习近平总书记在哲学社会科学工作座谈会上发出了构建中国特色哲学社会科学的号召。这为构建"中国化"人文社会科学体系拉开了序幕,也是"新文科"建设的重要依托。"新文科"就是要思考如何从西方化学科体系的阴影中走出来,建设中国特色的哲学社会科学体系。

2019年4月29日,由教育部、中央政法委、科技部、工业和信息化部、财政部、农业农村部、卫生健康委、中科院、社科院、工程院、林草局、中

---

① 樊丽明,杨灿明,马骁,等.新文科建设的内涵与发展路径:笔谈[J].中国高教研究,2019(10):10—13.

② 周毅,李卓卓.新文科建设的理路与设计[J].中国大学教学,2019(6):52—59.

医药局、中国科协等在天津联合召开的"六卓越一拔尖"计划2.0启动大会上提出,要深入学习贯彻习近平新时代中国特色社会主义思想,全面贯彻落实全国教育大会精神,按照《加快推进教育现代化实施方案(2018—2022年)》要求,全面实施"六卓越一拔尖"计划2.0,发展新工科、新医科、新农科、新文科,推动全国高校掀起一场"质量革命",形成覆盖高等教育全领域的"质量中国"品牌,打赢全面振兴本科教育攻坚战。关于新文科的阐释产出了一批研究成果。

王铭玉、张涛对新文科的概念做了界定,认为"新文科是相对于传统文科而言的,是以全球新科技革命、新经济发展、中国特色社会主义进入新时代为背景,突破传统文科的思维模式,以继承与创新、交叉与融合、协同与共享为主要途径,促进多学科交叉与深度融合,推动传统文科的更新升级,从学科导向转向需求导向,从专业分割转向交叉融合,从适应服务转向支撑引领"[①]。由此确定了新文科的多学科交叉融合的特征和交叉学科的属性。刘利[②]全面科学严谨地阐释了新文科的概念内涵及其建设意义,认为"新文科"建设是中国高等教育改革的新理念,是在习近平新时代中国特色社会主义思想指导下,立足高等教育改革发展,提升我国哲学社会科学高等教育质量、创新文科人才培养机制的重要战略举措,意义重大,十分必要,他指出,一方面,时代与国家的发展需要建设"新文科"。信息时代的科技发展日新月异,新技术层出不穷,对人才提出新的需求,传统的文科教育必须应对新时代与新技术带来的挑战与机遇。同时,伴随中国逐渐走向世界舞台的中央,也亟须培养一批能够参与全球治理,适应全球新格局的高素质国际化专业人才,亟须培养一批中国传统文化的传承者、研究者、传播者,也需要文科教育与时俱进,优化升级。另一方面,学生与学校的发展需要建设"新文科"。由于以往文科专业设置与社会需求的不对应,不少文科专业在教育内容上存在理论与实践脱节等问题,从

---

① 王铭玉,张涛.高校"新文科"建设:概念与行动[N].中国社会科学报,2019-03-21(4).
② 刘利.新文科专业建设的思考与实践:以北京语言大学为例[J].云南师范大学学报(哲学社会科学版),2020,52(2):143-148.

学生全面发展的角度及就业需求来看,"新文科"建设大有必要。对高校发展而言,面对高等教育普及化以及与之相伴而生的招生、学生就业等方面的压力,也亟须进行专业结构优化调整与人才培养模式改革,对传统文科进行转型升级。总之,当传统文科已不能满足时代社会发展的需要,"新文科"建设势在必行。段禹、崔延强进一步明确了新文科的建设目标和路径,提出新文科是一种基于传统文科而又超越传统文科,以新时代、新经济与新产业为背景,融合了理、工等诸多外部学科要素的包容性学科框架。①

除了从全局角度看新文科的内涵,还有学者从专门视角对新文科的建设进行了探讨,如王学典从"中国化"角度对新文科进行了讨论,认为新文科是以中国特色哲学社会科学为核心内容,即在一定程度上反映、呈现和包含中国经验、中国材料、中国数据的文科,当然就是所谓的"新文科"。② 冯果从学科交叉融合的角度对新文科进行了诠释,认为新文科打破专业壁垒和学科障碍,以广博的学术视角、开阔的问题意识和深厚的学术积累为基础,为学生提供更契合现代社会需求的素养训练,是对快速变革的社会生活的主动回应。③ 陶东风从人文精神的角度对新文科做了新的解释,认为谈论新文科不能把这个概念过分工具化、技术化、应用化。新文科更根本的使命在于回应新历史条件下"人"的观念的变化,因为人文学科是关于"人"的学问。④

可以看出,新文科建设必须落实立德树人根本任务,实施素质教育或通识教育,优化课程设置,培养学生的跨学科思维和解决综合复杂问题的能力。⑤ 无论是从全局角度还是从专门视角,学界对新文科的界定主要

---

① 段禹,崔延强.新文科建设的理论内涵与实践路向[J].云南师范大学学报(哲学社会科学版),2020,52(2):149—156.
② 王学典.何谓"新文科"?[N].中华读书报,2020-06-03(5).
③ 冯果.新理念与法学教育创新[J].中国大学教学,2019(10):32—36.
④ 陶东风.新文科新在何处[J].探索与争鸣,2020(1):8—10.
⑤ 樊丽明,杨灿明,马骁,等.新文科建设的内涵与发展路径:笔谈[J].中国高教研究,2019(10):10—13.

集中在"中国特色""学科交叉""技术融合""立德树人""文化交流""实践协作""人文精神"等关键词上,这些关键词为新文科的发展指明了方向。

2020年11月3日,由教育部新文科建设工作组主办的新文科建设工作会议在山东大学(威海)召开。会议研究了新时代中国高等文科教育创新发展举措,发布了《新文科建设宣言》,对新文科建设做出了全面部署。会议指出,文科教育是培养自信心、自豪感、自主性,产生影响力、感召力、塑造力,形成国家民族文化自觉的主战场、主阵地、主渠道。新文科建设对于推动文科教育创新发展、构建以育人育才为中心的哲学社会科学发展新格局、加快培养新时代文科人才、提升国家文化软实力具有重要意义。会议强调,新文科建设不仅影响文科本身、影响理工农医教育、更影响高等教育全局。推进新文科建设要遵循守正创新、价值引领、分类推进"三个基本原则",要把握专业优化、课程提质、模式创新"三大重要抓手",要抓好中国政法实务大讲堂、中国新闻传播大讲堂、中国经济大讲堂、中国艺术大讲堂"四大关键突破",培养适应新时代要求的应用型复合型文科人才。会上,依托山东大学成立的"全国新文科教育研究中心"正式揭牌。这是新文科建设的号角,也是新文科的指导方向。全国各个高校都积极响应,结合自己的专业建设特点和学校的发展思路,研究新文科视域下的课程建设、教材建设、人才培养规划等。

五、新文科"新"在何处?

新文科究竟新在哪儿?这是新文科被提出后学界一直在讨论的问题。几乎所有学者都强调,"新文科"绝不是推翻文科过去的发展,而是顺应中国发展和科技发展,在原有文科建设基础上做出的新的提升。"新文科的核心是创新的新,而不是新旧的新、新老的新。"[1]"新文科建设的目标主要不是解决传统文科当中存在的一些发展瓶颈,而是要打造一种全

---

[1] 蔡三发.同济举行理工科见长高校文科发展工作研讨会[EB/OL].(2019—11—25)[2024—02—27].https://fzgh.tongji.edu.cn/24/80/c2989a140416/page.htm.

新的格局。"①"新时代、新文科的人文主义并非是对现代时期的人文主义的简单否定,而是在继承其内核(尊重生命和人类尊严、权利平等、社会正义这些都是传统人文主义的核心主题)基础上的继续发展。"②

综合各方观点,对新文科之新的讨论可以总结为以下三个方面:

1. 理念之新

新文科不仅仅是一个学科建设的问题,更是一种方法论,其核心应是坚持问题导向、开展跨学科研究,其根本是优化课程设置体系、培养复合型人才。③ 第一,新文科要坚持以"人"为中心,彰显人文精神的主题,随时代的变化而变化。④ 新文科作为文科教育的创新发展,不只代表学科融合和学科拓展,不只代表文科要接受新的技术革命,使人文与技术相结合,它还应代表对技术的反省和对人文观念的更新,接受新的生态文明建设的成果,使人文与生态相融合,坚持一种新的"生态人文主义"精神。⑤ 第二,新文科首先要树立能力与素质并重的培养理念,实现创新性高质量文科人才培养。通过对文科知识结构和知识体系的重建,在教学模式与课程组织形式等方面实现全方位改革。⑥ 新文科对人的培养不能只以市场化为标准,要坚持立德树人的育人观,要培养学生的创新思维、批判性思维和独立思考的能力,帮助学生构建正确的价值观,提升正确认识世界的能力。第三,新文科的内核——新人文主义的建设,不能仅仅是象牙塔式的,而必须兼顾平民的生活。⑦ 即新文科一方面要全方位提升文科学生的素养,另一方面要肩负起通识教育的使命与责任。有人指出,由于数百年人文学科的积累和新媒体巨大的传播力,使得民众对象牙塔中的人

---

① 樊丽明,杨灿明,马骁,等.新文科建设的内涵与发展路径:笔谈[J].中国高教研究,2019(10):10—13.
② 陶东风.新文科新在何处[J].探索与争鸣,2020(1):8—10.
③ 马世年.新文科视野下中文学科的重构与革新[J].西北师大学报(社会科学版),2019,56(5):18—21.
④ 张俊宗.新文科:四个维度的解读[J].西北师大学报(社会科学版),2019,56(5):13—17.
⑤ 赵奎英.试谈"新文科"的五大理念[J].南京社会科学,2021(9):147—155.
⑥ 周毅,李卓卓.新文科建设的理路与设计[J].中国大学教学,2019(6):52—59.
⑦ 王正.新文科的实践导向性与平民性[J].探索与争鸣,2022(3):26—28.

文学科有很强的疏离感,强化新文科的通识教育一面,既肯定普通民众对人文学科的追求与对新人文精神的接纳,又可以努力从普通民众的鲜活生活中探索人文主义的丰富性。① 这样也起到了科普与学科建设相互促进的作用。

2. 功能之新

时任教育部高等教育司司长吴岩曾撰文从世界发展、中国发展、教育改革发展等角度探讨新文科的建设问题,强调新文科之"新"也"新"在学科建设功能上。②

第一,新文科要适应世界的发展,起到指导人们改造世界的目的。习近平总书记指出,"新科技革命和产业变革是一次全方位变革,将对人类生产模式、生活方式、价值理念产生深刻影响"③。一方面,人文学科需要赶上世界的发展。现代社会的发展主要依赖于科学技术的逐渐进步,文科的发展逐渐落于其他学科之后,从指导改造社会变为追寻社会的发展,重理轻文的思维愈演愈烈。人文学科发展的当务之急是扭转目前滞后的局面,赶超其他学科的同时与它们共同融合发展。另一方面,世界的发展也需要人文学科的助力。当今世界挑战与机遇并存,"单边主义""民族主义"抬头、贸易战、局部热战时有发生,而这些问题并不是单一学科知识可以解决的,必须要多个学科群策群力共同提出解决问题的方案,新文科倡导的融合中外智慧、融合学科内外的理念有利于正向价值观的引导和品格塑造,无疑对解决人类社会存在的共同问题有着重要的现实意义。④

第二,新文科的建设要展现中国智慧。新文科的发展需要具备中国特色,与我国社会发展同频共振。首先,新文科要扛起弘扬中华文化、提升中国文化软实力的责任。习近平总书记在哲学社会科学工作座谈会上

---

① 王正.新文科的实践导向性与平民性[J].探索与争鸣,2022(3):26-28.
② 吴岩.新使命 大格局 新文科 大外语[J].外语教育研究前沿,2019,2(2):3-7.
③ 习近平.同舟共济创造美好未来:在亚太经合组织工商领导人峰会上的主旨演讲[J].中华人民共和国国务院公报,2018(34):7-11.
④ 宁琦.社会需求与新文科建设的核心任务[J].上海交通大学学报(哲学社会科学版),2020,28(2):13-17.

指出:"要按照立足中国、借鉴国外,挖掘历史、把握当代,关怀人类、面向未来的思路,着力构建中国特色哲学社会科学,在指导思想、学科体系、学术体系、话语体系等方面充分体现中国特色、中国风格、中国气派。"[1]这也为新文科的发展指明了道路。另一方面,新文科也要为推广我国文化走向世界,向世界传递中国声音贡献力量。新文科要在世界的视野中,重新观察与分析改革开放以来的中国现代化进程,提炼出有效解释中国现代化的知识话语。[2] 为加快建设社会主义文化强国,增强文化软实力,提高国际话语权,提出能够体现中国立场、中国智慧、中国价值的理念、主张和方案。

第三,新文科的建设与我国教育改革的发展息息相关。社会的发展、科技的进步对人的素质的要求也越来越高,单一学科的学习已经不能满足社会对人才的需求,全面发展成为教育的主题,推进教育改革发展迫在眉睫。"四新"学科的提出更强调学科之间的交叉,这为人的全面发展提供了可能。因此新文科成为推进教育改革进程的一部分。同时,新文科对人的价值观的塑造,也将对其他学科的建设起到正向作用。

3. 结构之新

新文科建设重在强调实效,要突出人文社会科学研究与教育同新的科技变革、社会实践的深入结合,突出与未来世界的无缝对接,强化文科的实践导向。[3] 因此,新文科一定是要对知识兼收并蓄的文科,是能跟上科技发展脚步的文科,是将理论与实践相结合的文科。

第一,新文科注重各专业的融合。综合性是新文科的重要特点,学科交叉和科际整合已经成为推动学科建设的重要手段。新文科要注重社会科学与自然科学基础方法的融合,也要立足于学科内部之间的融合,比如人文学科与社会科学之间的融合交叉。

---

[1] 习近平.结合中国特色社会主义伟大实践 加快构建中国特色哲学社会科学[N].光明日报,2016-05-18(1).
[2] 陈凡,何俊.新文科:本质、内涵和建设思路[J].杭州师范大学学报(社会科学版),2020,42(1):7-11.
[3] 李凤亮.新文科:定义·定位·定向[J].探索与争鸣,2020(1):5-7.

第二,新文科注重与科学技术进行融合。新文科的提出正处在第四次工业革命的关键节点,大数据、云计算、物联网、人工智能等高科技正逐渐改变着人们的生活,同样也改变着教育的内容和方式。这就要求新文科与科技结合。一方面表现为教育教学中拥抱新技术手段,比如在线教育、虚拟仿真等教学手段的应用;另一方面也体现为研究方法、研究手段、研究视野的不断创新。

第三,新文科注重与实践教学进行融合。当今时代对传统知识型人才的需求已经渐渐向实践型人才倾斜,因此新文科要改变长期以来形成的重理论轻实践倾向,加强实践环节的教学,培养理论素养与实操能力相融合的创新型人才,通过推行开放式教学模式,以科教融合、校企联合等形式,构建协同育人大格局。①

第二节　新文科的聚合属性

从《新文科建设宣言》看,新文科与聚合课程有着天然的共同、共通属性。新文科充分体现了聚合课程的基本特征。

一、全面发展的育人属性

教育的分科化在学生学习和教师教学中有其有利和方便的一面,但是其对于科学知识的割裂在人才培养和全人教育上却带来了严重的问题。特别是在今天的信息化时代,社会生产不是简单的分工操作,而是集成化、综合化、多维度的模式,对学生的知识体系的考验是多维度的。所以,新文科的提出正可以弥补教育单一化的弊端,有助于学生的全面发展。

聚合课程中包含的多学科围绕同一主题针对同一学习者的教学模

---

① 唐衍军,蒋翠珍.跨界融合:新时代新文科人才培养的新进路[J].当代教育科学,2020(2):71—74.

式,就可以使看似互不相关的学科相互补充、相互联系,也便于凝聚教师和学习资源,帮助学生更顺利地完成学习。新文科的学科建设有着统一的核心,即建设中国特色的人文社科学科,研究并传播中华文化,为提升中国的文化软实力助力。在这一大主题的统领下,新文科下各个专业围绕共同的目标进行建设。同时,在建设中国特色的人文社科学科的大框架下,新文科需要培养全面发展的人。聚合课程"同一主题是核心"的特点契合新文科的学科建设目的。聚合课程将多种学科融合在一起的目的就是给学生提供接触多种专业知识的机会,帮助学生扩大知识涉猎面,最终实现全面发展。建设聚合课程的理念可以为新文科的发展提供一种课程建设方案。

二、跨学科融合属性

"新文科"相对于传统文科而言,更加侧重于学科重组、文理交叉,即把科学技术融入哲学、历史、文学等课程中,为学生提供综合性的跨学科学习。"紧扣国家软实力建设和文化繁荣发展新需求,紧跟新一轮科技革命和产业变革新趋势,积极推动人工智能、大数据等现代信息技术与文科专业深入融合,积极发展文科类新兴专业,推动原有文科专业改造升级,实现文科与理工农医的深度交叉融合,打造文科'金专',不断优化文科专业结构,引领带动文科专业建设整体水平提升。"[①]这是新文科建设的最具特征性的和颠覆性的标志。"新文科"特别关注学科融合,强调从分科治学走向学科交叉或科际融合,由此产生一些新生的文科门类,乃至交叉学科,体现为一种多学科的大融合。

聚合课程的特色是跨学科。聚合课程通过整合多个学科知识完成同一主题的教学,帮助学生将多个学科思维交叉融合,织就知识网络。这与新文科建设中将其他学科内容兼收并蓄的特点相吻合。在建设新文科时

---

① 教育部.《新文科建设宣言》正式发布[EB/OL].(2020-11-03)[2024-02-27]. https://www.eol.cn/news/yaowen/202011/t20201103_2029763.shtml.

可以通过开设聚合课程的方式实现学科交叉,实现人才全面发展的培养目的,而聚合课程也可以在新文科的统筹下充分明晰教学目的,提高课程教学效率。二者相辅相成。

三、团队协作属性

新文科的建设不是一个专业和个人完成的,需要多学科交叉,联合开展育人活动。一个人不可能同时通政经法,只有通过组织团队,组建跨学科的教研共同体,通过学科交叉融合,打通学科壁垒,才能培养学生的综合能力,提升综合素质。

无论任何学科在教学和科研上都需要组成团队,共同开展教学和科研攻关。聚合课程将不同领域的专家凝聚在一起,其建设经验可以为建设新文科提供一个小型范式。新文科在建设过程中也可以各个聚合课程为试点,对不同专题课程项目进行开发,最终服务于建设中国特色的人文社科学科的目的。而聚合课程也可以依托新文科不同学科协作的特点统整团队开展多学科交叉协作教学。

四、中国特色的人文社会科学属性

新文科是中国文科经历了从古典到欧化到仿效苏联到西化的多次演变淬生出的新型的具有中国本土特色又广泛吸收外来文科建设精髓的适应中国社会发展的文科建设方案。这是时代历练出来的具有综合特征和中国本土特征的文科发展道路,是中国特色世界水平聚合课程的教育观。在内容上是一种学科聚合,在方法上是多学科教育观念的融合,在目标上是培养知识融通的复合型人才。高等学校须充分发挥中华传统文化、中国学术厚重的积淀和潜在的价值,在新文科的框架下,凸显人文基础学科的引擎作用。因此建设新文科的目的之一是构建中国特色的人文社科学科,对外在人类命运共同体的大背景下传递中国声音,贡献中国力量,对内服务于中华民族伟大复兴中国梦的建设,研究和传播中华文化,以正确的价值观教育人,以科学的方法论引导人。

聚合课程将各专业交叉融合，充分体现文理融合。将中国特色的新文科加入聚合课程，可以培养更具人文精神的人才，同时以家国情怀滋养其他学科的学习，帮助学生正确认知世界和改造世界。而聚合课程对于理工科的吸纳也可以培养文科学生的科学精神，使学生更加了解高新科技的发展，同时也帮助他们以数据分析等量化思维研究问题，助力新文科的建设。

五、重视问题研究属性

学科的分化在一定程度上是为了教学，但是随着学科被划分得越来越细，综合性问题越来越得不到关注，学生综合解决问题的能力也越来越弱化。新文科的产生不是学科分化，而主要在于解决问题，特别是解决社会问题和学术问题。利用跨学科的特点，淡化学科的界限，从多学科的视角解决问题，回归学问的初心使命。

习近平总书记在 2016 年 5 月 17 日哲学社会科学工作座谈会上指出："社会大变革的时代，一定是哲学社会科学大发展的时代。当代中国正经历着我国历史上最为广泛而深刻的社会变革，也正在进行着人类历史上最为宏大而独特的实践创新。这种前无古人的伟大实践，必将给理论创造、学术繁荣提供强大动力和广阔空间。这是一个需要理论而且一定能够产生理论的时代，这是一个需要思想而且一定能够产生思想的时代。"[1]为此，需要结合时代的发展，提出和解决时代的问题，为哲学社会科学的发展建立起厚实的理论基础，并推动实践创新。

聚合课程注重将各个学科知识、理论与实践相融合，以学生的合作学习和自主探究为策略，以教师的跨学科团队为机制，引导学生主动求知。这一策略可以为新文科如何综合解决问题提供参考：在进行新文科的相关研究时，教师之间可以进行多学科的融合式合作研究；在进行新文科视角下的课程教学时，也可以引导不同专业的学生将不同思维方式、文理知

---

[1] 习近平.在哲学社会科学工作座谈会上的讲话[EB/OL].(2016－05－18)[2024－02－27].http://www.xinhuanet.com/politics/2016－05/18/c_118891128_2.htm.

识相融合,以小组合作的形式,理论联系实际解决问题。

六、通识教育属性

新文科面向世界百年未有之大变局,以实现中华民族伟大复兴为己任,将人才培养与构建人类命运共同体的宏大目标紧密结合,坚持以文化人、以文培元,大力培养具有国际视野和国际竞争力的时代新人,这与聚合课程的教育目标不谋而合。随着科技发展和社会进步,代表时代特征的信息化在某种程度上担负起了融合、融通的作用,使教育越来越向着基础性、交叉性发展。

通识教育既是大学的一种理念,也是一种人才培养模式。新文科的通识教育,就是在帮助学习者以多维视角认识世界。其目标是培养完整的人,即具备远大理想、通融识见、博雅精神的人。学生通过融会贯通的学习方式,形成较宽厚、扎实的专业基础以及合理的知识和能力结构,同时认识和了解当代社会,发展全面的人格素质与广阔的知识视野。[①] 新文科的通识教育属性就是在帮助学习者以多维视角认识世界。首先,新文科在自身建设时需要引入聚合课程的形式帮助文科学生以多学科视角认识问题,同时在聚合课程开展的过程中,新文科也在帮助其他专业学生以人文学科的视角认识问题。因此聚合课程提供了新文科跨专业的建设思路,新文科又是聚合课程中对学生多维视角培养的组成部分。

第三节 新文科视域下的聚合课程研究思路

新文科是当代中国教育的发展方向,是聚合课程实施的行动指南,是教育现代化的必由之路。在新文科的视域下开展聚合课程研究,可以从下面几个方面进行。

---

① 陈向明.对通识教育有关概念的辨析[J].高等教育研究,2006(3):64—68.

一、深入调研

围绕国家经济社会高质量发展和新一轮改革开放重点领域的人才需求,开展深入调研,研究新文科包含的学科种类,分析在新一轮科技革命和产业变革新趋势下,如何积极推动人工智能、大数据等现代信息技术与原有文科专业深度融合,推动文科人才培养与教学研究范式的创新,促进文科与理工农医的深度交叉融合,推动专业知识体系和能力要求的更新,探索原有文科专业内涵提升、改造升级的实施路径。同时对学生需求进行调研,统筹多方调研结果开设满足个人发展需求、学科发展需求和社会发展需求的聚合课程。

二、课程及教材设计

着眼培养学生跨领域知识融通能力和实践能力,整体设计面向新文科的课程与教材体系,推动将中国改革开放伟大实践的最新成果、中国特色哲学社会科学理论创新的最新成果及时转化,融入教育教学,提高教育教学的时代性、学术性和针对性,构建中国特色的文化素质教育课程体系,推动建设跨学科、多学科交叉融合专业课程体系。要着力探索构建新文科背景下教材"专创融合"思想赋能模型和协同效应模型,推动教材设计与"专业+"模式有机耦合、与融媒体教材有机整合的实施路径。[1] 联合开发一批中国特色哲学社会科学教材,推动数字化教材及配套资源建设,建设及共享一批中国特色的文科教学案例及案例库、文科专业课程思政建设案例及案例库,开展中国特色新文科教材的国际推介。

三、总结经验

全面总结国家文科基础学科人才培养和科学研究基地建设经验,完

---

[1] 温荣芬.新文科背景下高校教材重构及实施路径:以大学英语通用教材为例[J].高教探索,2021(9):124-127.

善文科基础学科拔尖学生培养机制,创新人才培养模式,从学生选拔、个性化培养、一体化管理等方面探索书院制、导师制、学分制等文科基础学科拔尖人才培养的实践经验。设立新文科教育教学研究中心,系统总结学校文科建设历史经验,形成一批理论研究和实践成果。①

四、学科交叉统整

根据新技术和新产业发展趋势,促进学科交叉融合和跨界整合,研究探索跨学科、跨专业的文科教育组织模式。调研高校主辅修学士学位、双学士学位、联合学士学位、微专业等培养项目的实施情况,深入研究书院制、学部制等复合型人才培养的模式,提出有利于复合型文科人才培养的工作机制、课程整合方案等。开展中国特色哲学社会科学理论体系研究,新文科建设教育理论与实践研究,特别是新文科本土化路径研究与探索,承担新文科建设项目课题,为新文科发展提供智力咨询等。②

五、培育人才

主动服务中华文化"走出去"战略、"一带一路"建设和人类命运共同体建设,围绕提升人文素养、跨文化能力、复语能力等,加强课程体系整体设计,探索"专业+"培养模式,培养"一精多会、一专多能"的高素质国际化复合型人才。面向全体文科学生,探索完善文科创新创业教育体系,推进创新创业教育与专业教育深度融合,开发文科特色创新创业教育课程,推进分类培养和特色化培养模式改革。推动建设产教融合创新创业教育实践基地、专兼职创新创业师资队伍,推动以"敢闯会创"为核心的人才培养范式改革,促进学生创新创业能力和综合素养提升。

---

① 袁凯,姜兆亮,刘传勇.新时代 新需求 新文科:山东大学新文科建设探索与实践[J].中国大学教学,2020(7):67—70.
② 同上.

六、培育聚合课程教师队伍

深入调研人文学科教师教学发展需求,分析教师教学发展中心建设现状与问题,完善文科教师教学发展机制,研究制定文科教师教学发展中心建设规范与评价机制,加强教师教学发展中心建设,推进教师培训、教学咨询、教师职业规划等工作常态化、制度化,促进教师教学与职业的协同发展。

结合新经济新产业的发展要求,立足新文科人才培养目标,突出教师的行业产业实践背景和经历要求,探索构建新文科师资能力标准体系。围绕高水平师资队伍建设,研究设计教师培训项目,探索灵活有效的培训方法,构建多层次教师培训体系。探索引导教师开展新文科教育教学改革,开展跨学科项目研究、跨学科专业课程建设的有效机制。

七、评价研究

研究面向培养目标达成的定量和定性评价方法,建立校院两级质量保障机制,完善教学环节质量标准、教学反馈和评估机制,健全内部评价与外部评价相结合的评价体系,构建教师教学、学生学业、质量监测"三位一体"的质量保障体系,形成自觉、自省、自律、自查、自纠的文科教育质量文化。研究考虑引入校外评价机制,校外学习评价参与机制是校内学习评价体系的有益补充,符合实践培养人才的基本要求,可以考虑将实务部门等社会评价主体纳入评价体系,进行预防式教育研究,以满足不断发展阶段的人才需求导向。[①]

---

① 屈淑娟.新文科背景下多元学习评价研究[J].甘肃教育研究,2022(2):4—6.

中篇

聚合课程实践应用

第四章　聚合课程建设的实践

聚合课程建设形态多样,有跨学科课程聚合,如由不同学科的教师依据同一主题针对共同的学生建设的跨学科聚合课程群;有跨学科知识聚合,如由不同学科的教师依据同一主题针对共同的学生建设的一门聚合课程。本章研究的是跨学科知识聚合形态,即由不同专业的教师组成跨学科课程团队,按照共同的主题聚合在一起开设一门课程,共同完成对跨专业学生的通识教育。以北京语言大学组织建设的通识课程"人类文明与当代中国"为例,探索并验证国际中文教育的聚合课程建设问题。

第一节　课程概况

一、课程性质

本课程的性质体现为"一二二多",课程本质在于一个核心(人类命运共同体),展开方式是两条主线(人类文明发展、中国故事),教育路径是两个脉络(知识、育人),教学形态是多学科融合。课程以构建人类命运共同体为核心,通过人类文明的发展和中国故事这两条主线,开展多学科交叉融合的知识传授和课程育人。这是一门开放的课程,参与聚合的学科数量不受限制。

1. 以"人类命运共同体"为核心

建设和打造一门科学、有效的跨学科聚合课程需要确立鲜明、统一、重点突出的核心主题。随着科技文明的发展和全球文明交流互鉴进程的推进,世界对未来人才的需求越来越倾向于兼具科技和人文素养、能够积极参与全球和社会治理、具有全球胜任力的全面发展的人才。为此,本课程以"人类命运共同体"为核心主题,旨在通过跨学科的丰富教学资源,凝聚具有不同学术背景的优秀教师,整合多元化的教学方法,建立多学科交叉融合的课程体系,使学生通过文学、艺术、人类学、经济学、管理学、信息技术与人工智能等文理兼具的跨学科知识熏陶,从多角度认识和解读中国与世界文明,从而开阔视野,增长学识,提高人文素养和科学素质,加强对人类文明及未来世界的思考,提升艺术的鉴赏能力及审美意识,强化逻辑思辨能力及综合判断能力,树立正确的人生观、价值观,培养宽口径、厚基础、国际化、应用型人才。

2. 以人类文明发展和中国故事为主线

课程的内容体系按照两条主线展开。一是人类文明发展。其中包括自然科学(如人类进化史和脑科学,自然科学三大基础学科数学、物理、化学,代表当今科技前沿的人工智能等),还包括人文社会科学(如科技发展史、全球政治分析、经济学、生态与自然环境等)。二是讲好中国故事。包括中华传统文明(如中国历史、中国艺术、中国文化、中国思想等),还包括现当代中国(如中国共产党的发展历程、经济全球化构想、"一带一路"等中国国情故事)。多学科的内容相互交叉融合,最后汇聚于哲学层面,旨在解读人类命运共同体的必要性和必然性。

3. 以知识和育人为脉络

"人类文明与当代中国"是为中外学生开设的通识课程。该课程基于新文科建设的教育理念,以课程育人为目标,通过跨界统整理论,建设跨学科交叉融合的通识课程。

课程主旨在于探索价值引领、知识教育、能力培养的有机统一,深入推进全程全方位育人。把跨界思维引入本科教育教学,采用多学科跨界交融的方式,建设教育模式跨学科、教学资源跨界融合、人才培养德智体美劳全面发展的教学组织形式,打通现行文史哲及数理工程学科的界限,促进通识教育理念落实,发展素质教育,探索实施思政教育、通识教育和素质教育的新模式、新路径;通过多学科交叉融合的教学实践,建设适合中国国情的交叉学科聚合统整的课程规则、教育模式、实施路径、评价体系和教学资源,建设跨界交融、中外融通的本科通识教学模式,建设跨学科、跨文化人才培养方案。由此建设知识传授和课程育人双向并进的课程脉络(见图4-1)。

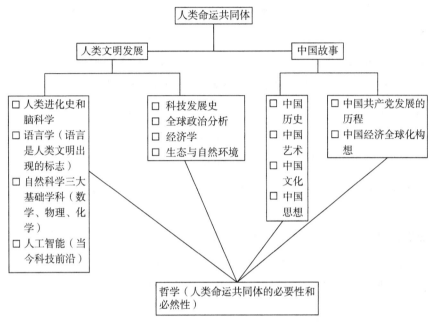

图4-1 "人类文明与当代中国"逻辑结构图

二、课程建设意义

建设这门课程的根本原因是顺应时代的呼唤。每个时代都有教育的梦想,每个时代的教育梦想都体现为具体的教育模式。大学从产生至今,人才培养始终是其核心任务。随着信息技术的发展,传统的以学科为中心的大学教育面临严峻的挑战。主要表现为,学科分化过细,学科之间相互隔离,导致知识割裂,不适应现代社会知识横向延伸、多维度、跨国界、跨学科、全球化的发展需要,为此呼唤学科交叉融合的通才教育模式的回归。本课程即为新文科背景下开展通识教育而建设的多学科交叉融合的课程模式,以满足学科综合化发展的教育教学改革,培养适应时代变革的跨学科、复合型、应用型人才。

三、课程建设目标

本课程的建设目标主要有四点:一是有效实现课程育人。通过共同主题的多维视角开展教育,使学生树立正确的人生观、价值观,培养核心能力,养成胸襟博大、志向高远的爱国主义情怀,培养人类命运共同体的建设者和人类文明互鉴的推动者。二是全面提高学生综合素质。通过整合跨学科教学资源,建立多学科交叉融合的课程体系,使学生得到跨学科知识的熏陶,从多维视角认识和解读中国与世界文明,从而开阔视野,增长学识,提高人文素养和科学素质,加强对人类文明及未来世界的思考,提升艺术的鉴赏能力及审美意识,强化逻辑思辨能力及综合判断能力。三是建立和完善跨学科协同育人的教学模式,促进学科交叉融合。由众多不同学科的教师,从各自学科的视角,针对人类命运共同体这一核心主题进行协作式教学。四是培养学生综合素质和核心竞争力。通过交叉融合,注重学生综合素质、跨界思维的培养,注重学生终身学习的能力、与人合作的能力、创新创造的能力、适应社会的能力培养。

四、人才培养目标

联合国教科文组织发布的《反思教育:向"全球共同利益"的理念转变?》[①]提出,形成完整的人格是教育宗旨的重要组成部分,重申学习的四大支柱是学会求知、学会做事、学会做人、学会共处。这也是人才培养的四大核心目标。

2016 年 9 月,北京师范大学中国学生发展核心素养研究课题组公布了中国学生发展核心素养总体框架及其基本内涵。该框架以"全面发展的人"为核心,从文化基础、自主发展、社会参与三个层面,总结出中国学生发展核心素养的人文底蕴、科学精神、学会学习、健康生活、责任担当、

---

① 联合国教科文组织. 反思教育:向"全球共同利益"的理念转变? [M]. 联合国教科文组织中文科,译. 北京:教育科学出版社,2017:51.

实践创新六大核心素养。所谓核心素养,即为知识、技能和态度等的综合表现。既包括问题解决、探究能力、批判性思维等"认知性素养",又包括自我管理、组织能力、人际交往等"非认知性素养"。[①] 在六项核心素养下面,还划分了 18 个支撑评价指标,分别对应六大核心素养。人文底蕴包括人文积淀、人文情怀、审美情趣;科学精神包括理性思维、批判质疑、勇于探究;学会学习包括乐学善学、勤于反思、信息意识;健康生活包括珍爱生命、健全人格、自我管理;责任担当包括社会责任、国家认同、国际理解;实践创新包括劳动意识、问题解决、技术应用。这 18 个指标对应着德智体美劳全面发展的教育方针(见图 4-2),该框架还对每一项指标做了专门的描述(见表 4-1)。

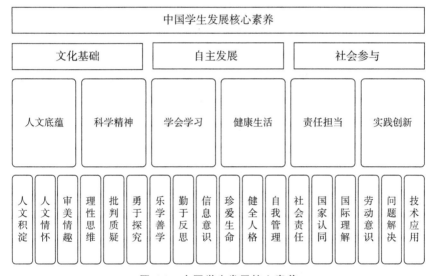

图 4-2 中国学生发展核心素养

---

① 施久铭.核心素养:为了培养"全面发展的人"[J].人民教育,2014(10):13—15.

表 4-1　中国学生发展核心素养基本要点和主要表现

层面	核心素养	基本要点	主要表现描述
文化基础	人文底蕴	人文积淀	重点是：具有古今中外人文领域基本知识和成果的积累；能理解和掌握人文思想所蕴含的认识方法和实践方法等。
		人文情怀	重点是：具有以人为本的意识，尊重、维护人的尊严和价值；能关切人的生存、发展和幸福等。
		审美情趣	重点是：具有艺术知识、技能与方法的积累；能理解和尊重文化艺术的多样性，具有发现、感知、欣赏、评价美的意识和基本能力；具有健康的审美价值取向；具有艺术表达和创意表现的兴趣和意识，能在生活中拓展和升华美等。
	科学精神	理性思维	重点是：崇尚真知，能理解和掌握基本的科学原理和方法；尊重事实和证据，有实证意识和严谨的求知态度；逻辑清晰，能运用科学的思维方式认识事物、解决问题、指导行为等。
		批判质疑	重点是：具有问题意识；能独立思考、独立判断；思维缜密，能多角度、辩证地分析问题，做出选择和决定等。
		勇于探究	重点是：具有好奇心和想象力；能不畏困难，有坚持不懈的探索精神；能大胆尝试，积极寻求有效的问题解决方法等。
自主发展	学会学习	乐学善学	重点是：能正确认识和理解学习的价值，具有积极的学习态度和浓厚的学习兴趣；能养成良好的学习习惯，掌握适合自身的学习方法；能自主学习，具有终身学习的意识和能力等。
		勤于反思	重点是：具有对自己的学习状态进行审视的意识和习惯，善于总结经验；能够根据不同情境和自身实际，选择或调整学习策略和方法等。
		信息意识	重点是：能自觉、有效地获取、评估、鉴别、使用信息；具有数字化生存能力，主动适应"互联网＋"等社会信息化发展趋势；具有网络伦理道德与信息安全意识等。

续表

层面	核心素养	基本要点	主要表现描述
健康生活		珍爱生命	重点是：理解生命意义和人生价值；具有安全意识与自我保护能力；掌握适合自身的运动方法和技能，养成健康文明的行为习惯和生活方式等。
		健全人格	重点是：具有积极的心理品质，自信自爱，坚韧乐观；有自制力，能调节和管理自己的情绪，具有抗挫折能力等。
		自我管理	重点是：能正确认识与评估自我；依据自身个性和潜质选择适合的发展方向；合理分配和使用时间与精力；具有达成目标的持续行动力等。
社会参与	责任担当	社会责任	重点是：自尊自律，文明礼貌，诚信友善，宽和待人；孝亲敬长，有感恩之心；热心公益和志愿服务，敬业奉献，具有团队意识和互助精神；能主动作为，履职尽责，对自我和他人负责；能明辨是非，具有规则与法治意识，积极履行公民义务，理性行使公民权利；崇尚自由平等，能维护社会公平正义；热爱并尊重自然，具有绿色生活方式和可持续发展理念及行动等。
		国家认同	重点是：具有国家意识，了解国情历史，认同国民身份，能自觉捍卫国家主权、尊严和利益；具有文化自信，尊重中华民族的优秀文明成果，能传播弘扬中华优秀传统文化和社会主义先进文化；了解中国共产党的历史和光荣传统，具有热爱党、拥护党的意识和行动；理解、接受并自觉践行社会主义核心价值观，具有中国特色社会主义共同理想，有为实现中华民族伟大复兴中国梦而不懈奋斗的信念和行动。
		国际理解	重点是：具有全球意识和开放的心态，了解人类文明进程和世界发展动态；能尊重世界多元文化的多样性和差异性，积极参与跨文化交流；关注人类面临的全球性挑战，理解人类命运共同体的内涵与价值等。

续表

层面	核心素养	基本要点	主要表现描述
实践创新		劳动意识	重点是:尊重劳动,具有积极的劳动态度和良好的劳动习惯;具有动手操作能力,掌握一定的劳动技能;在主动参加的家务劳动、生产劳动、公益活动和社会实践中,具有改进和创新劳动方式、提高劳动效率的意识;具有通过诚实合法劳动创造成功生活的意识和行动等。
		问题解决	重点是:善于发现和提出问题,有解决问题的兴趣和热情;能依据特定情境和具体条件,选择制订合理的解决方案;具有在复杂环境中行动的能力等。
		技术应用	重点是:理解技术与人类文明的有机联系,具有学习掌握技术的兴趣和意愿;具有工程思维,能将创意和方案转化为有形物品或对已有物品进行改进与优化等。

这一框架有利于落实立德树人的根本任务,培养具有全球胜任力和竞争力的全面发展的综合素质人才。

这"三个层面六大核心素养"的人才培养目标特别贴合聚合课程的人才培养目标。为此,借鉴上述学习的四大支柱和"三个层面六大核心素养"总体框架,结合中外学生的学科背景、课程聚合的学科特点,建设了聚合课程的人才培养框架。

框架保留了"三个层面六大核心素养"总体框架的基本内核,从中外融通和跨学科的视角,对六大核心素养做了全面综合的描述,不再细分18个评价指标。下面基于"人类文明与当代中国"课程实践,对六大核心素养做如下具体描述。

1. 文化基础层面

作为整合多学科的通识课程,其目标在于帮助学生掌握各类学科的知识技能。其中既包括人类文明发展的历史文化知识,也包括促进社会前进的前沿科学知识。本课程一方面要培养学生历史思维能力、审美鉴赏能力、伦理道德以及以人为本的意识等人文素养,另一方面也要培养学生尊重科学、善于思考、逻辑分析、追求真理的科学素养。此外,在中外学生同堂上课的课堂中,聚合课程需要着重关注留学生对中国的人文历史、古典文化和现代科技进步等的了解。

为此,在文化基础层面设定了人文底蕴和科学精神两大素养。人文底蕴的基本目标要求是学生能通过本课程的学习,从不同角度认识和解读古今中外人类文明,提高人文知识素养,培养和提升艺术鉴赏能力和审美意识;科学精神的基本目标要求是学生能通过本课程的学习,树立正确的求知观念,掌握科学的研究方法,增强问题意识和独立思考的能力,强化逻辑思辨能力及综合判断能力。

2. 自主发展层面

聚合课程教育还要提高学生自主安排、管理自己学习和生活的能力。学习方面要求学生能够逐渐形成正确的学习态度、选择合适的学习方法、反思学习过程、评估学习结果等,提高学习能力;生活方面要求学生学会规划和管理自己的人生,在认识世界中体会人生的意义,形成健全的人格,为个人未来发展奠定基础。

为此,在自主发展层面设定了学会学习和健康生活两大素养。学会学习的基本目标要求是学生能通过本课程的学习,适应不同学科、不同教师的教学特点,通过合作学习等形式,掌握适合自身特点、顺应时代特点的科学学习方法,提高自主学习能力;健康生活的基本目标要求是学生能通过本课程的学习,体会到人生的意义,树立正确的人生观、价值观,以健全的人格规划未来的人生发展目标。

3. 社会参与层面

社会参与重在能处理好自我与社会的关系,养成现代公民所必须遵守和履行的道德准则和行为规范,增强社会责任感,提升创新精神和实践能力,促进个人价值实现,推动社会发展进步,成为有理想信念、敢于担当的人。[①] 聚合课程要培养学生在面对问题时的行动能力、自主解决能力

---

① 核心素养研究课题组.中国学生发展核心素养[J].中国教育学刊,2016(10):1—3.

和动手操作能力等行为参与能力。除此之外还要潜移默化地引导学生增加参与社会的意识,培养学生的全球责任意识、国际理解能力和跨文化交际能力。

为此,在社会参与层面设定责任担当和实践创新两大素养,责任担当的基本目标要求是学生能通过本课程的学习,提高自身社会参与能力,树立社会和国际责任意识,在加深国家认同和爱国情怀的同时,提高国际理解能力和全球胜任力;实践创新的基本目标要求是学生能通过本课程的学习,提高面对问题时的行动力,敢于利用自己的所学制订合理的解决方案,在了解当前文明发展现状的基础上不断创新,尽己所能推动社会相关领域进步和改革(见图4-3)。

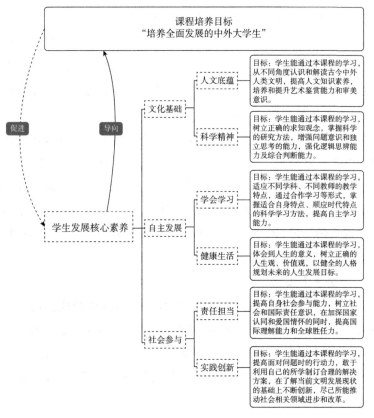

图 4-3 学生发展核心素养总体框架

五、教师团队组建及分工

教师是课程建设的灵魂,聚合课程需要整合优势资源,建立合作协调的教师共同体。[①] 教师团队的组建对聚合课程的授课质量、授课效果、授课内容的聚合紧密度都起着最直接的影响作用。因此,在教师团队组建时,应主要考虑以下三方面原则。一是组建专业性强、知名度高、研究方向与课题设置密切相关的名师团队,为学生提供最前沿的学科知识和研究方向。"人类文明与当代中国"课程团队成员均为国内知名教授或研究员,在各自研究领域发挥着引领作用,能够切实有效地为学生拓宽视野。二是组建团队时充分考虑教师的性别比例、授课风格、教学效果及学生喜爱程度等,以丰富聚合课程的体验效果。三是教师团队致力于增进课程内容黏合度,共同探讨、协同设计和商定课程建设的方式、方法,分工合作完成本课程三个层面、六个要素的培养目标,提升课程聚合效果。

每位教师围绕"人类命运共同体"这一核心主题,从各自学科的视角开展教育教学活动。表 4-2 是 2019—2021 三年的教学内容。

表 4-2 "人类文明与当代中国"课程专题

授课教师	2019 年课程专题	2020 年课程专题	2021 年课程专题
教师 A	中国教育发展与现代教育模式创新	中国教育发展与现代教育模式创新	中国教育发展与现代教育模式创新
教师 B	人工智能与脑科学	人工智能与脑科学	人工智能与脑科学
教师 C	人类知识谱系与跨界融合	人类知识谱系与跨界融合	人类知识谱系与跨界融合
教师 D	大数据时代与社会科学研究	大数据时代与机器学习——人工智能时代的国际关系研究	大数据时代与社会科学研究

---

① 沈庶英.基于跨学科模式的聚合课程研究:兼谈商务汉语聚合课程建设[J].教育研究,2018,39(1):119-125.

续表

授课教师	2019年课程专题	2020年课程专题	2021年课程专题
教师 E	中国新媒体产业体验（体验课）	中国新媒体产业体验（体验课）	中国新媒体产业体验（体验课）
教师 F	数字媒体与知识传播的变革	数字媒体与知识传播的变革	数字媒体与知识传播的变革
教师 G	中国文学精神与家国情怀	中国文学精神与家国情怀	中国文学精神与家国情怀
教师 H	绘画与意境	绘画与意境	绘画与意境
教师 I	中国ERP软件与企业销售信息化管理及实践*	大数据及其分析初步	大数据及其分析初步 中国ERP软件与企业销售信息化管理及实践

注：

* 本课程核心内容为中国ERP软件与企业销售信息化管理及实践，部分年份合为一个专题，部分年份分为"理论"与"实践"两个专题。

从表中可以看出，三年的核心主题没有变，围绕核心主题的三年课程内容略有不同，但是基本方向是相关的，变化不大。

六、课程安排及考核

1. 授课形式

聚合课程内容分布范围广，须根据每一学科内容的特点采取丰富多样的授课形式，以达到每一专题的理想教学效果，为学生提供更为丰富的聚合课程体验。为此，课程设计了课堂讲授类、校园实践类、作品赏析类、社会实践类四种授课形式。

(1) 课堂讲授类

讲授是课堂教学最传统直接的方式，也是学生最熟悉的授课形式。本课程的各个专题均设有讲授的讲课形式。专家学者以巧妙的导入方式和简洁的语言、风趣幽默又高屋建瓴的表述，引领学生进入一个崭新的学科,开启全新的探索之旅。

(2)校园实践类

本次课程校园实践课是虚拟仿真实验室课程,教师指导学生亲自体验,使学生能够更直观地感受到科学与技术的变革。本次课程的"中国ERP软件与企业销售信息化管理"和"中国ERP软件与企业销售信息化实践"专题,首先采用讲授形式为学生系统讲解大数据原理和中国ERP软件建设情况,然后指导学生上机使用ERP软件,体验企业销售信息化流程。本课程的意义不仅仅在于技术和方式的变化,更在于知识内容的统整,本专题将信息技术和商务知识及语言训练聚合在一起,本身就是一种聚合模态。

(3)作品赏析类

培养学生对美的欣赏能力,是任何学段、任何学科都需要的。课程中"中国文学精神与家国情怀""绘画与意境"两个专题采用作品赏析的形式为学生带来了生动形象的文学与美术体验。"中国文学精神与家国情怀"将文学作品所蕴含的民族精神、人文精神、家国情怀,通过文学作品赏析的方式传递给学习者,使其在受到文学滋养的同时强化爱国主义、民族精神和社会责任的担当;"绘画与意境"通过对齐白石作品的赏析,深度解读齐白石的艺术人生,使学生了解齐白石的人与画,提升艺术的审美能力,增强对艺术家齐白石艺术精神的理解;通过教师自己画作的意境阐释,使学生增强审美水平和艺术鉴赏能力。

(4)社会实践类

社会是学生的第二课堂,只有将理论应用于实际,带领学生走出课堂,走入社会,才能让学生真正认识和理解中国社会,理解世界文明,从而明确自己的未来目标与人生规划。本课程特别安排了"中国教育发展与现代教育模式创新""中国新媒体产业体验"等专题参观实践活动,带领中外学生参观企业,提高学生理论联系实际的能力。

由于受新冠疫情影响,本课程三年的授课形式稍有不同。2019年课程为线下授课和社会实践考查形式;2020年课程全学期均为在线授课,实践课程改为在线讲座和云体验;2021年是线上线下混合式教学模式,实践课程为线下与云体验。

2. 课程考核

跨学科通识类聚合课程多学科、多教师的特点对课程的考核评价体系提出了更高要求。为能综合考核学生学习效果，同时对课程效果做出科学评价，本课程确立了一套考核评分标准。主要为"期中成绩＋期末成绩"。期中成绩以实践内容和课堂参与程度为评定标准，占50%；期末采取论文考核，占50%。期末论文形式为学习自传，学生可结合自己的学习体验围绕本课程内容自由确定题目，回顾自己的学习经历与体验，总结与分享学习过程、收获及体会，反馈学习问题，字数要求为3000字以上。

第二节　教学内容建设

一、内容建设的原则

课程内容的选取和专题的设置直接影响着课程开设的效果和学生学习的效果。作为一门面向高等学校中外学生的通识类聚合课程，内容建设尤为关键，对于开阔学生视野、提升学生综合素质起着至关重要的作用。本课程内容建设主要考虑以下因素。

1. 细化专题内容，构建知识网络

科学合理的跨学科聚合课程内容应该能够纵向加深学生的专业知识，横向拓宽学生的知识领域。课程选取了文学、艺术、人类学、经济学、管理学、信息技术与人工智能等不同学科知识，使学生从多维度认识和解读中国与世界文明，构建学生思维认知框架和知识体系。

2. 理论联系实际，拓宽知识领域

跨学科聚合课程知识的选取应该从学生的生活、工作、学习等方面出发，所选取的内容应当是学生感兴趣、想探索的话题或问题，只有兼具趣味性和实用性，才能真正做到全方位提高学生综合素质。比如，人工智能是目前科技发展的热点，也是学生在学习、生活、求职、就业中不可回避的话题。将理论知识讲授和虚拟仿真实验室的实际操作相结合,有助于帮助学生在理论学习的基础上,充分获得应用的机会,进一步提升实际工作能力。

3. 兼顾学生背景,培养综合能力

综合考虑学生教育及文化背景,寻求共同文化交集,加强跨文化沟通能力培养。本课程的教学对象来自不同国家,学科背景有文科,也有理科,在教学中需要结合不同学习者做到统筹兼顾。具体实践中有大班上课,也有小班辅导,还有在线随时随地答疑解惑,需要针对个别学生的实际问题采取相应措施。通过多种形式,实现了宽口径、厚基础、国际化、应用型人才培养,提高学生的整体素质和综合能力。

4. 团队相互协作,提升综合素质

各专题的教学内容相互协调、合作教学,建立起整体联动的人才培养机制。比如文学、大数据、人工智能等专题文理交叉,相互融合,旨在提高学生人文知识和科学素质,增进学生对人类文明及未来世界的思考;绘画等专题可以提升学生艺术鉴赏能力及审美意识,强化逻辑思辨能力及综合判断能力,帮助学生树立正确的人生观、价值观。

二、内容建设方案

本课程的教学内容包含七个知识专题、一个校园虚拟仿真实训版块和一个社会实践体验版块。课程以"构建人类命运共同体"为核心主题,联合教育学、文学、艺术、新媒体、人工智能、大数据及互联网等多学科专家,从各自学科的视角,围绕共同的育人主题,开展育人活动。课程着力构建"专业知识＋通识教育＋实习实训"三结合的内容架构,涵盖多学科知识内容,契合新文科建设需求。每位老师负责讲授一个本领域的专题:教育学从人类知识谱系与跨界融合的视角,结合未来社会的需求和人的综合能力的养成,帮助学生学会学习、学会求知、学会做人,树立远大理想,为人类文明发展进步做出更大的贡献;文学从家国情怀视角分析中国传统文化的忧国忧民、修身正己、壮志报国、去国怀乡等民族精神,激励学生养成爱国主义、国际主义的伟大情怀;艺术以齐白石的艺术人生为例,引导学生树立远大理想,形成独立人格、始终坚守寂道、善于创新创造、永葆纯朴乐观的品格;新媒体从文化传播的历史到今天的自媒体时代,给学生展示了中国文化传播的源流,引导学生了解知识传播是时代、社会进步的重要推动力量,要关注新技术时代信息传播的变革;人工智能从人与人脑的特点出发,展示脑科学与人工智能的关系,使学生在了解机器学习、深度学习、情感计算等基本原理的基础上,形成站在未来思考世界的思维意识;大数据让学生了解世界的本质是数据,提供一个前所未有的认识和改造世界的视角,指导学生迎接全世界新一轮技术革命——智能革命;互联网从"工业4.0"的概念开始,让学生了解互联网时代的工业特征及智能制造的特点,并让学生体验中国国产 ERP 软件。下面分专题对学科知识进行介绍,并列出专题内容大纲。前面六个专题以理论基础知识的讲授为主,后面两个专题为实践操练及考查,包括新媒体考查和企业应用软件的上机操作。

1. 中国教育发展与现代教育模式创新

主讲"中国教育发展与现代教育模式创新"专题的教师长期从事中外本科生和研究生的教育、教学工作,有着丰富的中外学生的教育经验。在这一专题,教师引领学生探索教育的意义,回顾中国及世界教育发展历程,通过阐释现代教育模式的创新与变革,引导学生思考如何成为符合新时代需要的新型人才;通过未来教育发展及社会变革,引导学生树立终身学习、持续学习的意识,提高自觉性和主动性;通过多学科知识的关联,培养学生的跨学科意识,养成核心素质和核心能力。这一专题既能丰富学生在教育领域的知识积累,又能引导学生积极思考、增强对社会和世界的责任和担当,鼓励学生在学习中不断实践创新,完成对学生人文底蕴、科学精神、责任担当、实践创新等核心素养的引导。

本专题从 4W(what、why、who、how)入手,介绍课程的性质和内容及课程的学习方法,使学生初步建立起学科之间的相互联系,初步建立起跨学科的交叉融合意识。课程讲述了跨学科的内涵与基本特征,介绍了现代教育的模式创新和人才发展方向、教育的本质、现代教育的评价等。从育人的视角,阐释了中国国情、中华传统文化、中国现代文明、法律法规、国际理解教育对人的培养教育的意义。强调人的全面发展的要素,并试图使学生建立起聚合课程的思维。

2. 人工智能与脑科学

主讲"人工智能与脑科学"专题的教师为人工智能和情感计算领域著名科学家,多年来专注人工智能、多模态情感识别研究,在此领域产出了重要成果,做出了重要贡献。教学中,教师从人脑、神经网络、注意力机制、大脑神经系统等概念入手,深入浅出地阐释人工智能的含义、发展历史以及脑科学与人工智能的密切联系等,鼓励学生站在世界的高度,从多维视角理解和拥抱智能化、信息化社会的发展趋势。这一专题能够丰富学生的科技知识,提升学生的科学素养,刺激学生的求知欲望,促进学生勇于探索、自主学习,进一步培养学生的科学思维,完成对学生科学精神、学会学习、实践创新等核心素养的培养目标。

本专题围绕人工智能的跨学科属性及与国际中文教育的关系,从五个方面做了阐释。第一,分析了学科交叉融合的意义,如何理解创新的价值,要拥有站在未来思考世界的思维高度。第二,讲解脑科学与人工智能的关系。首先引用黑格尔、笛卡尔、斯特宾斯等从不同角度对于人的定义和描述,分析了何谓人;然后解读人脑是智慧产生的物质基础;再从生物神经网络和人工神经网络的关系、人工神经网络模仿生物神经网络的行为特征、分布式并行信息处理的算法数学模型等方面阐释了神经网络是什么;再通过初级视觉皮层中两种细胞(简单细胞和复杂细胞)承担不同层次的视觉感知功能的启发,及1980年福岛邦彦提出的带卷积和子采样操作的多层神经网络等阐释卷积神经网络和脑科学关系的例子;最后通过鸡尾酒效应的例子说明大脑神经系统有两个重要机制可以解决信息过载问题:注意力和记忆机制。第三,阐释了脑科学概论。介绍了人脑的总体概况和功能、神经系统的组成、人脑的解剖结构、神经元等。第四,简述了人工智能与现代科学。从概念到图灵测试,再到人工智能的发展历史、机器学习、深度学习、人工智能与其他学科的关系、情感计算、面部表情识别和文本情感计算、走向通用人工智能的方法等,使学生充分了解人工智能与现代科学。第五,展望人工智能的未来发展,介绍了人工智能的目前发展阶段,未来的发展方向,以及人工智能的未来对人类社会的贡献等。

3. 人类知识谱系与跨界融合

主讲"人类知识谱系与跨界融合"专题的教师为国际政治及人类学专家,主要研究国际组织、国际关系理论、国际关系研究方法、中国国情、思想政治教育等领域。教学中,教师从"知识"的概念、定义、发展、演变、知识图谱与体系入手,向学生阐释了人类获取知识的途径和方式的革命性变革,指出有效获取、分析、处理、应用知识和信息是复合型人才必备的能力。同时还从国际关系案例出发,引导学生理解联合国倡导的"和平""发展""人权"等价值观,教导学生以包容的心态促进不同文明之间交流互鉴。这一专题能够完成本课程对学生人文底蕴、科学精神、学会学习、责任担当等核心素养的培养目标。

4. 大数据时代与社会科学研究

主讲"大数据时代与社会科学研究"专题的教师为大数据和国际政治专家,主要开展大数据科学与国际关系交叉研究,在大数据研究方面具有独到见解,研究内容涵括大数据海外舆情监测与冲突预警、国际关系自然语言处理与社会情感挖掘、机器学习与国际关系智能分析等。在这一专题,教师介绍了数据的意义和大数据的作用及未来,讲解了数据军团的崛起,并以英国脱欧、美国总统选举为例,给学生演示大数据背后的操作,引导学生理解现代科技和大数据分析的力量,进而阐释了大数据的科学价值和商业价值,以及未来引领世界的大数据的发展大趋势,并指导学生运用大数据分析问题和解决问题,树立大数据思维。这一专题能够引导学生思考和分析,鼓励学生顺应时代潮流,不断跨界和创新,完成对学生科学精神、实践创新等核心素养的培养目标。

5. 数字媒体与知识传播的变革

主讲"数字媒体与知识传播的变革"专题的教师为国际传播及中国文

化研究的知名学者,曾作为新闻出版的带头人主持、策划了千余种对外汉语教材和中国文化图书,将产品开发与平台建设相融合,创建了数字出版的可持续发展模式。教学中,教师通过介绍世界数字媒体和出版行业的发展变革,引导学生体会时代的飞速发展,激励学生勇于创新,适应时代发展。这一专题从概述传播学的基本理论,解读传播的形成和发展的历史,介绍中国出版的历史、中国出版物的分类、现代出版与知识传播以及新媒体时代网络的发展及知识传播等六个方面阐释了新媒体的理论、实践、应用及未来发展问题,完成对学生科学精神、实践创新等核心素养的培养目标。

6. 中国文学精神与家国情怀

主讲"中国文学精神与家国情怀"专题的教师为中国古代文学领域知名学者,多年来潜心研究唐宋文学及中国文论、国际中文教育等,在相关领域颇有建树。教师首先从"家""国"两字的起源谈起,引领学生回顾与赏析各时期文学作品中对家国情怀的抒发,以及对个人命运与国家命运、时代使命相结合的情感的抒发。这一专题以家国情怀为主线,从中国文学作品及传统文化中,引导学生理解修身齐家、忧国忧民、壮志报国等精神,培养正确的人生观和价值观。在引导学生赏析经典文学作品的同时,促进了学生对于家国情怀、爱国精神、全球担当的认识,完成对学生人文底蕴、健康生活、责任担当等核心素养的培养目标。

7. 绘画与意境

主讲"绘画与意境"专题的教师是当代著名画家、绘画理论专家,对工笔画研究颇深,作品多次入选国家级画展。在这一专题,教师引导学生赏析国画大师齐白石的作品,讲授绘画的基本理论和思想,从画家的艺术人生到作品,引导学生体会画家的艺术趣味、表达的艺术形式等,鼓励学生多领略艺术作品,提升和丰富自己的精神境界,同时也鼓励学生体验观察人、生活与自然,勇敢地动手创作,亲身感受和体验创作的过程和乐趣。这一专题从齐白石的艺术概论、齐白石的绘画风格、齐白石的艺术传奇人生、齐白石的作品赏析四个方面分析了齐白石的艺术作品及人生经历,使学生感悟和体会人与自然和谐发展,人生的意义及尊重生活、尊重生命的价值观,完成对学生人文底蕴、健康生活、学会做人、学会生活、实践创新等核心素养的培养目标。

8. 中国 ERP 软件与企业销售信息化管理及实践

主讲"中国 ERP 软件与企业销售信息化管理及实践"专题的教师为计算机科学与技术专家,多年来从事信息系统、学习分析、基于大数据的智能决策等研究和教学工作,在大数据、ERP、智慧教育、智能财税等方面做出重要的探索性研究。在这一专题,教师采取课堂讲授和虚拟仿真实验室体验相结合的方法,引领学生从理论上宏观认识 ERP 软件,进而从实践中体会到 ERP 的实践应用、操作与可能遇到的问题,引导学生思考应对措施与处理方案。这一专题包括理论讲授和上机操作两方面,介绍中国国产软件的发展及操作,帮助学生了解国产软件的基本原理,学会线上会计系统的使用,提升学生商务业务能力,完成对学生科学精神、实践创新等核心素养的培养目标。

9. 中国新媒体产业体验

主持"中国新媒体产业体验"专题的教师长期从事文化传播工作。在这一专题中,一方面为学生介绍人类传播发展历史和新媒体的发展,另一方面带领学生到快手公司体验,让学生近距离感受快速发展的互联网公司的发展历程、公司理念、组织文化、企业氛围、使命愿景等。这一专题能够使学生了解中国新媒体产业产生的背景以及基本概念,感受中国新媒体产业巨大的发展前景。亲身实践能提高学生的实践意识和创新意识,激励学生对学习的热情与未来求职就业的期待。快手利用新媒体助力脱贫攻坚也体现了中国企业的责任担当。这一专题完成对学生科学精神、责任担当、实践创新等核心素养的培养目标。

第五章 聚合课程建设实效考查

为科学分析聚合课程的实践效果,全面把握聚合课程的操作方式,建设更具实践意义的聚合课程模式,本次研究针对学生学习"人类文明与当代中国"课程的教学实践效果做了调研,并结合相关数据信息进行了系统分析。

第一节 考查方法及准备

本次考查侧重过程性学习动态变化考查,主要针对学前和学后的变化展开分析。针对学生的学习情况设计了学前和学后两个阶段的调查问卷用以开展研究,同时结合期末结业的学习自传作业进行分析。

一、调查问卷设计

为了更加直观地对比学生在课程学习前后对相关专题和学科知识的掌握与收获情况,探究学生本课程学习前后在相关知识、能力和情感态度方面的变化,课程分别设计了学前摸底调查问卷与学后反馈调查问卷。学前摸底调查问卷题型以客观题为主,考查学生在课程学习前对相关专题和学科知识的熟悉程度和期待程度;学后反馈调查问卷题型兼顾客观题和反映学生学习体验的主观题,主要考查学生在课程学习后对各专题的掌握程度、对授课形式的偏好、课程满意度、学习方式等内容。

(一)学前摸底调查问卷设计

由于本课程涉及九个学科知识,大多知识为学生首次接触或不太熟知的内容,因此可以预见学生对有的专题具体知识了解不多。为降低课前摸底问卷难度并直观考查学生的学前情况,我们采取封闭调查的形式,调查学生在开课前对各专题的熟悉程度和期待程度,以期与课程结束后的结果进行比对,直观考查聚合课程在学生知识技能培养方面的效果。

调查的形式主要为让学生根据自身情况选择对各专题的熟悉程度、喜爱程度和感兴趣程度进行打分或排序。

第一题,"请对下面主题的了解程度进行选择"。选项包括"非常不了解""不太了解""一般""比较熟悉""非常熟悉"五个梯度,帮助学生准确衡量自己对相关学科及知识的熟悉程度(见图5-1)。

请对下面主题的了解程度进行选择*

	非常不了解	不太了解	一般	比较熟悉	非常熟悉
中国教育发展与现代教育模式创新	◎	◎	◎	◎	◎
人工智能与脑科学	◎	◎	◎	◎	◎
人类知识谱系与跨界融合	◎	◎	◎	◎	◎
大数据时代与社会科学研究	◎	◎	◎	◎	◎
中国新媒体产业体验(体验课)	◎	◎	◎	◎	◎
数字媒体与知识传播的变革	◎	◎	◎	◎	◎
中国文学精神与家国情怀	◎	◎	◎	◎	◎
绘画与意境	◎	◎	◎	◎	◎
中国ERP软件与企业销售信息化管理及实践	◎	◎	◎	◎	◎

图5-1 调查问卷1

注:*部分主题名称不同年份略有调整,问卷设计以相对多数的名称为例。

第二题,"请对下面主题的期待程度进行选择"。选项包括"非常不期待""不太期待""一般""比较期待""非常期待"五个梯度,用以调查学生学前期待度较高或较低的专题并分析其原因(见图5-2)。

请对下面主题的期待程度进行选择

	非常不期待	不太期待	一般	比较期待	非常期待
中国教育发展与现代教育模式创新	◎	◎	◎	◎	◎
人工智能与脑科学	◎	◎	◎	◎	◎
人类知识谱系与跨界融合	◎	◎	◎	◎	◎
大数据时代与社会科学研究	◎	◎	◎	◎	◎
中国新媒体产业体验(体验课)	◎	◎	◎	◎	◎
数字媒体与知识传播的变革	◎	◎	◎	◎	◎
中国文学精神与家国情怀	◎	◎	◎	◎	◎
绘画与意境	◎	◎	◎	◎	◎
中国ERP软件与企业销售信息化管理及实践	◎	◎	◎	◎	◎

图5-2 调查问卷2

第三题,"请问你为什么选择参加本课程的学习?",为学生提供了专业相关、对工作有帮助、与世界发展联系密切及开放答案等选项(见图5-3)。

请问你为什么选择参加本课程的学习?【可多选】

A.课程专题与我所学专业的课程有关,比如:_____。

B.实践类专题对我以后的工作有帮助,比如:_____。

C.课程专题与国家和世界发展有密切的联系,比如:_____。

D.其他: _____。

图 5-3 调查问卷 3

(二)学后反馈调查问卷设计

经过一学期的聚合课程学习,学生对聚合课程的授课内容、授课流程、授课形式有了全面了解,学生在知识建构和内化的过程中,对课程的体验也形成了一定的认知和感受。因此在学后反馈调查问卷中,主要针对课程内容对学生的影响、授课形式的满意度、学习习惯的影响、学习获得感及建议等4个方面进行调查。

1. 课程内容在培养学生知识技能方面的效果

这部分内容主要考查聚合课程在智育培养上的效果。在开课之前,已经调查了学生学习前对各专题及知识点的了解程度和期待程度,学后调查依然采取客观题形式,以便与课前进行比对。如果熟悉程度和感兴趣程度呈上升趋势,则证明课程在培养学生知识技能方面是有效的。为此设置了以下两个题目:

第一题,"经过本学期学习,请你对下面主题的了解程度进行选择",这与学前调查的内容基本相当,可直观了解学生学后的知识掌握程度及各专题的教学效果(见图5-4)。

经过本学期学习，请你对下面主题的了解程度进行选择

	非常不了解	不太了解	一般	比较熟悉	非常熟悉
中国教育发展与现代教育模式创新	◎	◎	◎	◎	◎
人工智能与脑科学	◎	◎	◎	◎	◎
人类知识谱系与跨界融合	◎	◎	◎	◎	◎
大数据时代与社会科学研究	◎	◎	◎	◎	◎
中国新媒体产业体验（体验课）	◎	◎	◎	◎	◎
数字媒体与知识传播的变革	◎	◎	◎	◎	◎
中国文学精神与家国情怀	◎	◎	◎	◎	◎
绘画与意境	◎	◎	◎	◎	◎
中国ERP软件与企业销售信息化管理及实践	◎	◎	◎	◎	◎

图 5-4　调查问卷 4

第二题，"请按照喜欢的程度对本学期的课程内容进行排序"。设置"最喜欢、喜欢、一般、不喜欢、最不喜欢"五个选项。此题目要求学生对课程全部专题内容进行判断，以便分析各专题的受喜爱程度及原因（见图 5-5）。

请按照喜欢的程度对本学期的课程内容进行排序

	最喜欢	喜欢	一般	不喜欢	最不喜欢
中国教育发展与现代教育模式创新	◎	◎	◎	◎	◎
人工智能与脑科学	◎	◎	◎	◎	◎
人类知识谱系与跨界融合	◎	◎	◎	◎	◎
大数据时代与社会科学研究	◎	◎	◎	◎	◎
中国新媒体产业体验（体验课）	◎	◎	◎	◎	◎
数字媒体与知识传播的变革	◎	◎	◎	◎	◎
中国文学精神与家国情怀	◎	◎	◎	◎	◎
绘画与意境	◎	◎	◎	◎	◎
中国ERP软件与企业销售信息化管理及实践	◎	◎	◎	◎	◎

图 5-5　调查问卷 5

2. 学生对授课形式的接受程度

聚合课程将教学内容和授课教师进行了整合重组，同时授课教师根据不同教学内容设计多种授课方式，而学生对课程形式的适应在一定程度上会影响学习效果。为此设计了三个相关问题，考查学生对授课形式的接受和喜爱程度，相关调查结果也可以为今后聚合课程授课形式选择提供参考。

第一个题目为主观题,先是打分,内容为"本课程将不同的专业知识融合到一起,由多位老师进行系列教学。请根据你对这种教学形式的喜爱程度进行打分(0—100分)",宏观考查学生对这一课程形式的喜爱程度;接下来询问"请问你打出以上分数的原因是什么?",进一步调查学生对聚合课程的态度形成的原因(见图5-6)。

本课程将不同的专业知识融合到一起,由多位老师进行系列教学。请根据你对这种教学形式的喜爱程度进行打分 (0—100 分)。

_____分

请问你打出以上分数的原因是什么?

_____。

图 5-6 调查问卷 6

第二个题目为单选题,"请问你是否希望其他课程也能以这样的形式进行授课?",进一步考查学生是否希望将聚合课程模式延伸到本专业的其他课程学习中(见图5-7)。

请问你是否希望其他课程也能以这样的形式进行授课?

A.非常希望,课程形式值得推广

B.比较希望,部分内容可供借鉴

C.一般,无所谓

D.不太希望,有些专业课不适宜此种形式

E.非常不希望,课程形式有待改进,原因是_____

图 5-7 调查问卷 7

第三个题目为多选题,"请问你比较希望本门课以哪种形式进行?"用以考查学生对"社会实践""课堂讲授""虚拟仿真""作品赏析"等具体授课形式的偏好(见图5-8)。

请问你比较希望本门课以哪种形式进行?【可多选】

A. 社会实践

B. 课堂讲授

C. 虚拟仿真

D. 作品赏析

E. 其他

图 5-8　调查问卷 8

3. 学生的学习能力变化情况

聚合课程对学生的知识传授只是本课程预期教学效果的一个方面,本次课程教学目标为"培养德智体美劳全面发展、具有较高综合素质的中外大学生",因此调查本课程对促进学生知识积累和能力发展的效果也至关重要。

为探究本课程对学生自主学习和自主探究能力的培养效果,设计了一组客观题,用以调查学生在课前和课后的学习方式,直观了解学生在学习习惯、学习态度和学习观念方面有无转变。

第一题为多选题,"你在每次上课前,为上课做过哪些准备?",选项涉及查阅资料、了解老师、准备提问、没有准备四个方面,考查学生课前准备情况(见图 5-9)。

你在每次上课前,为上课做过哪些准备?【可多选】

A. 我会根据课程主题查阅相关资料充实自己

B. 我会根据主讲教师的研究方向对课程内容做出相关预期

C. 我会准备相关问题以便向老师进行提问

D. 我没有为课程做准备

图 5-9　调查问卷 9

第二题为多选题,"你在每次课程结束后,是否会对课程内容进行整理和反思?",选项包括整合资料、记录内容、深入研究、不做整理四个方面,考查学生对课程内容的巩固和吸收方式(见图 5-10)。

你在每次课程结束后,是否会对课程内容进行整理和反思?【可多选】

A.会,我会根据我之前查阅的资料整合内容

B.会,我会记下老师所讲的内容

C.会,我会针对老师所讲,选择自己感兴趣的方面,回去继续做深入研究

D.不会,我听完就结束了

图 5-10　调查问卷 10

第三题为多选题,"你是否会在课程结束后对所学内容进行更深入的研究?",选项包括结合专业学习进行深入研究、结合生活和社会环境进行深入研究、在工作中运用所学、不进行深入研究四个方面,考查学生对课程内容的深化理解、后续研究和运用情况(见图 5-11)。

你是否会在课程结束后对所学内容进行更深入的研究?【可多选】

A.我会与我所学的内容相结合进行深入研究

B.我会与我们现在的生活及社会环境结合进行深入研究

C.我会深入了解我是否能在工作中运用我所学的知识

D.我不会对所学内容进行深入研究

图 5-11　调查问卷 11

4. 学生的收获以及对聚合课程的建议

考虑到客观题的调查方式较为粗略,且只能在调查者预设好的前提下调查出学生共性的问题,调查结果缺少个性化特征。因此在学生学习收获和课程建设建议等主观性较强的方面采取了开放调查的形式,让学生针对个体情况写出对课程的看法。这样不仅能更加全面地考查出课程学习取得的效果,更能得出一些调查者意想不到的观点性内容。设计了两个开放性题目:"请问你在本课程中最大的收获是什么?""请问你对本课程的建议是什么?",以期了解每个学习者的收获与对课程的建议(见图 5-12)。

请问你在本课程中最大的收获是什么?

_____。

请问你对本课程的建议是什么?

_____。

图 5-12　调查问卷 12

二、学习自传设计

传记是一种常见的文学体裁,一般用于记述一个人的生平事迹和人生经历等。这种体裁由来已久,最早可上溯至古罗马时代哲学家奥古斯丁的《忏悔录》。将这种文体运用于教学,要求学生通过记录、叙述自己的学习经历、学习收获、思想转变等情况,对自己的学习过程进行认真的回顾、全面的反思、深刻的检讨,即为学习自传。学习自传是学生在课程结束后对自己全部学习过程的审视,通过叙述自己受教育的经历,理解学习如何影响自己的思想和行动以及学习对自己的改变。它可以体现出学生的学习过程、学习收获、反思过程、情感变化,以及对教师、课程和环境等问题的看法,更具有批判性和反思性。

对于学生来说,撰写学习自传是一件自主性、个体性很强的行为。他们可以自由记录学习中的所学所见所想,梳理总结各学习专题的课程要点,记录上课时遇到的困难或阅读课程相关文献资料时的所得,也可以通过反思自己的学习过程、学习成效和学习方法,对自己的学习进行评价,进而改善学习方法,在思辨中得到提升。

对于教师来说,学习自传中的内容均为学生在学习时的真实感受。它提供给教师一个与学生平等交流的机会。教师能从学生的角度回顾审视自己的整个教学过程,查看学生对课堂安排和授课过程的评价和意见,更详细地了解学生对课堂内容的关注点和学习状况,从而有助于改进教学。

本课程在期末考核时要求学生撰写一篇 3000 字以上的学习自传。

时间范围涵盖学生参与本课程学习的全程,即一个完整学期。内容要求学生记述并分析参与本课程学习以来的学习内容、学习策略、学习收获、尚未解决的学习问题等,以及本课程对学生后续学习、工作计划的影响,同时鼓励学生在总体记述学习情况的基础上,选择一个或多个专题进行详细阐述。形式开放自由,尽量不做过多限制,学生可以真实反映自己的学习过程和学习感受。

第二节 基于调查问卷的课程分析

每学期的课程开始前和课程结束后,均面向选课学生进行问卷调查。三年间共有105名学生选修了本门课程。其中,中国学生90人,留学生15人(国籍为韩国、泰国、孟加拉国、尼泊尔、美国、日本、印度尼西亚等)。三年中,课前发放问卷105份,收回问卷105份;课后发放问卷105份,收回问卷105份。

一、客观题分析

1. 专题熟悉程度

本次开设的聚合课程为通识课程,为了了解学生在学习本课程前后对相关知识技能掌握情况的变化,我们对学生在学习前后对于整体课程的了解程度做了调查。调查结果发现,学生对课堂知识了解程度呈上升态势。其中,认为自己对课程很熟悉的学生从开课前的10.48%上升至开课后的26.67%;认为自己对课程较为了解的学生从35.24%上升至69.52%;认为对课程内容不了解的学生比重从54.29%下降至3.81%(见图5-13)。这说明本课程能有效提升学生整体知识面。

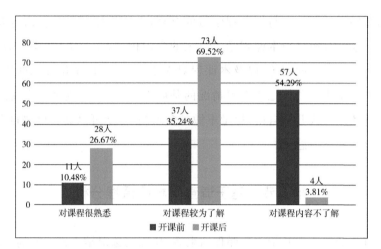

图 5-13 课程开始前后学生对课程了解程度对比

2. 课程接受度

由于学生之前从未接触过聚合课程形式,因此问卷对课程是否符合学生预期以及课程满意度进行了问询,以此来调研学生对聚合课程教学内容和课程形式的接受程度。调查发现,56.19%的学生表示课程完全符合预期,37.14%的学生表示课程基本符合预期,3.81%的学生认为课程不是很符合预期,1.90%的学生表示课程完全不符合预期,剩余0.95%的学生表示不清楚(见图5-14)。可以看出绝大多数学生可以接受并适应这种将不同学科领域知识建设成聚合课程的形式。

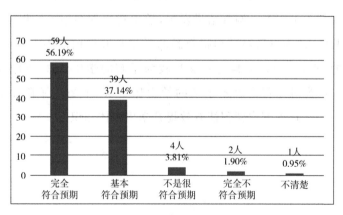

图 5-14 学生对课程的接受度

3. 授课模式满意度

针对授课模式满意度的调查中,有96.19%的学生表示很喜欢这种由不同教师主讲,将各专业知识融合到一起形成系统教学的课程形式(见图5-15)。虽然这种将不同院校、不同专业和不同风格的教师聚合在一起的模式是一种全新的授课模式,学生也从未接触过此类课程,但学生对此接受度很高,对这种教学模式很适应,乐于并愿意主动积极参与到教学中。

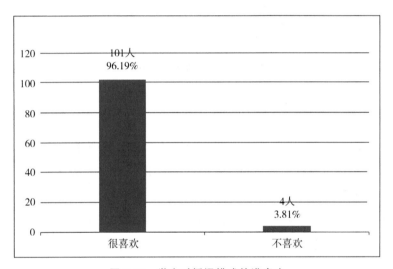

图5-15 学生对授课模式的满意度

4. 学生学习行为对比分析

本项研究还对学生的课前、课后行为进行了调查及对比分析,以了解本课程对学生学习习惯、思维方式、学习观念和个人成长等认知方面的影响。针对课前学生准备行为的调查,有68.57%的学生表示他们会针对课程主题做相关准备,有31.43%的学生表示不会做任何准备(见图5-16)。

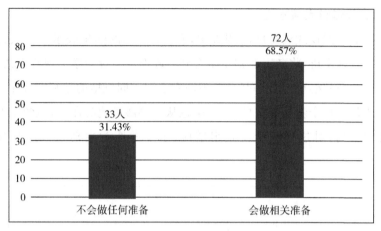

图 5-16　学生课前准备行为调查

课后行为调查,结合图 5-10、图 5-11 分析发现,84.76%的学生会整理反思课堂所做笔记并进行更深入的研究,54.29%的学生会深入思考将来能否在工作中运用所学知识,38.10%的学生会将所学知识与自身专业、现实生活以及社会环境相结合进行深入研究,4.76%的学生表示不会进行整理反思(见图 5-17)。从课前与课后学生学习行为的对比可见,聚合课程对学生的学习观念产生了一定影响,学生不仅开始对专业以外的知识感兴趣,还想将课堂所学知识应用于社会实践中。同时,还有学生产生了继续学习的想法。

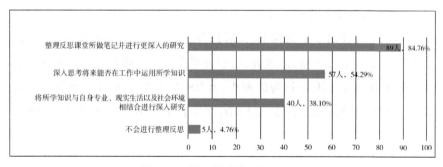

图 5-17　学生课后学习行为调查

调查中发现,在第一次开课中有的学生的反馈不够积极。从第二次课开始,团队总结经验,提升了课程之间的关联性和紧密度,后面的学习反馈都是较为积极的。

二、主观题分析

在对学生问卷中主观题答案进行提取、整理和分类后,我们发现学生在课程中的收获主要表现为以下五个方面。

1. 知识面的扩大

跨专业的聚合课程将不同学科领域专家聚合在一起进行合作教学,为学生带来了多学科的前沿知识。在问卷中,很多学生认为这种课程让他们只选修一门课就可以听到多个学科的知识内容,学到了知识、开阔了视野;有学生认为提升了思辨能力,比如"大数据及其初步分析""大数据与机器学习——人工智能时代的国际关系研究"等课程上,两位教师从各自的研究方向出发,讲述了同一个专题"大数据分析",让学生从多个角度吸纳知识,也培养了他们从多维视角思考问题的方式;有的专题内容与学生自身专业相关,学生认为进一步深化了对专业知识的理解,比如,商科的学生在问卷中表示,"中国 ERP 软件与企业销售信息化管理及实践"等课程从软件应用和计算机技术层面丰富了他们的专业知识,帮助他们重新认识本专业发展方向,有助于他们以本专业为基础建立多学科交叉融合的学习体系,构建起跨学科、多方位的知识网络;有学生认为,本课程为他们打开了新的视界,对未来发展大有助益,比如,"中国新媒体产业体验"专题让他们全面系统了解了中国媒体的传承和发展,并且通过到中国企业实地参观交流,既提升了社会实践能力,又更加直观地了解到中国新媒体产业的发展现状,为学生未来的学习和工作选择打下了基础;来华留学生认为这种课程给他们打开了更多了解中国的窗口,学到了以前闻所未闻的知识,这既有助于学习汉语,更有助于他们了解、融入中国社会。

学生问卷主观题答案示例:

学生 1:这门课让我们可以从不同角度学习到不同领域的知识,对不同领域的知识有了浅略的了解。

学生 2:这门课帮助我们建立多学科交会融合的知识体系,构建起跨学科、多方位的知识网络,从而使我们开阔视野,增加了已有知识的广度和深度。

学生3(美国):我在本课程中进入了一种不一样的环境,不仅能跟中国人上课,还能学到跟我专业不同的知识,也能让我听不一样教授的课,了解不一样的教法。学到的知识也和我的生活有关系,以后可以用到。

学生4(泰国):我觉得这门课很实用,我收获颇丰,课堂内容帮助我梳理了很好的观点与思想。特别是"中国文学精神与家国情怀"专题,使我更深入地了解中国人的爱国情怀。

2. 学习兴趣的提升

在跨学科聚合课程建设中,教师会根据自身授课内容安排不同教学形式,将课堂讲授课、校园实践课、社会实践课、作品赏析课有机结合,形成相互渗透、相互观照、相辅相成的教学统一体。在对主观问题的回答中,很多学生表示喜欢这种非"灌输性"的授课形式,不同教师教学内容不同,教学风格也不同,这样既提升了知识的新鲜感和专业性,也帮助学生克服了单一教师授课时产生的审美疲劳,让学生体验不同风格的课堂,领略不同学校不同领域专家的风采,既调节了课堂气氛,又使他们对课堂更有期待感;同一教室中不同国家、不同专业的同学在一起交流学习、思想碰撞,课堂氛围热烈;讨论交流时涉及的内容结合了中外不同的价值观,更加灵活丰富,师生从中也可以共同促进;上机操作和社会实践强化了他们对知识的理解和深化,走出教室体验社会极大地激发了学生的学习兴趣,让学生在体验中吸收知识、增长见识。

学生问卷主观题答案示例:

学生1:本课形式多样,课程内容丰富,上课的场所也不再简单局限于教室之内,不同老师的风格也带来了不同的学习思考。

学生2:各位老师授课方式新颖别致,激起了同学们的兴趣。教师很注重互动,课堂学习氛围轻松愉快,真正达到了寓教于乐的目的。

学生3:本学期我们去参观了快手总部,让我对新媒体行业有了全新的认识,给未来的学习和工作提供了更丰富的经验。

3. 思维能力的提升

对于学生来说，不同专题的教学是一种思维上的训练，学生了解的领域越丰富，思考问题就越深入、越全面。很多学生在调查中表示，自己在上课过程中感受到了以前思考问题的局限性。由此可见，聚合课程训练了学生从多维视角认识和思考问题。此外，学生在学习不同领域知识时产生的发散性思维，也集聚成学生对人类文明和当代中国的重新思考。所以本课程不仅帮助学生学会发散思维，同时也达到了聚合思维产生由量变到质变的指数升级。学生感受到了不同领域知识冲击的乐趣，学会了如何从不同角度认识和分析同一问题，又以这些思考为基础重新塑造自己认识世界的方法。这些改变都源于聚合课程逐渐打破长期以来学生只钻研单一学科专业知识的思维定式，开发并训练了学生的多维度逻辑思维能力。

学生问卷主观题答案示例：

学生1：这门课让我明白了"感受"和"理解"之间的细微差别，帮助我感受不同领域，不同维度的知识，打破了思维局限，同时更新了我思考问题的维度和逻辑。

学生2：本课程增加了我已有知识的广度和深度，同时也激发了我重新对当代中国乃至整个人类文明进行思考的兴趣。

4. 学习主观能动性的提高

本课程的教学，不论是采用的案例教学的方法，还是参观访问时设定的提问环节，都在尽量保证让学生主动参与到教学活动中来。课后采用小组学习或网络社群学习的方式，让来自不同学科和专业的学生互补互助，极大提升了学习的获得感和满足感，有利于强化学生学习的主观能动性，让学生真正成为学习的主人。此外，本课程一定程度上改变了学生的学习观念，让学生对知识产生敬畏感。大量陌生领域知识的冲击让学生感受到了只专注于学习单一学科专业知识的局限性，逐渐意识到建立多方位宽泛的知识体系对学习的重要性。课程结束后，很多学生表示愿意在某些原来没有接触过的学科知识上继续学习，并且希望今后有更多机会将所学到的理论知识付诸实践。这些将为学生核心竞争力的提升、多学科特质的综合性人才养成提供强大助力。

学生问卷主观题答案示例：

学生1：这门课让我拥有了主动学习的意识。

学生2：这门课让我觉得对于知识体系要及时进行新陈代谢。这包括了对新知识、新方法的充分摄入和对旧有观念的扬弃。知识的摄入依赖于长期学习，而这也正是我终身学习的不竭动力。

5. 社会责任感的提升

跨学科的聚合课程呼应了当今时代对青年人全面发展的要求。对于中国学生来说，对中国文化知识的深入了解增强了他们的文化自我认同感，强化了文化自信，对前沿科技的涉猎又与这种价值观形成了一脉相承的赓续。学生能够从中国精神的内核出发思考当今中国的发展方向，从而激发对整个人类文明的思考，并由此产生浓厚的历史责任感。很多同学表示，在学完"中国文学精神与家国情怀"后，更加深刻地理解了国家与个人之间的联系，要将传递民族意识和家国情怀新的时代内涵作为自己的使命和担当。对于留学生而言，多学科的交叉融合不仅加深了他们对中华文明的了解，还促进了不同文化之间的沟通、对话、融合。与中国学生同堂学习也让他们感受到了不同国家、不同民族之间的文化差异，帮助留学生以包容的心态积极学习语言、对待他国文化，做中外交流的桥梁和纽带。

学生问卷主观题答案示例：

学生1（泰国）：这门课帮助我认识了中国，梳理了很多关于中国的观点与思想。

学生2：正是家国情怀，让人们能够在哀伤中团结起来，重新凝聚成一股牢不可破的力量，中华民族也变得越来越强大。

学生3（日本）：这门课帮助我们外国学生了解中国，提高了我们在中国学习的兴趣。我们可以从多个角度理解中国文明，并加强对我们本国和中国文化相互交流的思考。

三、综合分析

从问卷调查结果看,本课程在教学效果上实现了预期目标,学生的知识和能力都得到了提升,对本次聚合课程的效果极为认可,课堂教学氛围非常好,多学科知识的聚合收到了"1+1＞2"的效果,全方位培养了学生的核心素养,助力学生全面发展。

1. 拓展了学生的知识宽度

从问卷调查结果看,本次聚合课程通过文理交叉、理实交融的教学形式,拓宽了学生的知识面,使学生了解到很多自己专业以外的知识,增强了学生中国传统文化的素养,提高了学生对于文学与艺术的鉴赏和审美情趣,提升了学生的科学精神和理性思维,提高了学生的批判精神和质疑能力以及自主探究能力。

2. 提升了学生的自主学习意识

根据问卷调查数据,在自主发展方面,学生普遍实现了从课前不做准备到课前认真准备、课中积极参与、课后主动总结的转变,能够积极主动通过多渠道探索与主题相关的内容,使学习态度和学习能力发生了质的飞跃。学生认为聚合课程帮助他们将知识织成网络,了解人类命运共同体的深刻内涵,适应当今社会对人才全面发展的需要。通过聚合课程,学生逐渐学会了如何学习,实现了对学习效果的自我监控,树立了正确的学习观,并愿意终身学习,对未来个人的发展也开始有所规划。

3. 强化了学生的社会参与意识

通过学习,学生了解了时代发展的日新月异的变化,明白了个体全面发展的重要性,感受科技的飞速发展给当今世界和当代中国带来的挑战和机遇,体会到中国传统文化中的责任担当,增强了对国家和民族的认同感和责任感。通过实践教学,让学生感受到了实践创新的乐趣,培养学生应用现代信息技术自主解决问题的能力,由此激发学生勇于创造、勇于探索、积极进取并主动融入社会的热情。

4. 增强了国际理解能力

在中外学生同堂上课时,增加了跨文化交流和多元文化碰撞的机会,增进了相互理解、包容和友谊,增强了学习动力;多学科多国别学生齐聚一堂探讨共同主题,多学科视角交流碰撞,从学科知识方面互相学习、互相补足,从思维形式上互相借鉴、互相渗透,增强了彼此的理解、了解、包容和共进。

第三节 基于学习自传的课程分析

问卷调查所提供的学习过程相关信息较为简略,且只能看出学生的整体趋向性和终结性效果。为了进一步了解学生对聚合课程的具体看法,我们对学生提交的学习自传作业进行逐项统计研究,以探究学生学习的全部过程、参与体验和收获情况,并结合调查问卷结果进行综合分析。

一、学习自传分析路径

课程结束后,共收到105份学习自传。其中29份学习自传选择了针对课程某一专题的深入探讨,没有记录自己的相关学习过程,其余76份学习自传均记录了整个学期的学习过程,并进行了相关思考与反思。下面针对这76份学习自传进行整理、统计和分析。

首先将这些信息数据导入NVivo 11,采用直接编码形式,逐句梳理每篇学习自传,根据内容手动创建三级参考节点,再根据参考点内容整理分类,然后层层分组,逐级形成相关内容类别。最终确定了学生、教师、课程、环境四个分析维度作为核心类属,将学习收获、自我反思和情感体验归为学生维度,教师风格和授课方式归为教师维度,课程内容与形式归为课程维度,线上线下教学模式和小组学习归为环境维度。通过对各个节点数据的细化整理,最终得到各级节点分布情况,编码层级如表5-1所示。

表 5-1 学习自传评价的三级节点

核心类属	二级节点	三级节点	参考点
学生维度	学习收获	知识技能增长	触及了某些行业或领域的基本内容
			填补了自己在知识上的空白
			帮助构建了知识网络
		学习体验丰富	通过亲身实践,对理论的感受更加直观
			走出课堂感受了新奇的学习体验
		对原有知识的补充	对自己专业知识进行了弥补
			对专业知识进行了内容上的发展
			通识内容与专业知识的结合使自己对专业本身有了重新认识
		感受到信息技术的强大	大数据给人们的工作和生活带来巨大便利
			人工智能有强大的学习能力和超高工作效率
			大数据收集会导致信息泄露等威胁
		思维方式的变化	学会了依靠前沿技术研究和思考问题
			跳出传统思维模式,以量化的形式思考问题
		思想观念的转变	感受到聚合课程这一全新课程方式的重要性
			感受到了学科思维的局限性
			转变了对人类文明的认识
		个体的成长	感受到了学科交叉后为本专业和个人发展带来的全新机遇
			提升了人文底蕴
			培养了跨学科思维
			养成了终身学习的习惯

续表

核心类属	二级节点	三级节点	参考点
		对未来的思考	对未来的教育发展有了一定期待
			希望能把学到的知识付诸实践
			认为未来交叉学科将大有作为
	自我反思	反思学习方法	机械地记录教师课上讲解的知识点
			为了期末成绩才把笔记找出来复习
		反思学习过程	在上机实操课小组操作时的方法、不足
		反思学习态度	选一个好通过的课获得学分
			选一个自己擅长的课获得学分
			过度专注于本专业科目
		反思学习效果	汉语水平不够,学习较为吃力
			因原有知识涉猎范围过窄,没有达到最佳的知识内化和掌握程度
		反思原有认知	只注重单一学科的学习,忽略了交叉学科的重要性
			只注重学习专业课,忽略了其他领域知识的重要性
			对不了解的事情缺乏探索精神,人云亦云
		反思中外差异	中外国民性存在差异
	情感体验	课前	兴奋、好奇、期待、疑惑
		课中	恍然大悟、将信将疑、喜欢、高兴
		课后	感谢、理解、不舍
教师维度	教师风格	授课风格	老师幽默风趣、深入浅出的讲授激发学习兴趣,易于接受知识
		治学态度	老师严谨的治学态度和谦虚的风度给自己树立了榜样

续表

核心类属	二级节点	三级节点	参考点
	授课方式	授课方式多样	直观且更加易懂
			能让学生充分理解和观察
			情感上的接受也使得知识内化更深入
课程维度	课程内容	肯定课程内容	整合了跨学科教学资源
			建立了多学科交叉融合的课程体系
			既拥有国际视野，又饱含家国情怀
		课程内容的不足	一些专题难度较大
	课程形式	肯定课程形式	形式多样，有利于帮助留学生学习汉语、多角度认识中国
			老师从各自擅长的领域贡献所学，保证了知识的专业性
		课程形式的不足	缺少实地鉴赏课
环境维度	线上线下教学模式	喜欢线上教学	网络学习资源可以帮助实现学习目标
		渴望线下教学	自身自律性较差，线上影响学习效果
	小组学习	促进知识学习	能解决自己在学习上遇到的困难
			从他人想法中感受多角度、多层次思考问题的方法
		感受中外差异	促进不同文化间的包容理解

二、学习自传分析过程

通过对学习自传的分析，我们得到了 236 个与学生维度相关的参考点，24 个与教师维度相关的参考点，51 个与课程维度相关的参考点，14 个与环境维度相关的参考点，各个维度参考点的分布情况对比如图 5-18 所示。

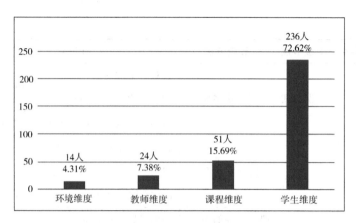

图 5-18　学习自传各维度参考点分布情况

(一) 学生维度

在学习自传中,学生大多将关注重心放在了自我提升上,因此有关学生维度的参考点是最多的。对于学生维度的分析主要包含了学生在学中和学后的收获、对学习过程的反思以及在上课期间的情感变化。学生维度各节点的参考点分布情况如图 5-19 所示。

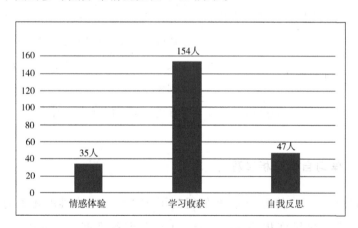

图 5-19　学生维度各参考点分布情况

通过对学生学习自传的逐句阅读发现,所有学生对于知识技能上的收获均给予了积极的反馈。这些反馈主要包含 8 个方面,其具体内容和参考点数量分布如图 5-20 所示。

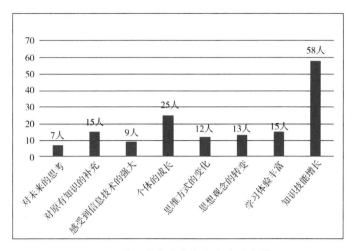

图 5-20　学习收获节点各参考点分布情况

1. 学习收获

（1）知识技能增长

由于聚合课程在选题内容上的多样性，学生认为本课程让自己接触到了跨学科、跨领域的基本内容，填补了自己在部分知识上的空白，让知识互联形成网络。有学生提到，"人类知识谱系与跨界融合"让自己学习到了"知识"的概念，了解了文明概念小于文化概念的观点；"中国教育发展与现代教育模式创新"运用教育学理论，阐释了跨学科聚合课程教育模式的内涵以及建设路径，将知识的跨界融入大学教育，为自己打开了新的视界。

学习自传节选示例：

学生 1：在"人类知识谱系与跨界融合"专题中，老师通过对知识的概念、定义、发展、演变、知识图谱与体系的相关介绍，使我深刻地认识到随着时代的不断进步，人类获取知识的途径和方式正在发生革命性的变革，知识的更新速度不断加快，处在信息爆炸时代，面对如此海量的信息，如何有效获取、分析、处理、应用就显得尤为重要，这是复合型人才必备的能力。

学生 2：在"中国教育发展与现代教育模式创新"专题中，老师运用教育学理论，阐释了跨学科聚合课程教育模式的内涵以及建设路径，真正达到将知识跨界融入课堂,使学生能够从多视角、运用跨学科知识解读中国与世界文明,提高知识素养,增强综合判断能力。我认为这也是教育最重要的一部分。教育并不仅仅是课程教授的具体知识,还包括这门课在思维模式、灵感激发上带给学生的引导,有长久影响力。

学生3:"数字媒体与知识传播的变革"专题首先界定了知识传播和出版的定义,然后阐述了技术与媒介、知识传播的关系,接着就文字的产生、文字载体、出版业的发展进行历史性回顾,充分填补了我对这方面知识的极大空缺,让我从起源处进行回溯,了解如何将知识形成网络。新数字媒体时代终将来临,我们将迎来一场颠覆性的变革,最终拥抱技术革命。

(2)学习体验丰富

有的学生认为聚合课程依据各专题特点选择适当授课方式给了他们多样的学习体验。在本次课程中,不同学科教师选择了丰富多样的讲授方式,例如"大数据时代与社会科学研究"的教师选择了案例教学法,用美国大选时期的真实案例为学生简述了大数据的影响力;"数字媒体与知识传播的变革"侧重理论讲授,与"中国新媒体产业体验"实践课程配合,在理论研究的基础上,组织学生参观中国知名短视频公司,让学生走出教室,更加直观地感受到现代企业的运作方式和中国新媒体产业的高速发展,学生在自传中对这次经历反响强烈。"中国ERP软件与企业销售信息化管理及实践"的教师采用上机实操形式,帮助学生在虚拟仿真的环境中亲身体验企业数字化管理,带给了他们新奇的学习体验,即使是国际商务专业的同学,也感到这种学习对他们有极大的帮助。

学习自传节选示例:

学生4:在"中国ERP软件与企业销售信息化管理及实践"专题的学习中,通过上机练习对大数据操作工具的使用,我学习了如何爬取网页中的数据,如何进行数据表、业务包管理,以及如何将其按照不同的组件,自主数据集进行分类整理,从而通过工具将相关数据整理出相关的图表,最后还学会了设置查看处理和分析权限。

学生5:感谢老师们的组织安排,让我在学习"中国新媒体产业体验"

专题时能有机会接触互联网新秀并到其总部参观学习,使我深入了解并认识了现代媒体与信息发展传播的新形式——短视频。通过参观我了解到互联网公司的内部工作环境,更加直观具体地了解了快手公司的发展历程、公司理念、组织形式、企业氛围、使命愿景。

学生6:让我印象最深刻的是"中国文学精神与家国情怀"专题,这一专题通过对散文、诗歌、小说等多种形式的作品的赏析,让我领略到了从古至今深藏在中国文学中浓厚的家国一体、爱国爱家精神。老师的讲授非常细致,例子尤其丰富,分析充分,使我深深地体会到了中国文人、作家自古以来的风骨和对家国的深切感情。

学生7:在"绘画与意境"专题,从老师展示的丰富多样的画里,我体悟和领略了齐白石老先生充满妙趣的性情和独一无二的绘画风格,获得了一场独特的审美体验。

(3)对原有知识的补充

有的学生认为,本次课程对自己专业知识进行了弥补和扩展,有一些专题的内容与自己的专业知识非常契合。有学生在自传中提到,数据分析与自己专业涉及的财务分析是密不可分的,提升大数据思维和处理数据的能力对自己的专业学习和今后的工作有很大帮助。还有同学认为通识内容与专业知识的结合使自己对专业本身有了更高的预期,明确了自己未来学习的领域与方向。由此可见,聚合课程加强了新旧知识的联系,增强了学生对专业知识的理解,对专业知识进行了补充和重构,使学生对自己专业认识更加深刻。

学习自传节选示例:

学生8:"数字媒体与知识传播的变革"专题的老师给我们介绍了中国出版业的发展历史以及知识传播的变革。我所学专业正是数字媒体,通过这次课有了许多收获,加深了我对自己专业的理解。

学生9:"中国文学精神与家国情怀"专题最开始对《诗经》《楚辞》两部作品的讲解,我认为与我本专业的文学课程内容有一定程度的重合,但经过全部专题的学习,我才明白这并非简单的文学史复述。专业的文学史课程是在已搭建好的文学框架上对所有类别和主题的文学作品进行梳理,而这个专题将家国情怀单独拎出来,细细讲述,娓娓道来,让我们走近几千年历史中的人物,通过文字和影像的再现,感受各个时代各有内涵的家国精神。

学生10:我对"大数据时代与社会科学研究"专题老师的研究领域特别感兴趣,他目前的研究内容涵括大数据海外舆情监测与冲突预警、国际关系自然语言处理与社会情感挖掘、机器学习与国际关系智能分析,这与我所学的计算机技术与信息管理、数据分析与挖掘的专业非常契合,让我更加坚定和明确了自己未来学习的领域与方向。

(4)感受到信息技术的强大

聚合课程中关于现代科技前沿技术的内容让学生充分感受到了信息技术的强大。有的学生认为对于大数据的分析能帮助人们洞察潜藏在事物表象之下的本质特征,在这样一个信息爆炸的时代,大数据给人们的工作和生活带来巨大便利。还有同学通过数据分析课程意识到大数据收集会导致信息泄露等威胁。除了大数据的知识外,还有同学提到了阿尔法狗(AlphaGo)、阿尔法元(AlphaZero)和深度思维(AI DeepMind)等人工智能强大的学习能力和超高工作效率。这些都引发了学生对机器学习能力迅猛发展利与弊的思考。

学习自传节选示例:

学生11:在疫情期间,大数据分析帮了大忙,从政府上报的病例中生成大数据云图,将云图反馈公布给群众,让大家清楚地知道疫情形势的变化,更便于国家调整抗疫战略。大数据分析,了不起!

学生12:"人工智能与脑科学"专题对我来说是一个全新的、门槛不低的领域。但老师的讲解,让我认识到人工智能与我们的未来、中国的未来发展息息相关。脑科学和人工智能的交叉融合,在技术领域上完成了新一轮的拓展与飞跃,人工智能将逐步深度融入人类社会,发挥更大的价值。

(5)思维方式的变化

跨学科带来的冲击改变了学生固有的思维定式,提出了依靠前沿技术研究和思考问题的可能性。有的学生认为自己要习惯于用数据驱动的思维方式指导实践,避免受到各种表象的迷惑干扰。有的学生认为要跳出传统的形而上学的思维模式,将周边的事物以数据的形式重新加以解释和量化。

学习自传节选示例:

学生13:从高中时期的文科生到目前国际关系专业的大学生,我始终在以文科的角度来学习和观察世界,同时也下意识地认为自己不需要了解太多理科的知识。但"人类文明与当代中国"课程使我意识到知识是不分类别的。突破思维定式能够给我们带来新的视角和问题解决方案。

学生14:现实生活和适应大数据时代的需要使得我们不得不转变思维方式,努力把身边的事物量化,以数据的形式加以对待,这是实现大数据时代思维方式转变的"核心"。在方法论的层面,大数据是一种全新的思维方式。按照大数据的思维方式,我们做事情的方式与方法需要从根本上改变。

(6)思想观念的转变

在学习自传中有人认为这门课程打破了学科思维的局限性,以前只专注于学习本学科知识,这对自己未来的发展是有局限的,打破传统学科壁垒,进行知识融合和重构,以更加全面的方式来认识世界、解决问题是非常必要的。人类文明并非单一的概念,而是各个领域交织绘制而成的螺旋式上升的一个宏伟进程。这说明聚合课程也改变了学生的观念。

学习自传节选示例:

学生15:文学、教育学、理学、工学、互联网与大数据技术以及我本专业所学的管理学,都是普遍联系彼此相关的……世界不是单一的线性运动,而是复杂多变的整合体,因此更需要摒弃学科思维,将综合的学科知识与动态的现实世界衔接在一起,并且发挥自身的主观能动性,学以致用,将特定学科的知识迁移到新的领域中。

学生16:课上提到的学科的交叉与融合趋势也让我改变了以往旧的观念——学习好本专业内容即可。现在我尝试除了学习自己专业内容之外还去学习其他学科的知识。在学习好阿拉伯语的基础上,还应该学习有关国际政治、法律方面的知识。争取让自己成为一个拥有多学科知识的未来人才。

(7) 个人的成长

在学习自传中,学生认为聚合课程为他们自身带来的变化是巨大的,文科学生认为本课程让自己对科学精神有了更深刻的理解,对技术的求知欲更加强烈,理科学生表示自己对中国传统文化有了更广泛的了解,让自己更具人文情怀。学生们都感受到了学科交叉带给本专业和个人发展以全新机遇。还有学生在学后感受到了自己在知识面前的渺小,充分感受到终身学习、全面学习的必要性。

学习自传节选示例:

学生17:"人类文明与当代中国"给了我从专业课之外的角度来认识世界的机会,让我涉猎了更广泛的知识,陶冶了情操,也结识了良师益友。希望在接下来的学习中自己能广泛涉猎课外知识,了解社会真实,思考历史与现实,树立家国情怀,从更宏观的视野来走好人生道路。

学生18:通过学习"人类文明与当代中国"这门课,我领悟到了作为时代青年,应该具备创新能力、合作能力、职业能力等核心能力,要学会独立思考,并坚持不懈地进行终身学习。

(8) 对未来的思考

有学生表示,跨学科聚合课程让他们认识了一种全新的课程,大家对今后的高等教育课程建设有了更多期待。有的学生希望以后能够多开设一些类似"人类文明与当代中国"这样内容丰富、实用性强、有动手操作机会的课程,以便自己形成知识网络,提高专业水平。还有学生表示自己将在未来的学习中把学到的知识付诸实践,让所学能指导应用。更多的学生提出,本门课将文理知识结合、古今知识融通,让自己对未来发展有了一定预期,引发了对交叉学科的思考。学生深刻地认识到,随着时代不断进步,人类获取知识的途径和方式正在发生着革命性的变革,知识的更新速度不断加快,交叉学科的学习可以帮助他们打破传统学科壁垒,进行知识的融合和重构,以更加全面的方式来认识世界、解决问题。

学习自传节选示例:

学生19:通过学习"人类文明与当代中国"这门课,我领悟到了交叉学科在未来学习中的重要位置。在未来的学习生活与实践中,要实践这些知识,培养多方面的能力。

学生20:在以后的学习生活中,我将努力把课上学到的东西应用到实践中,用数据思维指导自己决策,用家国情怀指引我人生的走向。

从学生维度各参考点的分布来看,虽然学生们更多地提到了跨学科的聚合课程给他们带来了表层的拓宽视野的优势,其实这些表层的认识带来了更深层次的认知提高。聚合课程通过补充学生的知识技能,丰富学习体验形式,在一定程度上打破了知识间的壁垒,提升了学生的人文底蕴,使他们感受到了信息时代科学的强大,培养了他们的科学精神,从而改变了他们的思维方式和思想观念,最终实现了核心素质提高。

2. 自我反思

学习自传的最重要作用就是促进学生的自我反思,实现学生对自我学习过程的监控。经过对学习自传的分析,学生的自我反思可以大概分为6个方面,其参考点分布如图5-21所示。

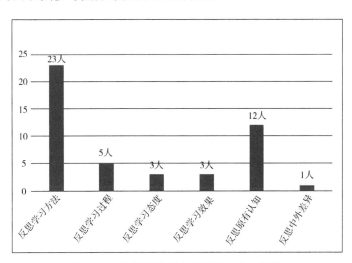

图 5-21 自我反思节点各参考点分布情况

(1)反思学习方法

在针对学习活动本身的反思中,有很多学生提出,他们以前习惯于机械地记录教师课上讲解的知识点,期末考试之前再把笔记找出来复习。但本次聚合课程让他们感觉,原来的学习方法无法适应这种全新的课程形式。一方面,聚合课程的教师多、授课形式多样、知识点密度高,机械记录在课堂上容易错过知识点;另一方面,本课程的学习实际上有很大一部分是需要学生在课下进行的。本次聚合课程在设计上涉及人类文明的多个方面,各个专题虽照顾到了内容和培养目标上的联系,但对于学习者来说知识跨度依然不小。课内时间有限,很多学生感觉意犹未尽,想继续探索。所以,很多学生改进了自己的学习方法。有的学生表示自己会在预习时标注出自己需要在课上重点学习的知识点,以提升学习效率。有的同学会在课后"复盘"整个课堂内容,整理出知识点框架。有的同学根据课程内容在课后为自己增加了补充阅读。还有很多学生认为,本课程采用理论学习与实践体验相结合的学习方法,通过课下提问交流、联系时事热点等方式,分析和阐释与学习内容相关的社会现象与焦点问题,将知识和方法学以致用。

学习自传节选示例:

学生 1:最开始上课时,我选择用电子版笔记来记录。但后来发现,这样容易错过老师讲的一些知识点,而且容易导致听课时没有重点。于是我选择用纸去记笔记,也就是直接手写,课后再整理出框架,这样可以顺利地梳理出课上的具体知识点,也能更轻松地掌握整体的知识脉络。

学生 2:在本课程学习中,老师都会在课前告诉我们要讲哪方面的知识,我预先对老师要讲什么有些准备。老师课前发的学习资料,我也会提前预习。若有不明白的我会做好标记,在课堂上着重听一听。有时我也会在课前先去网上大概了解一些知识。课后我会再看一遍上课的课件、资料,巩固自己的知识。

(2)反思学习过程

也许是虚拟仿真实验的形式给了学生全新的认知,对此专题的反思是主流。学生主要针对大数据上机实操课程中使用FineBI的数据分析过程进行了回顾,反思了自己在小组操作时的方法、不足。很多文科生表示,虽然自己在实操过程中遇到了很多困难,但是也找到了在数据中探索的乐趣,不再抵触学习理工类课程。

学习自传节选示例:

学生3:我们从不同的角度去思考如何分析数据,如何使分析结果更加简洁直观。我们以词云、柱形图、环形图、地理分布图等四种方式对不同的数据进行不同程度的分析。对于一名文科生来说,这些理工科的实操经验恰好能够弥补我的短板,也让我不再抵触学习一些计算机相关的课程。

(3)反思学习态度

对学习态度的反思,很多学生表示,刚开始自己只是抱着修学分的想法,或是抱着选修一门从课程名字上来看自己擅长且比较容易通过的课程的想法来选课的。但是在课程真正开始后,尤其是"大数据时代与机器学习——人工智能时代的国际关系研究""人工智能与脑科学"等专题内容结束后,学生感觉这些内容深刻地颠覆了自己对学科交叉与知识融合的传统认知,由此端正了学习态度。还有学生对自己过度专注于本专业科目,疏于涉足其他专业领域进行了反思。

学习自传节选示例:

学生4:十分惭愧,我起初是抱着选择社科类选修课会比较轻松的心态去选择这门课的。"人类文明与当代中国"这门课虽然大体是在社科类别之中,但"大数据时代与机器学习——人工智能时代的国际关系研究""人工智能与脑科学""大数据及其分析初步"等课程,深刻地颠覆了我对学科交叉与知识融合的传统认知,并使我端正了学习态度。

学生5:学习"大数据时代与机器学习——人工智能时代的国际关系研究""人工智能与脑科学""大数据及其分析初步"等课程后,让我认识到自己只专注于自己本专业课的学习观有多么狭隘,这些课程开阔了我的视野,扩展了知识的宽度,提升了我对世界的认知。

(4) 反思学习效果

学习效果方面,中外学生都对自己学习多学科的新知识后对知识的内化程度进行了反思。中国学生主要认为,在课程知识体系较为庞大的情况下,原有知识涉猎范围过窄,对各专题之间的联系思考不够深入,导致自己没有达到最佳的知识内化和掌握程度。留学生认为,从客观上,部分专题的专业术语较多,对理解和掌握相关知识造成了挑战;从主观上,他们普遍认为自己需要不断提高中文水平,才能获得更好的学习效果。

学习自传节选示例:

学生6(泰国):因为我现在正在学习经贸专业,与课程相关的内容很多,但我觉得我需要拥有很高的中文水平才能完全理解本课程的内容。我仍然需要做很多练习来提高我的中文水平,也需要做很多研究来提高我的批判性思维,这将对理解课程内容有所帮助。

学生7:这门课的信息量非常大,每个专题内容都很丰富,但我最初只是记书面的笔记,对知识的深入理解不够,导致越记越觉得力不从心,因为自己不知道的东西实在太多了。

学生8:我一开始将各专题的知识零散理解和处理,忽视了它们之间的联系,导致掌握效果不好。后来经过深入思考,我真正明白了这门课的意义所在。"人类文明"这个概念并不局限于历史学科,而是人类历史积累下来的人文精神、发明创造的总和。因此,就需要从多角度、多方面去解读人类文明,并联系到当代中国和世界,思考未来的发展。那些看似"零散"的内容,其实都是互相关联的、可以串起来的。

(5) 反思原有认知

很多学生对原有认知的弊端进行了反思。大多数人都感受到对专业外知识"一窍不通"的可怕之处,认识到自己在过去的学习中将认识局限于自己学科领域是多么狭隘。很多学生认为,应该打破传统学科的壁垒,放眼多领域多学科,以更加全面的方式来认识世界、解决问题。还有一部分学生认为自己在过去只注重单一学科的学习,不了解知识是全面立体的,更没有接触过交叉学科的知识学习,今后需要加强学习,使自己成为多特质的综合型人才。有的学生提到,参观快手公司的经历帮助他们消除了对短视频的偏见。在很多人眼里,短视频都被贴着低俗、恶搞的标签。但大家在参观后惊讶地发现,在短视频平台也有很多人在用照片和视频记录自己生活的点滴,在这里大家能不断发现自己的兴趣,看到更真实有趣的人生和世界,此外还了解到短视频在扶贫等社会服务方面起到了重要的作用。学生们开始思考对待问题时需要有探究本质的科学态度。

学习自传节选示例:

学生9:这门选修课让我明白了大学学习不能拘泥于专业课学习,只注重专业课学习将永远局限于一个很小的知识圈里,达不到融会贯通。

学生10:快手给我的印象只是一款短视频App,甚至充满了低俗、恶搞的内容。但没想到在它背后的是中国新媒体行业这几年发展的迅猛与艰辛历程。本次参观让我了解了一些关于这个行业的知识,也体会到了这个行业之所以存在并发展迅速的意义,还感受到了新媒体产业中的每一个人,不论是开发运营人员还是拍摄短视频的博主,他们散发出的热量与光芒,激励我去不断探索世界的奥妙。

(6)反思中外差异

对中外差异的反思,学生们从课堂上一个跨文化的小事件出发,对中外文化交流的必要性和重要性进行了反思,从国民性的角度对于跨文化交际的研究提出了新命题。

学习自传节选示例:

学生11:让我印象深刻的是,在讲到跨文化交流的时候,外国学生不理解"不为五斗米折腰"的例子,有同学问"十斗米,他干不干?"。这让我更加深刻地体会到跨文化交流是不同国家国民性之间的交流,外国人难以理解安贫乐道的性格,不能理解"采菊东篱下,悠然见南山"的淡然。虽然我不能给中国的国民性下一个准确的定义,但不可否认的是,它早已融入中国人的血脉之中。自我们出生开始,就潜移默化地塑造着我们的世界观、人生观和价值观。

从这些反思中可以看出，聚合课程不仅可以帮助改进学生的学习方法、学习态度，还会提高学生对自我的认知。大多数学生将反思的目光聚焦于课程和学习过程本身，并且意识到了自己在学习态度上的不足之处。学生们开始反思自己是否只关注自己专业的学习，而忽略了其他需要掌握的学科知识，并开始思考只关注于"专精"带来的局限性。此外，学生在无意之中也对自己认识世界的方式方法进行了反思，甚至改变了一些固有的偏见。这说明聚合课程在带给学生知识技能收获的基础上，更重要的是让学生以跨学科的、全面发展的视角认识世界，从而提升了学生的元认知能力。因此本课程达到了帮助学生提高自主发展核心素质的目的。

3. 情感体验

由于学生是首次接触由多位不同学科教师授课的聚合课程形态，他们上课的过程其实也是接受新型教育模式的过程，学生在学习自传中对参与课程时的内心情感变化也进行了描写，因此我们针对学生在学习自传中的情感关键字进行了研究。我们共抓取了35个有关学生情感体验的参考节点，并进行合并分类。学生的情感变化基本可以归纳为开课之前：兴奋、好奇、期待、疑惑；课中：恍然大悟、将信将疑、喜欢、高兴；课后：感谢、理解、不舍。上课过程中，绝大部分学生保持了对课程的喜爱和热情。极少数同学由于对课程内容和形式的不了解产生疑惑，但随着课程的不断深入推进，学生对课程了解的深化，教师在课上对学生也进行了思维和学习观念的引导，学生对课程更加趋于接受并喜欢。结课后，学生欣喜于自己掌握的知识不断增加，思维观念在不断变化，又产生了对老师、对课程的感谢和不舍之情。整体来讲，学生对课程的情感反馈是积极的，过程性积极反馈情绪是不断提升的，学生对课程的满意度和接受度也是很高的。

学习自传节选示例：

学生1：刚开始我以为这是一门完全偏向理论类和文科类的课程。然而第一节课就让我大吃一惊。但是此时我的心里真的是十分疑惑，后来在我了解了老师对于这门课程的总体设计之后，我才恍然大悟。

学生2：我在上课过程中的经历可以概括如下：疑惑与期待——课程预设；理解与敬畏——课程感受；内化与享受——课程收获。

学生3：很高兴能跟各位老师和同学一起学习"人类文明与当代中国"这一门课，这也是我今年所选的选修课中最不舍、最珍惜的一门课。

（二）教师维度

聚合课程的每个不同专题都安排了不同的老师，而老师自身风格和授课方式都会影响到课堂效果、学生的接受程度和学习效果，这一点在学习自传中也有体现。有关教师维度的参考点分布如图5-22所示。

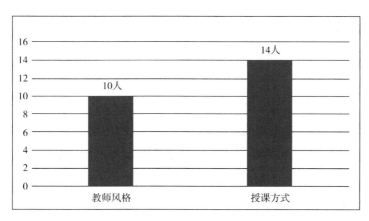

图 5-22　教师维度参考点分布情况

1. 教师风格

（1）授课风格

本次课程选择的教师均为知名教授学者，来自不同大学或研究所，教学风格也各有特色，学生对多数教师比较陌生。由于本课的跨学科性，老师授课都是风趣幽默、深入浅出的讲解方式。在这方面学生在学习自传中也对此予以了反馈。学生普遍认为教师多形态的教学风格激发了他们的学习兴趣，也使他们更易于接受知识。

学习自传节选示例：

学生1：可以感觉到授课教师们对自己研究的领域见解深邃，却能使用深入浅出的语言、幽默风趣的类比使非本专业的我们更易接受他们所传达的中心思想。

(2)治学态度

学生认为老师的治学态度给自己树立了榜样，促使自己也养成严谨治学、勤于思考的学习态度。

学习自传节选示例：

学生2：各位专家学者对待专业严谨认真、敬业热忱的态度，在知识、学问上的不断求知与探索的精神，以及教书育人和为人处世方面表现出的谦虚从容、和蔼可亲、明德启智、没架子、好相处等品质深深打动了我，这些都值得我们每个人学习。

学生3：经过这次课程，我从各位老师的身上学到了很多的东西，和大师对话，从他们身上学到的不仅是知识。他们对学术的态度、个人的专业学识给我树立了很好的榜样，使我开阔眼界，并对当代中国的科技、教育有了新的认识，也让我更加憧憬成为他们那样的人。

可以看出，风趣幽默的教学风格拉近了师生距离，调动了轻松活泼的课堂氛围，学识渊博、专业素养厚实使学生对教师产生了敬佩之情，也在享受中学到了知识，课堂效果非常好，学生对此的反馈非常积极。

2. 授课方式

授课过程中，每位教师针对自己的授课内容采取了适当的授课方式。有对古今中外专业知识的娓娓道来，有以列举案例的方式解释现象，有以实操方式进行专业实践，也有通过参观体验让学生感受中国社会的蓬勃发展……。学生在学习自传中对教师的授课方式很满意。有的学生提到，大数据分析课程中上机操作FineBI实践学习平台的机会将陌生的理论与互动式的实践操作任务相结合，使他们对数据可视化的深层次应用有了充分的理解和观察；有的学生认为授课教师结合自身经历讲述了许多见闻，让自己能够通过政治视角去看待国际交流中的问题；还有学生提到，在"中国文学精神与家国情怀"专题中，教师精心设计的结合不同时代展示家国情怀的诗句，让自己深受感动、心潮澎湃，在情感上产生共鸣，对课程内容的接受和对知识的内化更加深入。

学习自传节选示例:

学生4:课堂采用理论教授、上机实践这样的形式,很有信息科学的特色。我们既从理论上宏观认识了知识全貌,又从实践中体会到ERP实践应用、操作上的知识与可能遇到的问题,学会了相应的应对措施与处理方案。

学生5:授课老师为了使我们的认识不只是停留在平面的教案上,特意申请在学校的机房开展教学活动。在老师的指导下我们通过亲手完成专门设计的网络模拟实践任务,切身体会到了互联网和大数据给我们工作和生活带来的巨大便利。

可以看出,以多样的授课形式替代单一的学习模式带给学生极大的新鲜感,使教学不拘泥于一种形式,不囿于教室。通过营造真实的学习环境可以极大激发学生的学习兴趣;大量的案例分析,提升了学生独立思考的能力,开阔了学生的视野,培养了学生实践创新的能力;学生们在放松中学习,有效促进对学科知识的深入分析和探究。

(三)课程维度

针对本次课程不同领域知识聚合的内容特点和不同专业教师聚合的形式特点,学生也在学习自传中进行了讨论,有关课程维度的参考点分布情况如图5-23所示。

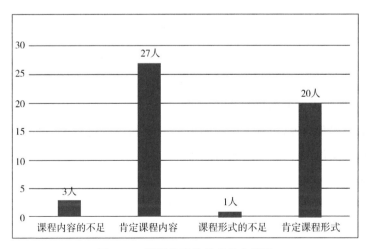

图5-23 课程维度参考点分布情况

从分布情况来看,绝大多数学生对课程形式和课程内容安排持肯定态度。

1. 课程内容

(1)肯定课程内容

在学习自传中,学生主要针对聚合课程多学科交叉融合的特点提出了自己的看法。学生普遍觉得本课程整合了跨学科教学资源,建立多学科交叉融合的课程体系,邀请多个学校、不同学科老师,从各自领域出发贡献所学,既拥有国际视野,又饱含家国情怀,共同勾勒出了人类文明与当代中国茁壮发展、欣欣向荣的现状,极大开阔了他们的眼界,帮助构建了专业知识与通识教育的联合知识网络,从而更好地认识世界、思考未来。这正是本门课程的闪光点和成功之处。

学习自传节选示例:

学生1:这门课程以"人类文明"和"当代中国"两个方面作为出发点,通过展示不同学科的发展与成就,建立多学科交会融合的课程体系,构建起我们跨学科、多方位的知识网络,从而使我们开阔视野,增加已有知识的广度和深度,激发我们对当代中国乃至整个人类文明的思考。

学生2:本门课程采取不同老师主讲、不同专业知识融合的教学方式进行教学,我比较喜欢……采取不同老师主讲可以克服审美疲劳,让我们面对每一位老师都保持新鲜感,另外术业有专攻,一个老师不可能涉足很多的领域,这样授课也可以保证知识的专业性和丰富性。

(2)课程内容的不足

对于课程内容,个别学生提出有的专业知识难度较大,比如ERP专业软件的操作课程,接受起来有点难。

学习自传节选示例:

学生3:这学期的课程中我对ERP专业软件的使用是完全陌生的,甚至以前我都没有听说过这个软件,我觉着这节课的难度很大,我很难快速地消化理解并操作。

2. 课程形式

(1)肯定课程形式

很多学生认为本课程采用多学科交叉融合的形式,每位老师从各自学科的视角讲授共同的主题,保证了知识的专业性,而且还学会了辩证的思维方式。此外,留学生也非常认同此次聚合课程的内容形式,他们表示聚合课程与他们本国的教学形式有很大不同,不同的专题聚在一起,通过不同老师的讲授,帮助他们更好地理解和学习汉语,多角度地认识中国、了解世界,感受到中国发展的日新月异,进而增进了文化理解。

学习自传节选示例:

学生4(日本):与我国相比,中国这里的教学形式有很大不同,在中国我们需要学习语言、文化、生活方式以便成功地学习,我认为"人类文明与当代中国"对我的学习起着巨大的作用,因为它是由文学、艺术、人类学、管理学和信息技术等多个部分组成,可以帮助我们外国学生学习语言、了解中国,并有助于我们在中国生活。

(2)课程形式的不足

有的学生希望课程能进一步增加实践的机会,例如在"绘画与意境"等鉴赏类专题中,希望能增加去美术馆参观的环节。

学习自传节选示例:

学生5:我更倾向于老师带着大家一起去中国美术馆或者其他地方欣赏艺术展,可能这样大家会有更加直观和深刻的理解与感受,达到艺术对人的熏陶、教化的作用。

(四)环境维度

1. 线上线下教学模式

由于新冠疫情影响,本课程在开设过程中采取了三种不同的授课方式,分别为线下授课模式(2019年)、线上授课模式(2020年)和线上线下混合模式(2021年)。在学习自传中,线上学习的学生也表达了对教学环境的意见。

(1) 喜欢线上教学

有的学生认为线上教学由于网络学习资源的"加持",也可以很好地实现学习目标。

学习自传节选示例:

学生 1:虽然因为多方面原因,没有办法实现线下授课,但通过网络我们依然进行了一次又一次知识的交流和思维的碰撞,各学科老师充分利用网络资源,竭尽所能为我们带来了许多精彩丰富的课堂内容。

(2) 渴望线下教学

虽然有一部分学生表达了对线上教学的肯定,但多数同学依然认为自己在参加线上教学时自律性较差,影响了学习效果,并表达了对线下上课的渴望。

学习自传节选示例:

学生 2:今年因为疫情,我们都在网上上课,我的学习也少了约束。由于我个人自律性较差,很难集中注意力,学习效率不高。希望能尽早恢复线下教学,见到老师和同学们。

2. 小组学习

(1) 促进知识学习

也有部分学生提到了对小组互动或线上社群学习的看法。他们认为与其他同学的互动交流能解决独自学习遇到的困难,特别是与不同专业同学的交流互动,不仅有知识的获得,而且可以感受多角度、多层次思考问题的方法。

学习自传节选示例:

学生 3:在学习大数据思维的过程中,我经常有不懂的问题,有时百思不得其解,于是我就在这堂课的群里问了一下,同学们很快就为我做出解答。后来,我们经常一同讨论问题,这在很大程度上促进了我的学习。

(2) 感受中外差异

有的中国学生提出,在线上社群,留学生同学也会参与到他们的日常讨论中来,这让他们能接触到跨文化的思想和看法,帮助他们从不同角度理解认识世界,包容不同文化间的差异。

学习自传节选示例:

学生4:在本门课上,我不仅学到了不同专业的知识,更交到了很多不同专业的朋友,还有很多外国留学生朋友。我跟不同专业的同学讨论了不同专业的知识,从外国同学那里得到了从跨文化视角的看法和观点,从而增进了我对课堂上老师所讲知识的理解。

从环境维度的数据可以看出,聚合课程为学生提供了与其他不同专业、不同年级、不同国家学生共同交流的机会,促进了学生对知识的理解。当然,多数学生还是认为线上教学不能完全替代线下,经历了完全线上教学的学生更期待能当面见到授课教师和同学。

三、学习自传分析结论

通过对学生学习自传的分析发现,学生对于聚合课程的情感体验经历了从疑惑、好奇到理解、喜爱再到不舍的变化过程,这说明虽然学生在学前对聚合课程形式并不了解,但本课程内容选择、授课教师、授课安排、教学方法等方面都满足了学生对于通识课的需求,最终使得学生给予了本课认可度很高的评价。

1. 聚合课程在提升知识技能、丰富学生学习体验等方面起到了积极的作用

聚合课程学生背景多元,课程内容文理交融,教师团队学缘丰富,每一专业的学生都可以在课堂中得到知识的补充,理科学生提高了人文底蕴,文科学生提高了科学素养。学习内容既填补了学生现有知识的空白,同时又对学生原有的专业知识进行了深化,达到了夯实文化基础、知识融会贯通的目的。

2. 聚合课程使学生乐于在通识课中进行小组合作学习和交流

跨学科、跨国别、跨年级学生的聚合,增进了彼此的交流学习,拓展了学习交流互鉴的宽度;中外学生同堂上课,来自不同国家的学生感受到不同文化背景的学生相互间思维方式的影响,这种影响帮助学生更加深刻

地理解自己本国文化,也更加顺利地接受多国文化,双方增强了对对方国情的了解和对文化的理解;教师在课堂之外建立的社交软件学习社群不仅对学生学习起到了积极的作用,同时也促成了学生间、师生间在课堂时间以外的聚合。

3. 聚合课程让学生学会学习

从学生写在学习自传中的内容可以发现,本次课程培养了学生元认知监控能力,学生在学习期间能够通过课堂知识补充、思想观点碰撞,不断进行自我反思和自我学习管理,对自身学习行为和学习动机进行自觉或不自觉的自我监控,达到了在理解的基础上批判地学习新知,并将它们融入原有的认知结构中做出决策和解决问题(即深度学习)的目的。[①]

4. 聚合课程促进了理论与实践的结合

聚合课程为学生树立了实践创新的理念,帮助学生发现问题、分析问题和解决问题。在聚合课程中,学生能马上将理论课程中学到的知识应用到实践中去,而直观的实践教学活动又帮助学生消化吸收理论知识。理论与实践相互促进,使得学生更加深刻感受到自己掌握的知识或将来所学可能对人类文明产生的重大影响。在此基础上,聚合课程中与人文素养相关的教学又帮助学生认识到自己肩负的历史使命和时代责任,从而对学生思想教育起到正向积极的引导作用。

第四节 聚合课程实践考查总结

经过三年的教学设计、建设与实践,基于跨学科模式的"人类文明与当代中国"聚合课程取得了预期成效,完成了基于跨学科模式的聚合课程的成功实践。

一、课程设计科学,符合聚合课程的基本特质

本次课程的设计和实践符合聚合课程同一主题、跨学科、协作授课、

---

① 何玲,黎加厚.促进学生深度学习[J].现代教学,2005(5):29-30.

交叉融合、合作学习、多维视角的六个特质,能够有效整合教育学、文学、艺术、人类学、新闻传播学、经济学、管理学、信息技术与人工智能等跨学科教学资源,为学生提供更加广阔的学术视野。

1. 筑牢了"人类命运共同体"这一核心主题

课程确立了"人类命运共同体"这一核心主题,结合三个层次(文化基础、自主发展、社会参与)和六项课程培养目标(人文底蕴、科学精神、学会学习、健康生活、责任担当、实践创新),选取并设计了"中国教育发展与现代教育模式创新""人工智能与脑科学""人类知识谱系与跨界融合""大数据时代与社会科学研究""中国新媒体产业体验""数字媒体与知识传播的变革""中国文学精神与家国情怀""绘画与意境""中国 ERP 软件与企业销售信息化管理及实践"共 9 个专题,将这些专题统一到"人类文明和当代中国"课程中,通过各自学科的视角阐释核心主题,彼此衔接融合恰切,不断增强课程聚合黏度,主题鲜明,相辅相成。

2. 充分凸显了跨学科的特色,实现了交叉融合的目标

聚合课程最大的特点就是跨学科。本课程的教学目的就是帮助学生构建知识网络,达到全面发展。课程注重交叉学科的共通点,既做到授课内容纵向补充学生的专业知识,又做到横向拓展学生不同学科、领域的知识面。各学科相互配合、相互联系,帮助学生构建起专业学习、跨学科拓展的综合知识体系,达到全面提升学生核心素养的目的。

3. 探索出协作教学的路径,实现多学科合作育人

跨学科的聚合课程教学整合了多学科的教学资源,也涉及多学科的教师及其所体现的各具特色的教学方法。此外,各专题教师的专业知识、教学风格和课堂节奏转换较快,这对学生(尤其是来华留学生)的适应能力是一种挑战。因此,本课程十分注重教师与教师、教师与助教的协同教学。各专题教师坚持协同备课,做到核心主题牢记于心、教学计划设计统一、教学目标协调一致、授课内容相互关联。同时,教师团队和助教团队相互配合,对学生在课前、课中、课后的诉求及时沟通反馈,达到有效协作、协调一致。

4. 充分展示合作学习的优势，构建起和谐的"教""学"环境

"合作学习"是聚合课程的一大特色。在教学中通过生生合作、师生合作，构建起和谐的教与学环境。一是生生合作，强化小组学习。由于聚合课程带有通识属性，因此学生的年级、专业、国籍等各不相同，学生间的合作交流与思维碰撞形成了聚合课程的"聚合"环节。小组合作学习不仅有利于完成形式多样的课程任务，更有助于统筹学生的学习效果，提高学习效率，拓宽知识网络。教学中建立了线下学习小组、线上学习社群，学生在各种合作环境中可以畅所欲言、互相帮助，达到思想碰撞、开阔视野、共同进步的目的。二是师生聚合，加深合作交流。教学是师生双方相互促进、共同发展的过程。建构主义要求教师要由知识的传授者、灌输者转变为学生主动建构意义的帮助者、促进者。[①] 因此本课程教师力求深入到学生中间，成为学习共同体的一员，拉近师生间距离，组织和引导课堂讨论和交流，每节课留出时间倾听学生的感受想法，与学生共同讨论延伸话题，形成和谐的"教""学"关系。

5. 多维视角切入教学的方法，拓展了学生对世界的认知

一方面，本课程从多学科视角开展专题教学，既引导学生通过多种视角、多种思维方式进行学习和思考，又促进不同学科教师互相交流、取长补短、共同发展。另一方面，本课程积极推动中外学生聚合，促进文化交融。课程从学生的学习需求入手，将最前沿的科技、网络、文化知识展示给学生，力求让来华留学生了解真、实、新、近的中国，让中国学生更好地了解世界以及世界对中国的看法。中外学生的交流合作，能够从文学、艺术、科技等多维视角增进国际理解，达到"增进不同文化背景、不同种族、不同宗教信仰和不同区域、国家、地区的人们之间相互了解与相互宽容，加强他们之间相互合作"[②]的目的。

---

① 何克抗.建构主义的教学模式、教学方法与教学设计[J].北京师范大学学报(社会科学版),1997(5):74—81.

② 余新.国际理解教育发展的研究[J].外国教育研究,2002(8):22—26.

二、教学效果显著,全面提升学生综合素质

通过对本课程的调查问卷和学生提交的学习自传进行定量和定性分析发现,尽管课程面向的教学对象多元,但教学对象对课程给出了一致的正面反馈。由此可见,此课程切实为学生提供了开阔视野的平台和培养跨界思维、批判思维、创新思维的机会,受到了中外学生的肯定。

在课程培养目标的指向下,各专题教师紧紧抓住"人类命运共同体"这一核心主题分工合作,实现了人才培养目标。学生通过本课程的学习和体验,从多维角度认识了古今中外的知识与文明,提升了艺术鉴赏及审美能力;问题意识和独立思考能力、逻辑思维能力明显增强,在一定程度上提升了科学研究的能力;探索并确定了适合自身的学习方法,增强了自主学习效果;树立了正确的人生观和价值观,学会了科学规划人生目标;增强了爱国主义情怀,立志于成为合格的全球公民;懂得了实践创新的重要性,行动力大大提高。

三、实践经验宝贵,助力课程改革走深走实

"人类文明与当代中国"聚合课程的实践共历时三年,由九位知名教授、三位助教和百余位中外学生组成教学共同体。对基于跨学科模式的通识类聚合课程建设进行了多方面的探索,积累了宝贵的经验。从这一课程的评价与分析出发,能够为高校通识类课程的建设提供经验,助力高校课程改革和学科发展,培养符合时代要求的时代新人。

调查可见,聚合课程的教学确实对学生产生了正向积极影响,加深了学生对不同学科知识的理解,帮助学生构建了知识网,也满足了学生了解当代中国方方面面的需求,这种"专业知识+通识教育+实践训练"相结合的教学模式可以以交叉学科授课的形式达到新文科培养多学科复合型人才的目标。由此形成以下教学改革经验。

1. 注重学科协同,增加实践训练,有助于提高学生综合能力

聚合课程建设既要做到各学科知识内容多元互补,强化学生专业知

识,也要做到横向拓展学生知识面,做到跨界交融。在统筹协调教学计划时,要注重各主题的知识连贯性,便于学生整理吸收,尽量不让学生产生知识的割裂感,这一点在协同专业课教学模式中尤为重要。

在教学中,理论与实践相结合收到了良好的效果。一方面部分交叉学科的知识可能与学生专业相去甚远从而使学生感到陌生,增加实训教学有助于学生对课程的理解和知识的深化;另一方面,单一理论教学会使学生感到枯燥疲惫,实践活动可以有效缓解学习的紧张和疲劳感。

2. 注重教师协同,淡化风格转变,有利于合作创新

由不同教师共同讲授一门课程具有非常明显的优势,但协调不好就会产生教学的割裂感。授课教师更换过于频繁,专业知识、教学风格和课堂节奏转换太快,这对于学生的适应度是一种考验,特别是对于来华留学生来说难度更大。这就对教师教学前期准备提出了更高的要求,需要注重教师间的协同,教师团队在前期教学计划的设计、备课时保持协调一致,对学生在课中、课后的反应要做到及时交流沟通、反馈充分到位、共同协商解决。

3. 注重师生协同,加深合作交流,有利于实现教学相长

一方面,由于学生国籍不同、学能不同、认知水平不同等特点,小组学习更有利于学生对知识的消化,从调查中可以看出,学生也有很强的组队学习意愿。因此,在进行协同教学时,除了注重教师间的协同外,也应注意到学生之间的协作。另一方面,教学从来不是单方面输出的过程,而是师生双方相互促进的过程。在教师授课的过程中必须留出时间倾听学生的想法,留出课题与学生一同讨论,实现教学相长。

4. 注重中外协同,促进文化交融,有助于文明交流互鉴

教师从学生的学习需求入手,在保证本专业知识的信息含量之外,统筹多种相关专业,不断拓展最前沿的科技、网络、文化知识的研究成果,力求让学生了解真实、全面、立体的中国和多元多维的世界,讲好中国故事,主动消除误解,增进彼此了解和理解。

第六章 聚合课程建设实践的评价

为了科学评价"人类文明与当代中国"聚合课程的建设质量与实践价值,总结基于跨学科模式的聚合课程建设经验,下面将依据第一章所建立的聚合课程的评价体系,从知识重构的融合度、教学团队协作状况、组织内部分工状况、学科之间内在联系、课程的实效性五个维度及其所延伸的25个评价指标出发,对"人类文明与当代中国"这门聚合课程进行分类系统评价。

第一节 知识重构的融合度评价

一、学科数量

根据我国现行普通高等学校本科专业分类目录,对"人类文明与当代中国"聚合课程各专题所属的学科门类、学科大类和所属专业进行了分类统计,详见表6-1。

表6-1 "人类文明与当代中国"聚合课程跨学科建设情况

序号	课程专题	学科门类	学科大类	所属专业
1	中国教育发展与现代教育模式创新	教育学	教育学	教育学
2	人工智能与脑科学	工学	电子信息	人工智能
3	人类知识谱系与跨界融合	法学	社会学	人类学
4	大数据时代与社会科学研究	工学	计算机	数据科学与大数据技术

续表

序号	课程专题	学科门类	学科大类	所属专业
5	中国新媒体产业体验（体验课）	工学	计算机	新媒体技术
		文学	新闻传播	网络与新媒体
6	数字媒体与知识传播的变革	文学	新闻传播	新闻学、传播学、编辑出版学、网络与新媒体、数字出版
7	中国文学精神与家国情怀	文学	中国语言文学	中国语言文学
8	绘画与意境	艺术学	美术学	绘画
9	中国ERP软件与企业销售信息化管理及实践	经济学	经济学	经济学
		管理学	管理科学与工程	信息管理与信息系统

上表可见，本课程所包含的9个专题共涉及教育学、工学、法学、文学、艺术学、经济学、管理学7个学科门类，涉及教育学、电子信息、社会学、计算机、新闻传播、中国语言文学、美术学、经济学、管理科学与工程9个学科大类，覆盖教育学、人工智能、人类学等15个专业。作为一门仅有33课时的通识选修课，本课程涉及学科数量多，涉及专业数量庞大，符合聚合课程的跨学科特质，能够为师生提供足够庞大的知识基础，为学生进一步构建跨学科知识网络奠定良好基础。

二、知识融合度

聚合课程最大的特色就是跨学科，包含众多既各自独立又密切相关的学科知识。但聚合课程不应是多学科知识和教学资源的简单堆砌，而应以交叉融合为目的，积极推动各学科知识相互融合，帮助学生构建新的知识网络，促进学生全面发展。从知识融合度方面来看，本课程充分挖掘教育学、工学、法学、文学、艺术学、经济学、管理学等学科的共通点，从横向和纵向两个方面推动跨学科知识融合。

（一）横向融合

从横向来看，本课程所包含的9个专题相互联系、相互补足，能够在交叉融合中从横向拓展学生不同学科、领域的知识面。

1."近亲"融合

（1）教育学与社会学的融合。"中国教育发展与现代教育模式创新"专题能够向学生传授教育学理念，引导学生思考"自己希望通过教育成为一个什么样的人"，"人类知识谱系与跨界融合"专题能够引导学生了解自己在世界范围内所饰演的角色，教育学与人类学的知识相互融合，相互交融，共同推动学生更好地理解人生的意义，并深入解读其他学科知识对自己学习、工作、素质提升的意义。

（2）传播学与计算机的融合。"中国新媒体产业体验"专题与"数字媒体与知识传播的变革"专题同属文学门类下的新闻传播类学科，都对数字媒体和新媒体相关知识进行了阐述，都凭借计算机科学将新媒体与媒体传播的知识融会贯通，横向拓展了学生在媒体传播方面的知识面。

（3）文学与艺术的融合。"中国文学精神与家国情怀""绘画与意境"从我国优秀文学作品和美术作品中凝练出共通点，引导学生在文学和美术的世界畅游，在艺术知识储备、美的鉴赏方面拓宽路径。

（4）信息技术与经管的融合。"人工智能与脑科学""大数据时代与社会科学研究""中国ERP软件与企业销售信息化管理及实践"等专题，虽横跨工学、经济学、管理学三个学科门类，但各专题逐层递进，逐步融合：先由人工智能与脑科学为学生介绍当今世界科技发展样貌，再由大数据为学生构建大数据思维，调动学生创新意识和突破意识，最后通过企业销售信息化管理与实践，将多学科知识落实到学生实际工作和生活中来，实现多学科理论的融合、理论与实践的融合。

2."远交"融合

本次课程虽然学科众多，但是相互之间并不是互不关联的一盘散沙，而是有机融合的整体。首先，各个学科之间由共同的主题"人类命运共同体"关联在一起,各学科围绕这一共同主题准备教学内容。各个学科为实现共同的人才培养目标相互协商建设教学方案,各学科彼此观照,互为依托。比如,教育学专题奠定了课程的教育目标和学习目标,其他专题的知识通过教育过程实现这个目标;传播学和各个专题相互关联,各个专题的内容构成了传播学的内涵;理科思维是学习这门课程的方法论之一,特别是在学习人文社科知识的时候,融入理科思维对于思辨能力的提升具有重要意义。其次,知识的大融合构成了建立科学有序的知识网络的基础。文理交融,人文科学与社会科学结合,各种学科知识传递共同的主题思想,培养具有责任担当、家国情怀的时代新人。

(二) 纵向融合

本课程在帮助师生横向构建知识网络的同时,也注意融合多学科知识纵向补充学生的专业知识,侧面助力学生提高专业能力。由于本课程涉及学科较多,基本能够覆盖选课学生的原有专业。有相当一部分选课学生来自新闻学、汉语言文学、外国语言文学、国际关系、国际政治、国际贸易、金融、绘画、书法等专业,学生对于本课程的各个专题来说并非完全的"门外汉",因此,本课程能够从学生的本专业出发,结合知名教授的深入讲授,纵向拓展学生的专业知识和能力。同时,在各学科知识相互融合、相互联合、相辅相成的环境下,多方助力学生专业发展,使学生增强对于本专业知识向纵深探究的能力。

三、与主题关联度

在聚合课程建设过程中,同一主题是核心。本课程结合三个层次的六项课程培养目标确立了"人类命运共同体"这一核心主题,并以"人类文明与当代中国"为课程名称,从多方面、多领域帮助学生理解人类文明发展历史及现状,深度解读当代中国,建立起全人类和谐共生的意识。

1. 历史的动态解读增强学生的思辨能力。"人类知识谱系与跨界融合""人工智能与脑科学""大数据时代与社会科学研究""数字媒体与知识传播的变革"等专题主要从人类文明视角,总结人类文明在知识谱系、国际交往、数字媒体、知识传播方面的发展历程,并着重讲解和分析了人工智能、大数据、新媒体等21世纪人类文明发展的前沿动态,引导学生由古至今体会人类文明发展历程与阶段性成果。

2. 现实的深层剖析增强学生的信息处理能力。"中国教育发展与现代教育模式创新""中国新媒体产业体验(体验课)""中国文学精神与家国情怀""绘画与意境""中国ERP软件与企业销售信息化管理及实践"等专题,从人类文明入手,着重讲解人类文明中教育、新媒体、文学、美术等领域在当代中国的发展情况,帮助中外学生深度解读当代中国的全貌和突出特点。

这些学科知识均与"人类文明和当代中国"这一课程名称相契合,与课程的核心主题"人类命运共同体"具有较高关联度。

四、学生期待满意度

作为一门凝聚多学科知识的聚合课程,本课程承载着来自不同学科背景、不同年级、不同国籍的选课学生的多元化期待。

1. 学生期待

由学前调查问卷及学习自传的分析结果可见,学生选择本课程的原因及对本课程的初步期待主要包括以下几个方面:一是课程主题及相关专题与学生专业相关,能够补充学生专业知识,完善学生知识结构,促进学生专业发展;二是课程主题及相关专题与学生现实生活密切相关,具有实践意义,能够对学生将来的学习、工作和生活有所助益;三是课程主题及相关专题具有前沿性,符合世界发展潮流,能够为学生拓宽视野、提升能力提供指导性帮助;四是本课程能够深度融合多个相互联系、相互作用的学科知识,帮助学生培养跨界思维、创新思维,适应综合素质人才培养的目标。

2. 学生满意度

结合调查问卷和学习自传的分析结果发现,本课程能够较好地满足学生的选课预期,收获了很好的评价,学生满意度很高。

从课程整体满意度来看,调查结果表明,有93.33%的学生认为课程完全或基本符合预期,仅有 3.81% 学生认为课程不是很符合预期,1.90% 的学生表示课程完全不符合预期。在授课模式满意度调查中,96.19% 的学生表示喜欢本课程的相关设计,对课程给予了高度评价。

从各专题满意度来看,学前调查中最受学生期待的三个专题为"人工智能与脑科学"(占比 85.38%)、"大数据时代与社会科学研究"(占比 70%)和"中国新媒体产业体验"(占比 66.15%),可见本课程所设置专题的前沿性、实用性符合学生对课程收获的预期,引发了学生的关注和期待。

总体来看,绝大部分学生对本课程体验较好,本课程能够全面地、较好地满足学生的预期。

五、教师自我提升度

一门好的课程能够通过有益的师生交流有效促进"教学相长",既增长学生的学识,又提高教师的教学水平。聚合课程亦如是。聚合课程通过构建跨学科沟通桥梁,在为学生提供开阔视野的学习平台的同时,也为教学团队内教师提供了"师师交流"的平台。

1. 知识完全共享,拓宽学术视野

本课程聚合 7 个学科门类,9 个学科大类,涵盖学科数量多、范围广。教师团队中的各专题教师在共同备课、协作教学、互相衔接的过程中深度、高效共享各学科的前沿知识、教学资源、教学方法,教师之间实现了完全知识共享,在研究各专题内在联系、教学方法的同时,拓宽了各专题教师的学术视野。

比如,"中国新媒体产业体验"专题以实践资源丰富了"数字媒体与知识传播的变革"专题的理论资源,"数字媒体与知识传播的变革"专题的理论资源又给予"中国新媒体产业体验"专题的实践资源以引导与验证,经过两个专题教师共同备课、深入交流,使两位教师在互通、互鉴、互学中共同拓宽了学术视野与理论联系实际的能力。同样地,"大数据时代与社会科学研究"专题与"中国 ERP 软件与企业销售信息化管理及实践"专题亦为理论与实践关系,专题教师间通过知识共享,互相补充、共同提升,有助于催生大数据领域新的研究和应用。又如,"中国文学精神与家国情怀"专题与"绘画与意境"专题的两位教师在挖掘文学、艺术的共同点上,从审美和艺术鉴赏的人文角度互相补充,在文学与艺术的交织中迸发出新的火花。

总之,理工科老师为文科教师提供了知识的补充,文科教师的人文底蕴也在影响和丰富着理工科老师的学术思想。大家互相学习,共同提高。

2. 智慧交流碰撞,创新思维习惯

不同学科存在多元的、各具特色的思维方式、教学模式和教学方法。聚合课程要做到多学科知识和资源的跨界融合,必然先经历不同学科的交流碰撞,也正是不同思维和智慧的碰撞,才能产生新的成果和新的效应。本课程各专题相互之间同中有异,教师在共同备课、协作教学、互相衔接时经历了"接触—分歧—沟通—融合"的过程,最终形成了凝聚教师集体智慧的教学方案,也是不同学科教师思维转变、共同创新的见证。

比如,"人类知识谱系与跨界融合""中国教育发展与现代教育模式创新""人工智能与脑科学"这三个专题分别立足于法学、教育学、工学三个学科的知识、技能和思维习惯。"人类知识谱系与跨界融合"以逻辑严密、层层递进的法学思维明确"知识"的定义和知识跨界融合的途径和方法,"人工智能与脑科学"以勇于实践、不断更新迭代的工学思维展示世界前沿发展成果及其带给新时代人才的挑战与机遇,"中国教育发展与现代教育模式创新"站在全球教育的高度,探讨未来世界人才培养的目标,探索"传道、授业、解惑"的新途径。三位教师在共同备课、衔接课程时经历了人文思维与科学思维的碰撞、理论知识与技术能力的对接,最终实现了思维的创新,携手跨界,统一于本课程的最终教学目标,共同致力于教育教学的创新。

第二节 教学团队协作情况评价

一、教师数量

本课程教学团队庞大,团队内部分工明确。参与课程建设的有九位专家,他们均为国内知名教授或研究员,为课程整体设计的科学性、授课质量提供了有力的保障。

此外,为保障课程顺利进行,每学期课程均设置助教岗位,共有三位硕士研究生先后承担助教工作,辅助专题教师开展相关教学工作,同时担任在线辅导员,为学生提供课前预习、课上交流、课后吸收、作业实践、学习自传撰写等方面的辅导,助力提升教师教学效率和学生学习体验效果。

二、学科互予量

在本课程的教学协作中,各学科教师及各专题之间相互依存、交叉融合,在互依、互予、互融中形成了一门内容丰富、体量庞大、新颖独特的聚合课程。

1. 相互依存

聚合课程各专题之间存在相互依存关系,才有聚合的可能性和可操作性,具有相互依存关系的学科和专题之间相互补充、相互促进,实现了各学科之间的有效协作,达成了较好的聚合效果。

比如,"大数据时代与社会科学研究"与"中国ERP软件与企业销售信息化管理及实践"两个专题之间具有明显的相互依存关系。在教学协作过程中,前者为后者做出理论铺垫,将雄厚的、具有强大说服力的大数据理论和思维深入学生脑海。后者在前者的教学基础之上,进一步拓展大数据的应用,将大数据理论与企业信息化管理及实践相结合,活化学生脑海中的大数据理论、唤醒学生的大数据思维。两个专题深度融合,以学促用,以用助学,完成默契协作。

再如,"数字媒体与知识传播的变革"与"中国新媒体产业体验"两个专题同样具有理论与实践相互依存关系。前者凭借理论基础梳理我国及世界数字媒体的更新迭代和知识传播方式的变革,并指出新媒体时代传统媒体的困境。后者带领学生亲眼目睹新媒体产业的发展现状和运行规律,既直观展现了前一专题的理论成果,又为前一专题提出的问题提供了发散式的解题思路。两个专题在互相补充、互相影响中不断融合,为学生带来生动的学习体验。

"中国文学精神与家国情怀"与"绘画与意境"以其审美共性形成依存关系,互相协作,丰富学生的审美体验,提升学生的鉴赏能力,同时引发学生对于个人价值与家国情怀的思考,实现育人目的。

2. 交叉融合

聚合课程之"聚合",在于课程所包含的学科和专题间存在差异。专题之间差异的存在,在教学协作中形成了巨大的互补价值。本课程各专题在协同教学中以交叉点为突破口,形成了新的聚合局面。

比如,"中国教育发展与现代教育模式创新""人类知识谱系与跨界融合""人工智能与脑科学"三个专题差异较大,但存在"知识""教育""人才"三个交叉点。在教学协作过程中,各专题教师从三个交叉点入手,互相借鉴,逐步提升理论高度,引导学生认识到,随着科技文明的发展和全球文明交流互鉴进程的推进,世界对未来人才的需求越来越趋近于兼具科技和人文素养、能够积极参与全球和社会治理的、具有全球胜任力的全面发展的人,呼应了"人类文明和当代中国"的内涵,与核心主题下的其他专题不断融合,从课程角度阐释构建"人类命运共同体"的必然性和必要性。

三、协作和谐度

教学团队协作和谐度对整体课程效果具有重要影响,本课程教学团队包括多学科理论教学专家、理论教学专家与实践导师、教学专家与助教三组群体,他们积极配合,精诚合作,协同创新,避免各自为战,保证课程设计和授课高效、顺利进行,进一步提升了教学效果。

1. 多学科理论教学专家协同创新

本课程的八位理论教学专家秉承开放、融合的课程建设理念,积极克服传统的分科教育影响,主动交流合作。在课程建设前期积极讨论,共同确定课程的一个核心(人类命运共同体)、两条主线(人类文明发展、中国故事)、两个脉络(知识、育人),致力于建设一门多元、开放的聚合课程。在课程进行期间,各位理论专家共同树立系统观念,以大局观审视课程整体和各专题的教学设计,以整体观设计教学内容,对各学科知识进行解构和分析,并在学科合作中对知识和资源进行重构,收到了较好的协作效果。

2. 理论教学专家与实践导师协调一致

除八位理论教学专家外,课程还邀请了就职于我国知名新媒体公司、长期从事文化传播工作的资深专家担任实践导师,负责在"中国新媒体产业体验(体验课)"专题为学生传授经验。

实践导师通过总结多年工作经验,从亲身经历出发为学生介绍人类传播发展历史和新媒体的应用,呼应并补充理论教学专家所讲授的理论知识,带领学生参观体验快手公司的工作环境,将学生对新媒体传播的理论印象转化为实践印象,让课程内容更加贴近生活。理论教学专家与实践导师齐心协力,体现了理论与实践的统一,也为学生提供了丰富、完整的学习体验,增加了课程的完整度、趣味性,以学生为中心,帮助学生架构起"品德+知识+能力"的自主学习体系。

3. 教学专家与助教默契配合

除教学团队的八位理论专家和一位实践导师外,三名助教的加入也为课程顺畅开展起到了"润滑"作用。三名助教均为国际中文教育专业研究生,有一定的国际中文教育工作经验,熟悉相关教育理念、教育方法等,能够快速适应本课程的培养目标、教学计划,全面理解教师的教学设计、教学需求,与教师默契配合,顺利辅助教师完成授课、教学管理、作业批改等任务。同时,助教们具有良好的沟通能力和跨文化交际能力,能够与选课的中、外学生友好交往,辅助师生、生生沟通,在课程进行过程中融入学生,与学生共同发展、共同进步。此外,三名助教也非常有"主人翁意识",结合自己的研究经历,从学术研究和学科聚合角度积极建言献策,为各学科跨界合作增添了推动力。

四、知识增值度

在经济和科技飞速发展的今天,知识早已超过土地、劳动力要素等成为最活跃的生产要素。因此知识增值对新时代人才培养起着至关重要的作用。

李宝山、钱明辉指出知识增值机制包括两个层次,即量增值和质增值。量增值是指知识数量上的增加,质增值是指增加的知识的质量比以前有所提高。①

本课程教学团队凝聚不同学科教师的知识和方法,围绕"人类文明与当代中国"核心主题,对知识进行解构、开发和重构,力求实现学生的"知识增值"。

1. 量增值

本课程各学科教师和实践导师共同努力在核心主题下从教育学、工学、法学等不同学科出发帮助学生增加新的知识;同时聚合讲授、鉴赏、实践、上机等授课形式调动学生原有的知识存储,并加深学生新的知识存储;教学团队努力推动教师之间、师生之间、不同背景学生之间的多学科知识共享,多方共享的过程中,师生的知识量均大大增加;实践导师和实践专题鼓励和引导学生进行知识应用,在应用过程中学生增加了应用知识。

2. 质增值

教学团队通力合作,推动学生进行知识转化,将学生对专业知识外其他学科的浅显认识转化为经过设计和整合的深度知识,在扩大学生知识面的同时,提高学生知识的精度和质量,同时也引导学生在实践中将理论知识转化为实践知识,进一步充实了学生的知识获得;在跨学科的交流共享中,学生也实现了知识迁移,迁移专业知识及能力用以思考和应对其他学科的问题,迁移新获得的其他学科知识用以转换思维思考专业问题,促进专业能力增长;在教师团队的带领下,学生经过知识增加、转化、迁移,最终以知识促创新,培养了创新思维和创新能力,在课程结束后能不断吸收新的跨学科知识。

---

① 李宝山,钱明辉.论知识增值机制[J].山西财经大学学报,2003(6):20—23.

五、教学资源开放度

聚合课程本身整合了多学科资源,课程内容和相关资源数量庞大。本课程从"开放、合作、交流"原则出发,凝聚多学科资源和教师开展教学,也同样以开放的态度对待教学资源,最大限度地向学生开放课程资源,同时为学生拓展优质资源,做到师生交流共享。

本课程力争资源全开放,课程教师全部乐于分享,主动向学生分享课前预习资料、授课课件、课后作业资料、参考书等。其中,课前预习资料包括文章、文献、视频、讲座等,参考书包括专业的重要文献,例如:托马斯·埃尔的《大数据导论》、王作冰的《人工智能时代的教育革命》、秦亚青的《敬畏学问》、任福继的《世界人工智能发展报告》、葛詹尼加的《认知神经科学》、莫砺锋的《杜甫评传》、袁行霈的《中国文学概论》等。除课程主体资源外,教学团队也积极为学生后续的跨界学习推荐拓展学习资源等,比如:FineBI新一代自助大数据分析工具、鲁迅的《呐喊》、巴金的《家》、陈忠实的《白鹿原》、BBC纪录片《杜甫:中国最伟大的诗人》等,以及相关网络链接。此外,教学团队还积极创造师生交流平台,提供教师邮箱,创建教师、助教、学生微信群,方便答疑和交流探讨。

第三节 组织内部协调情况评价

一、各自任务分工

聚合课程的参与者包括授课教师、助教以及学生。在本次教学实践中,三方的分工涵盖了教学和管理的各个方面,共同推进了聚合课程顺利开展。

教师方面,课前组建聚合课程团队、协同备课、准备教学资源,多次商讨如何相互配合以做好课程内容和形式的聚合,在备课期间完成对学生情况的预判;课中组织课堂教学、组织实践活动、布置任务作业及讨论问题,并针对学生实际情况随时调整教学方案,适时调整授课策略,对教学预案与实际操作上的偏差进行弥补和修正,从而保证了聚合课程的顺利进行;课后参与学生共同体的线上讨论、汇总学生上课表现开展教师之间沟通交流。从教学过程看,在本次教学活动中教师很好地完成了引导者的作用。

学生方面,学生课前仔细阅读教师提前发布的学习材料,做好上课准备;课上认真学习、参与教学活动;课后完成作业、参与小组研讨,拓展学习。几个环节相互关联,相互支撑。课前学生对教学内容的预习保证了课上教学流程的顺利进行,课中课后的小组实践及小组讨论完成了学生端的聚合,聚合课程中各学科知识在学生端实现了融会贯通和拓展。

助教方面,在整个课程中主要负责辅助教学的工作。课前下发预习材料,课中维护教学纪律、组织实践教学,课后参与学生小组讨论、批改作业等。助教团队既和教师共同体一起完成授课任务,又进入各个学生小组中与学生共同体一同研讨,作为一个穿梭于教师与学生之间的角色,很好地完成了联系教师与学生的任务,最终促进了教学内容、教学形式、教学参与者等多方聚合。

二、师生联系方式

在本次教学实践中,由于受到新冠疫情影响,课程分别采用了完全线下教学、完全线上教学以及线上线下混合式教学三种方式。在完全线下教学和线上线下混合式教学两种模式下,大多数学生和教师是可以见面的,因此师生的联系方式包括了线上联系和线下联系两种。而完全线上教学模式中,学生和教师只能通过网络即时聊天软件等方式进行联系。

(1)线下联系。从教学效果和学生的反馈看,相比于线上,线下见面的联系方式更为直接,课程参与者之间可以进行直接的情感交流,从而形成良好而亲近的人际关系,有助于提高学生的学习兴趣。同时,线下授课时,学生学习的专注程度更高,能够达到更好的课堂教学效果;线下更有利于学生相互联系,又为开展课堂之外的实践活动提供了便利,帮助学生将课堂中学到的理论应用于实践。

（2）线上联系。线上沟通的联系方式超越了时间与空间的限制，让师生之间可以随时随地沟通，参与讨论的学生人数更多，话题范围更加广泛，形式也更加灵活。线上教学时学生处在一个独自学习的环境中，更倾向于寻找同学、老师进行沟通，因此线上的联系在一定程度上强化了人与人之间交流的聚合程度，而且线上联系可以以网络学习资源作为辅助，给予学生拓展知识的其他途径，成功地延伸了教学的长度。

因此，线上和线下两种联系方式各有优势，无论哪种学习方式，都对聚合课程起到了积极正向的作用。

三、各自时间安排

聚合课程时间安排的一大特点就是灵活。由于教学形式的独特性，除去课中的上课时间，还可以从课前、课后两个方面描述并评价本次教学实践的时间安排。

（1）课前。因为聚合课程需要将多个专题的知识内容、课程形式和授课教师整合在一起，教师需要做大量的准备工作，用较长的时间备课和相互磨合。课前教师投入的时间较长。

（2）课后。学生在课后需要花大量时间对学习内容进行整理并参与相关学习讨论，还要根据自己的兴趣和学习需求对某些课程专题进行更深层次的继续学习等。教师在课后也需要反思教学过程、参与学生讨论并在教师共同体进行讨论协商。

从这样的时间安排可以发现，课前教师准备时间长，这样有助于强化对聚合课程内容和形式的整合，并对学科聚合时容易产生的问题进行研判和预防，让"教"的共同体，更好地服务于"学"的共同体。而课后学生学习时间长，这说明课前教师的努力对学生学习产生了积极的影响，学生对聚合课程中涉及的内容产生了兴趣，有继续学习的意愿，实现了让学生学会学习的目的。课后教师的跟进和反思是对教学的深化，是教学的理论化系统化提升，是聚合课程的又一优势体现。

四、共同体是否健全

本次开展的聚合课程教学实践的参与者包含了授课教师、学生和助教,但同时也包括教学平台、实践空间、沟通媒介等技术支持环境。教师授课、学生学习,构成了课堂教学部分;教师指导、助教辅助教学,构成了教学管理部分;学生学习、助教答疑,构成了学习共同体部分。教师、学生、助教三者互相联系、相辅相成,共同撑起了聚合课程的整个教学过程。而教学平台、实践空间和沟通媒介等因素又为教、学、管提供了所需要的环境。可见,本次聚合课程实践组建的共同体可以很好地满足课程需要,从而保障了教学过程的顺利进行。

五、学生问题解决情况

聚合课程中对于学生问题的解决主要有三种方式。第一是教师的解答,学生可以选择在课上直接提问,得到即时解答,也可以选择在课下通过即时通信软件联系老师进行提问;第二是助教的解答,与联系授课教师的方式相同,学生可以选择在课上或课下直接咨询助教老师,助教可以直接解答,也可以通过批改学生课后作业、参加课后讨论等教学环节与学生交流,为学生答疑解惑;第三是学生对问题的解答,本次教学实践始终致力于培养学生发现问题和解决问题的能力,促进了学生在有疑问时自主查找资料寻求问题的答案,或者通过学习共同体,同学之间相互帮助,达到解决问题的目的。

总之,本课程可以通过多种渠道及时充分地解决学生的问题,在"授人以鱼"的过程中也做到了"授人以渔"——兼顾了对学生自身解决问题能力的培养,还为学生提供了以小组形式解决问题的机会,帮助学生进行思维交互、思想碰撞、知识传播,强化了学生协作互助的精神。

第四节 学科之间内在联系情况评价

评价学科之间的内在联系情况可以从培养目标的一致性、主题的聚焦性、聚合的学科量、学科之间的关联度、聚合的可操作性等五方面展开。

一、培养目标的一致性

依据前文的框架标准，课程的培养目标可以从文化基础、自主发展、社会参与三个层面衡量。

1. 文化基础目标

本次教学实践通过跨学科的方式关注学生的知识增长和技能提升。本课程不仅帮助学生从不同角度认识和解读古今中外人文领域知识，培养和提升艺术鉴赏能力和审美意识，培养学生人文底蕴，还以先进的科学技术吸引学生并为其树立正确的求知导向，帮助他们掌握科学的研究方法，增强问题意识和独立思考能力，强化逻辑思辨能力及综合判断能力。

2. 自主发展目标

本课程为学生打开了多学科交叉统整协作教学的大门，学生通过课程学习能够开始适应不同学科、不同教师的教学，学会反思自身学习态度，把握自身学习特点，并寻找适合自己的学习方法，树立终身学习的正确学习观念。同时，聚合课程针对科技前沿的专题也顺应了时代特点，通过实践教学帮助学生提高了自主学习能力，小组之间的协同配合也让学生认识到合作学习的重要性。学生在消化不同学科知识、体验课程实践中，逐渐树立了正确的人生观、价值观，以健全的人格规划未来的人生发展目标。

3. 社会参与目标

一方面，本课程根据专题内容的特点安排了不同的授课方式，其中实践教学占了22%的比例。这种将理论与实践相结合的教学方法提高了学生面对问题时的行动力，鼓励他们敢于实践、勇于创新、独立思考。另一方面，本课程通过对学生文化底蕴和科学精神的培养，提高了学生的社会责任感、社会参与能力，中外学生联合上课的方式也为学生树立了社会和国际责任意识，在加深国家认同和爱国情怀的同时，提高国际理解能力。

二、主题的聚焦性

课程主题的选择和内容选取在很大程度上影响着课程效果和课程影响力,对激发学生兴趣、开阔学生视野、提升学生综合素质起着至关重要的作用。本课选择以"人类命运共同体"为主题,所选择的专题包括教育学、工学、法学、文学、艺术学、经济学、管理学等学科,均与"人类命运共同体"这一核心主题有直接关联。通过学科交叉、教学资源统整、跨学科教师和教学方法的相互协调,建立多学科交叉融合的课程体系,满足了不同年级、不同专业、不同国家学生在知识、技能上的多样化需求,使学生在多学科的层面上获得知识增长,又通过实践教学等方式强化逻辑思辨能力及综合判断能力,进而帮助学生从多角度认识和解读中华文明和人类文明的发展,强化了学生对"人类命运共同体"这一核心主题的认知。

三、聚合的学科量

参与本课程的学生专业不同、年龄不同、国籍不同,学科基础也不尽相同,因此聚合课程想要达到满足学生需求的目的,就需要以更广阔的知识面,更精深或更有意义的学科知识来吸引学生。由前述可知,本课程涉及7个学科门类,9个学科大类,覆盖了15个专业。课程内容分布范围十分广泛,不同专业的学生均可以在聚合课程中找到自己不了解的学科,发现自己感兴趣的知识。因此本课程参与聚合的学科数量足以满足学生的学习需求,且基本覆盖了"人类文明与当代中国"的方方面面。

四、学科之间的关联度

就课程涵盖的知识面而言,聚合课程中的各个学科都是围绕"人类命运共同体"的核心而设置的,授课内容充分体现了多学科的内在联系。

"中国教育发展与现代教育模式创新"专题为学生展示了探索教育的意义,丰富了学生对于教育学学科的知识积累,同时也是对整个课程的概览。将本专题放在课程开篇讲授,可从教育学的层面让学生了解跨学科聚合课程的形式和目的，为后面各个学科的课程展开做好铺垫。

"人工智能与脑科学""大数据时代与社会科学研究""数字媒体与知识传播的变革""中国新媒体产业体验""中国ERP软件与企业销售信息化管理及实践"等以理工类内容为主，"人工智能与脑科学"从人脑的概念入手，引出社会智能化、信息化的发展趋势，激发了学生对探究当今世界前沿科学技术的欲望；大数据系列课程接续着为学生介绍了信息化时代数据的基础理论，满足了学生在学理上了解知识的需求；"数字媒体与知识传播的变革""中国新媒体产业体验"等专题更多的是为学生带来大数据应用实例，在介绍了世界数字媒体和出版行业的发展变革理论知识后，组织学生前往快手公司，近距离感受快速发展的互联网公司的发展历程，感受信息和数据带来的时代变革和飞速发展；而"中国ERP软件与企业销售信息化管理及实践"则从专业应用上引导学生从理论上宏观认识ERP软件，从实践中体会ERP的实践应用，加深了学生对数据和信息处理等科技前沿知识的印象。

"人类知识谱系与跨界融合"是一个特殊的专题，它将上述的以理工类为主内容与后面的"中国文学精神与家国情怀"等人文性更强的学科联系起来。这节课通过介绍"知识"的概念、定义、发展、演变、知识图谱与体系，向学生阐释了人类获取知识的途径和方式的革命性变革，引导学生以包容的心态学习多学科知识。这也让学生们认识到本次聚合课程将理工科和文科进行聚合实践的原因。

"中国文学精神与家国情怀"和"绘画与意境"分别从文学作品和绘画艺术作品两方面强化了学生的人文底蕴，引导学生赏析经典作品的同时，提升和丰富精神境界，让学生感受到生活与自然的乐趣，促进了学生对于爱国主义、人文精神的认识，使学生更加热爱生活，热爱祖国，具有更宏大的家国情怀。至此，所有课程完成了以"人类命运共同体"为核心主题，培养学生科学素养、人文底蕴、健康生活、实践创新、责任担当等核心素养的目标。

本次聚合课程实践中各个学科的关联不仅在于它们从各自的专业角

度共同组成了"人类文明及当代中国"这一课程,还在于在课程设计和课程进行过程中,这些看似基本不相关的专题却默契地产生了相互之间的联系和承继,真正在内容上和形式上聚合成为一个整体。

五、聚合的可操作性

本次聚合课程在课前、课中和课后都体现了可操作性。在课前,充足的准备保证了学科聚合的可操作性。本课选择的都是在不同学科领域内颇有建树的专家学者,他们在自己的研究方向上有着深厚的学术造诣和独到的视野,这保证了课程内容的专业性,也为各学科内容的聚合创造了可能。同时各位专家具有丰富的教学经验,也保证了教师之间能够顺利地相互配合、协同作战,共同探讨课程聚合的观念和经验,确保各学科在形式上完成了聚合。课程开始前为学生下发预习任务单和专题的学习资料,保证了学生对主题有预先了解,提高学科聚合过程中的可操作性。

在课中,多样的教学方法增加了学科聚合的可操作性。为保障教学流程顺利进行,每个授课教师都会根据专题内容设计授课形式,为学生提供最优质的学习体验。本次聚合课程采取了课堂讲授、作品赏析、社会实践等授课形式。课堂上,讲授类语言能够以最快速的方式让学生对知识产生印象。为了引导学生对所学内容进行更深入的探索,授课教师还选择了作品赏析、案例分析等方式辅助讲授。在"中国文学精神与家国情怀""绘画与意境"等专题中,教师每讲到一个知识点都辅以相关作品进行深层次的分析,让学生更加直观地感受作品中蕴含的人文情怀;在"大数据时代与社会科学研究"等专题,教师将抽象的数据信息以一个个案例的方式展现出来,让学生参与到数据分析的过程中,学生更加直观地感受到了课程的核心知识;在虚拟仿真课堂,本课程采取了上机实践形式,将此前学习到的"中国ERP软件与企业销售信息化管理及实践"和"大数据及其初步分析"等相关理论知识进行实践应用操练;在社会实践课上,中外学生参观快手公司,提高了学生理论联系实际的能力。事实证明,课上教师采用的多种教学法,加速了学生对教学内容的消化理解,强化了各学科知识的聚合,从而保证了课程顺利开展。

在课后,协同的教学管理强化了学科聚合的可操作性。课后进行的小组或社群式讨论进一步巩固了课上学科聚合的成果。在教师的参与和引导下,一部分学生意识到了学科交叉的重要性,逐渐开始在课后进行延伸学习,强化了学科融合。

第五节 课程的实效性评价

课程的教学成效是课程效果的主体,本课程致力于在丰富学生知识储备和课程体验的同时,培养学生的思维方式、学习方法、能力、品格等。下面从学生知识结构、学生应用能力、学生思维方式、学生合作精神、学习成效等方面评价这门课程。

一、学生知识结构

本课程从学科交叉的共通点入手,授课内容纵向补充学生原有专业知识的深度,横向拓展学生对新学科知识认知的宽度,帮助学生构建了以专业学习为中心、以跨学科知识为拓展的综合知识体系。学生在学后问卷调查和学习自传中都表达了自己学习以后的体会,对本次学习的知识提升和结构化整理有了新的认识:课程建立的多学科交叉融合的课程体系,充分填补了自己在一些学科知识的空白,使自己构建起跨学科、多方位的知识网络,知识结构得到拓展,视野得到了开阔,对世界的观察和思考有了新的视角。

二、学生应用能力

本课程具有很强的开放性和实践性,无论理论教学专家主讲的理论课程,还是实践导师开设的实践课或实操课,都注重理论知识与实践的对接,并引导学生主动参与社会实践,积极思考如何将所学理论运用到实际生活中,还通过课题研究探索验证理论的实用性和前沿性。经过一学期的学习,学生的理论水平和实践能力大大提高。

比如,通过课堂学习,了解了人工智能、大数据、计算机科学等相关知识,再通过虚拟仿真实验室进行数据处理和分析,体验"大数据的魅力",学会了初步的信息化管理和应用。再如,通过新媒体理论知识的学习并结合新媒体产业的体验,学生获得了新媒体时代的基本理论和实践能力。学生对于有更多机会参与实践非常满意。

三、学生思维方式

在知识快速更新迭代的今天,相较于知识,本课程更希望带给学生的是思维方式的改变。在长期以来分科思维影响下,很多大学生满足于学好本专业的课程和知识,追求在单一领域的深耕细作,但是缺少跨界整合的思维和开阔的视野,学术研究和工作能力都受到局限。本课程通过多学科理论知识的聚合统整和跨界实践体验,帮助学生理解单一思维模式的桎梏、闭门造车的危害,引导学生结合本专业的基础,用多学科思维分析问题、解决问题,养成多元逻辑思维能力。这主要表现在学生既能在课程后期采用"人工智能"或者"大数据"的思维探讨文学、艺术问题,也能结合跨学科的多元思维思考自己专业的研究课题。由此,学生思考问题和解决问题的方式得到了一定的改变:从片面到全面,从局部到整体,从个人到全球,从守正到创新。

四、学生合作精神

本课程既搭建了多元学科资源的聚合平台,也为多学科教师、实践导师、助教、不同学科背景的中外学生搭建了交流合作平台,在师生合作教学和生生合作学习中,帮助学生理解了合作的重要性,为学生牢固树立了合作精神。

1. 师师合作

课前,教学团队集体备课,共同讨论协同合作,设计教学环节;课中教师会就各个专题的内容互相观照,形成一个整体;课后教师们开展课堂体验交流活动,交流教学体会,发现问题,分析问题,共同探讨针对性解决问题的办法。

2. 师生合作

课程坚持以学生为中心,增加师生交流、学生分享环节,让学生在轻松愉快中收获知识。教师们凭借亲切、平易近人的品质,赢得了学生的喜爱。学生在学习过程中,与大师对话,享受着学习的快乐,不仅学到了知识,还学会了做人,陶冶了情操,结识了良师益友。同时从老师的学术思想和学术精神中汲取营养,树立了远大理想,立志为国家和社会多做贡献。

3. 生生合作

除课堂交流合作以外,本课程的学习内容、作业、考核等更多采用小组合作完成的形式,有小组实践、项目讨论、主题辩论、录制视频等多种形式,为来自不同学科背景和不同年级、不同国别的学生提供了很好的合作契机。学生们各自凭借自己的专业所长,为其他学科的同学提供帮助,同时也向其他学科同学请教,互帮互助,深入合作。学生感悟到了学科交叉在未来的学习中的重要地位。更愿意在今后的学习中不断提高创新能力、合作能力、职业能力,并坚持不懈地进行终身学习,加快知识的融合,培养和锻炼自己的综合素质。

4. 中外合作

课程专门为中外学生提供了友好交流的跨文化交际平台。比如,跨文化讨论、多元文化展示、合作项目研究、体验云等,中外学生在探讨人类文明、解读现代中国的同时,也得到了跨文化交际体验,了解了看待问题的不同视角和思维方式,锻炼了学生的跨文化交际和跨文化合作能力。学生在学习讨论中互学互鉴,丰富自己跨文化的知识和能力,还结交了来自不同国家的良师益友。

五、学习成效

1. 学生成绩分布

针对三年来选修"人类文明与当代中国"聚合课程的105名学生最终成

绩进行数据化分析,发现三年来所有学生的平均成绩为 89 分,成绩分布在 80—85 分的有 37 人,占学生总数的 35.24%;成绩分布在 86—90 分的有 30 人,占学生总数的 28.57%;成绩分布在 91—95 分的有 20 人,占学生总数的 19.05%;成绩分布在 96—100 分的有 18 人,占学生总数的 17.14%,其中 3 人获得 100 分,2 人获得 99 分,5 人获得 98 分,见图 6-1。

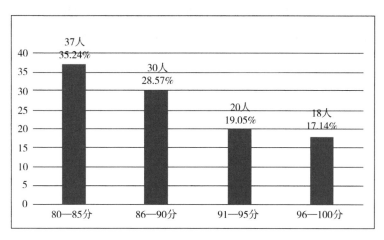

图 6-1 学生成绩分布情况

全体学生分数不低于 80 分,分数超过 90 分的学生超过学生总数的三分之一,可见全体学生总体学习效果可达良好乃至优秀水平,学生能够较好地达到课程结业考核要求。甚至有近十分之一的学生能够达到 98—100 分的高分,可见有相当一部分学生能够通过课程学习,提高学习能力,在跨界中融会贯通,取得超乎意料的学习效果。

2. 成为学习的主人

课程成绩只是对学生阶段性学习效果的评价,本课程更看重体现在学习成绩背后的学生在学习观念、思维方式、学习态度方面的改变和提升。

综合学生的课堂表现、课下小组学习、学习自传等,绝大部分学生能够主动参与到教学活动中,发挥学习的主观能动性,主动成为学习的主人。经过学习,学生也对不断更迭的、无穷无尽的知识产生了敬畏感,对范围广、质量高的知识体系的需求日渐强烈。学生表示"这门课让我拥有了主动学习的意识""这门课让我觉得对于知识体系要及时进行新陈代谢。这包括了对新知识、新方法的充分摄入和对旧有观念的适当扬弃。知识的摄入依赖于长期学习,而这也正是我终身学习的不竭动力"。

　　大部分学生能够主动践行终身学习的理念,不断提高自己的学习能力,改善学习方法,逐渐形成完善的知识体系。通过本门课程的学习、思维方式的转变、视野的拓宽,学生本身专业成绩的提高也是可以预见的。

下篇

国际中文教育聚合课程探索

第七章　聚合课程与国际中文教育

国际中文教育属于交叉学科,具有跨界融合的属性,与聚合课程有着天然的耦合性。本章在研究国际中文教育发展的基础上,探索聚合课程理论在国际中文教育中的应用。

第一节　国际中文教育的历史沿革

一、国际中文教育的发展历程

汉语作为外语的教学历史悠久,有人认为最早始于秦汉,至唐朝即有了专门的教育形式。但是,真正作为事业和专业的汉语二语教学是始于新中国。基于教育的不同特征,李宇明、翟艳将新中国来华留学生的教育划分为三个阶段:第一阶段,1950—1977 年,以对外汉语教学发端始,以改革开放为转换节点,教学类型以汉语预备教育为主。第二阶段,1978—2009 年,以改革开放初年始,以教育部颁布《留学中国计划》为转换节点,为对外汉语教学从复苏到蓬勃发展时期。第三阶段,2010 年至今,学历生渐成留学生主体,留学汉语教育与国内高等教育逐渐趋同。[①] 这种划分明确了汉语教育服务于国家和民族发展事业的重要特征。国际中文教育见证了重要历史事件,也经历了由产生到发展在名称上的几度更替。

新中国对外国人的汉语教学始于 1950 年冬季,当时新中国迎来了首批来华留学生。首批来华留学生主要来自罗马尼亚、保加利亚、匈牙利、

---

① 李宇明,翟艳.来华留学汉语教育 70 年:回顾与展望[J].语言教学与研究 2021(4):1－10.

波兰、捷克斯洛伐克等5国,开课时共有14名来华留学生,至1951年9月学生人数达33人。基于学生的国籍情况以及"掌握中国语文的一般能力,并使他们通过学习,能对中国的政治、历史、文化及其他方面获得初步认识"[①]的总体培养目标,当时承担这一培训任务的清华大学将其命名为"东欧交换生中国语文专修班"。可见,"中国语文"是当时教学的核心内容,这一名称是对这项教学内容的界定。当时,各方对这份教学和培训工作还没有更加合适的称谓,就叫作教外国人学中国语文。

1952年,全国高校院系调整,"东欧交换生中国语文专修班"转入北京大学,来华留学生规模也有所扩大,增加了来自亚欧邻国的学生。"东欧"不再能够准确概括来华留学生所属的国家范围。因此,更名为"外国留学生中国语文专修班"。此时强调的教学内容依然是"中国语文"。教学对象为来自越南、朝鲜、苏联、蒙古国、阿尔巴尼亚、波兰、古巴等国[②]的外国留学生。

1952—1957年,为越南学生在南宁、桂林成立了专门的教学机构,叫作"中文学校""越南留学生中国语文专修班""中国语文专修学校"。教学内容依然是"中国语文",教学对象是越南留学生。

1960年,北京外国语学院成立了专门负责接收非洲留学生的机构,叫作"非洲留学生办公室",强调教学对象为非洲留学生。

1962年,专门为来华留学生成立了"外国留学生高等预备学校"(今北京语言大学的雏形)。明确了对象为外国来华的留学生,教学任务是为各个专业大学培养汉语预备人才,不再强调"中国语文"。

1978年,一些专家呼吁成立"外国人的汉语教学"学科,这是对这项事业在学科层面的界定,是将其作为一门科学看待了,这是一次历史性的进步。但是这项事业的名称还是没有确定。

---

① 张铮.清华史话:新中国第一批"洋学生"[EB/OL].(2015-10-21)[2024-02-27]. http://www.tsinghua.edu.cn/info/qhyx/21618190.htm.
② 来华留学教育70年|袁明:六十年,走在中国与世界的桥上[EB/OL].(2022-07-26)[2024-02-27].http://www.isd.pku.edu.cn/news/informations/detail/4330.html.

1982年,筹备成立世界汉语教学学会,对名称的规范和确定有了迫切的需求。当时提出的名字有"外国留学生汉语教学""汉语作为外语/第二语言教学""对外汉语教学"等,最后在这次会上确定了这项教学工作为"对外汉语教学"。"对外汉语教学"是具有科学性的名称,也是被广泛认同的名称,大家认为这个名称既表明了它和国内少数民族的汉语教学、国外的汉语教学都是汉语作为第二语言教学的共同性,又区别了教学对象和他们学习、生活环境等方面的不同特点。①

2013年,为了学科的发展和专业的建设,将对外汉语教学更名为汉语国际教育。相较于对外汉语教学,汉语国际教育的教学者、教学对象和教学地点等范围更加广阔。汉语国际教育是将这项事业真正纳入到教育事业之中的开始,并且明确了人才培养更加注重学科的全面综合能力的发展,强调要掌握扎实的汉语基础知识,具有较高的人文素养,具备中国文学、中国文化、跨文化交际等方面的专业知识与能力,能在国内外各类学校从事汉语教学,在各职能部门、外贸机构、新闻出版单位及企事业单位从事与语言文化传播交流相关工作的中国语言文学学科应用型专门人才。这已经具备了跨学科的雏形。

2019年,为了进一步拓展专业的广度和深度,发展壮大这一教育事业,顺利开展国际传播,将"汉语国际教育"更名为"国际中文教育"。名称的变化,主要体现为教育内容的变化。"汉语国际教育"中的"汉语"和"国际中文教育"中的"中文"在语义上有着本质的差异,那就是由单一学科的"汉语"向着多学科交叉融合的"中文"的转变。在这里,"中文"不是一般意义的中国语言文学的意思,这个"中文"是复合的概念,是与人文社会科学相关专业的融合,是与技术的结合,与能力的结合。这个改变不仅仅是名称内涵的变化,还有着外延的拓展,并由此开辟了汉语教学更加宽广的道路。

---

① 施光亨."对外汉语教学"的由来[M]//施光亨.施光亨文集.北京:北京语言大学出版社,2023:64-65.

2019年12月9日,首届国际中文教育大会在湖南长沙开幕。来自160多个国家1000余名中外代表参加了会议。参会人员有孔子学院所在大学校长、各国大学中文院系主任、政府语言教学部门负责人,以及世界汉语教学学会理事和中外企业代表。大会以"新时代国际中文教育的创新和发展"为主题,围绕国际中文教育政策、标准、师资、教材、教学方法、考试、品牌项目建设,以及深化中外合作等国际中文教育议题展开。这次大会的一个突出亮点是提出并深入讨论了"中文＋职业技能"这个论题,中外企业家和教育家共同探讨中文服务社会发展的问题,探讨中文教育与就业创业对接的问题。这标志着这项事业进入全新发展阶段。①

何谓国际中文教育?王辉梳理了国际中文教育的名称由来,认为国际中文教育的名称由"汉语国际教育"及更早的"对外汉语教学"演变而来,并提出以下见解。

"对外汉语教学"的名称产生于20世纪,指针对来华外国人把汉语作为第二语言或外语的教学,其教学者一般为中国人,教的对象是外国人,主要是来华留学生,教的内容是作为第二语言或外语的汉语,教的地方一般是中国国内。

"汉语国际教育"的名称产生于2010年代,主要指在海外为母语非汉语者开展的汉语教学,其教学者可包括母语为汉语的中国人、华侨华人及外国人,教的对象是母语非汉语者,教的内容是作为第二语言或外语的汉语,教的地方一般是海外。

"国际中文教育"的教学者可以是中国人、华侨华人及外国人,教学对象可以是母语非汉语的外国人,也可以是母语或第一语言非汉语的华侨华人及其后裔;所教的内容是作为第二语言、外语或者其他语言的汉语;教学地点可以是在国内、海外或者是虚拟空间。"国际中文教育"是一个包容性很强的概念,涉及全球范围的各类汉语教学,既可包括国内面向留

---

① 佚名.2019年国际中文教育大会在长沙开幕[EB/OL].(2019-12-09)[2024-02-27].http://news.cnr.cn/native/city/20191209/t20191209_524889553.shtml.佚名.2019年国际中文教育大会闭幕[J].孔子学院,2020(1).

学生的"对外汉语教学",又可包括国外面向当地居民的汉语教学及面向华侨华人的华文教育,既涉及学历教育,又涉及非学历教育。"对外汉语教学""汉语国际教育"及"海外华文教育"三者可置于"国际中文教育"框架下,既保持相对独立的定位和特点,又协同、融合发展,共同形成更加开放、包容、规范的"国际中文教育"交叉学科理念和新发展格局。[①] 这种解读基本阐释清楚了名称的历史发展脉络,为国际中文教育在新时代的发展提供了历史阶段的依据。当然,国际中文教育的内涵也是不断丰富的,尚需随着事业的发展做出更为科学的阐释。

二、孔子学院及其历史地位

1. 孔子学院的历史沿革

国际中文教育为国家和民族的政治、经济、外交、文化交流等事业做出了重要贡献,在国内外汉语教育教学中发挥了重要的作用。在海外,2004 年,在韩国建立了第一家孔子学院,由此开启了国际中文教育事业发展的一个新纪元。此后,孔子学院如雨后春笋,在世界各地相继诞生。截至 2019 年,全世界已有 162 个国家(地区)建立了 550 所孔子学院和 1172 个中小学孔子课堂,累计为数千万各国学员学习中文、了解中国文化提供服务,在开展国际中文教育、促进中外人文交流、帮助各国朋友了解中国等方面发挥了示范引领作用。

孔子学院自 2005 年开始,每年举办一次全球孔子学院大会,邀请世界各地的中外孔子学院院长齐聚一堂,共同探讨孔子学院的发展,表彰先进,交流各国孔子学院的先进经验,积极引导孔子学院健康发展,为国际中文教育事业做出更大贡献。截至 2019 年已经举办了 14 届。

孔子学院使汉语和中国文化产生了空前的影响。在美国,有 264 所学校的小学生们从清晨走进校园,就用汉语打招呼,开始一天的沉浸式汉

[①] 王辉,冯伟娟. 何为"国际中文教育"[EB/OL]. (2021-03-15)[2024-02-27]. https://www.gmw.cn/xueshu/2021-03/15/content_34688036.htm.

语教学,他们学中文2个月就能达到学其他语言一年的效果;在意大利,罗马国立住读学校2009年就将汉语作为第一外语纳入必修课体系;在法国,已有11个学区52所中小学开设了中文国际班;在英国,有5200多所中小学开设了汉语课;在巴西,FAAP孔子学院用2018年开发的网络课程"商务汉语"满足那些没有时间到校上课的企业人士;在马达加斯加,塔那那利佛大学孔子学院小鸟窝孔子课堂的小学生们通过做游戏、品尝中国美食、趣味知识问答,快快乐乐学中文。

随着中国与世界各国人文、经贸往来的发展,单纯学中文正向中文职业教育转变。在马来西亚,2019年11月14日中兴教育管理有限公司在马来亚大学孔子学院开设了通信、物联网、大数据等社会亟须专业的"汉语职业技能培训班"。在泰国,孔敬大学孔子学院早在2016年就开办了"中泰高铁汉语培训项目",为泰国培养了100多名铁路技术人才;泰国的海上丝路孔子学院则推出了一系列"汉语+旅游管理""汉语+空乘""汉语+电商"等人才培养项目。在尼泊尔,2019年3—5月,加德满都大学孔子学院举办了"汉语+汽修"培训班。在伊朗,德黑兰大学和南非德班理工大学的孔子学院,均设了"汉语+职业技能"培训班。在白俄罗斯,国立技术大学成立了科技孔子学院,启动技术汉语教学,每年举办的科技翻译竞赛,成了人才招聘现场。

孔子学院受到世界的欢迎。2019年12月10日,白俄罗斯、智利、马尔代夫等8个国家又签约新设孔子学院、孔子课堂或汉语中心。据统计,仅2019年,全球新设了27所孔子学院、66个孔子课堂。其中,海地、中非、乍得、朝鲜、多米尼克、东帝汶、马尔代夫、沙特等8个国家首次设立孔子学院。

2. 孔子学院发展的挑战与机遇

长期以来,孔子学院在运营方面主要依靠国家单方面支撑,教学参与双方也往往集中在合作院校之间,整体教学环境比较闭塞,教师的流动性较大也使得孔子学院的教学缺乏体系。2020年新冠疫情的大规模流行给汉语传播和孔子学院带来了很大影响,"汉语热"逐渐降温。一方面,旅行限制使得众多汉语教师及志愿者无法顺利赴任,疫情传播导致的人际隔离使得孔子学院面授教学课程也受到很大冲击;另一方面,疫情导致全球经济大范围衰退,单边主义、民族主义兴起,汉语国际传播受到种种阻碍。有学者指出,由于国际贸易问题、国际武装冲突、国际政治意识形态冲突、他国国内不同政治派别斗争等原因,汉语国际传播存在国际政治风险,一些国家可能会对中国实施包括外交、贸易、科技、教育等领域全方位遏制政策。[①] 这些因素都为海外孔子学院的开设和存续增添了很多不确定性。

在这样的大变局下,孔子学院和孔子课堂的发展挑战与机遇并存。一方面,中国改革开放以来综合国力快速提升,"一带一路"、人类命运共同体等理念的提出让越来越多的发展中国家受益,中国的国际地位和影响力也在持续攀升;另一方面,虚拟现实技术、网络直播录播教学、"翻转课堂"、在线教学平台等新兴教学方式和辅助教学技术层出不穷,汉语"教""学"双方逐渐熟悉了前沿教育技术的使用,汉语教育技术相关理论得到空前的发展。这些正是国际中文教育学科和孔子学院事业大发展的机遇。

2019年召开的国际中文教育大会为国际中文教育开启了新纪元,同时也是孔子学院大变革的里程碑。2020年6月,北京语言大学、复旦大学和中国教育出版传媒集团有限公司等联合发起的"中国国际中文教育基金会"正式成立。同年7月,中外语言交流合作中心发布设立公告,宣布"孔子学院品牌将由'中国国际中文教育基金会'全面负责运营"[②]。基金会在设立后对孔子学院的发展予以全新规划,并在其章程第七条中明确提出该基金会公益活动的业务范围:一是研究提出全球孔子学院和国际中文教育发展愿景;二是制定孔子学院品牌标准和规范,授权设立孔子学院和孔子课堂;三是评估孔子学院和孔子课堂办学质量;四是开展其他

---

① 郭晶,吴应辉.大变局下汉语国际传播的国际政治风险、机遇与战略调整[J].云南师范大学学报(哲学社会科学版),2021,53(1):46—53.
② 中外语言交流合作中心设立公告[EB/OL].(2020-07-05)[2024-02-27]. http://www.sohu.com/a/405892555_100150488.

符合基金会宗旨的国际中文教育项目等相关业务。① 中外语言交流合作中心和中国国际中文教育基金会两大机构的成立及其对孔子学院的重新划归和整合为孔子学院带来了变革的机遇。

3. 孔子学院发展对策及未来展望

在社会大变革的背景下,孔子学院也需要主动寻求变革的机会以适应时代,学界对孔子学院的发展也提出很多建议,基本可以概括为以下四个方面:

(1)加强市场意识,进行产业化转型。由于孔子学院的发展途径过于单一,加强市场导向、走产业化道路将是实现孔子学院高度国际化的必然途径。② 有很多学者提出,要大力强化汉语传播的市场意识,加强孔子学院的市场运作能力。未来海外孔子学院可根据当地中文教育市场的需要,提供在线考试服务、教师培训、团体课程定制等种类丰富的有偿语言教学产品,在逐步实现"自负盈亏"的同时扩大国际中文教育的影响面,加速国际化和本土化进程,也可避免反华势力以办学资金来源为借口打压海外孔子学院。③

(2)加速数字化转型,大力发展线上教学模式。发展在线教育将极大提升孔子学院市场竞争力,解决经费来源的问题。面向市场的在线中文教育覆盖人群广泛,除了合作院校在校学生外,还能满足社会上其他不同人群的学习需求。一方面,孔子学院急需改变对传统课堂的过度依赖,跟上教育技术更迭的步伐,以适应逐渐扩大的汉语学习者数量和多变的学习需求;另一方面,加强孔子学院在线教育形式和在线教学资源,可以"规避政治风险带来的冲击,完善国际中文教育的全球化布局","更能抵御经

---

① 中国国际中文教育基金会章程[EB/OL].(2020-06-16)[2024-02-27]. https://www.cief.org.cn/newsinfo/709933.html.
② 文秋芳,杨佳.从新冠疫情下的语言国际教育比较看国际中文在线教育的战略价值[J].语言教学与研究,2020(6):1-8.
③ 文秋芳,杨佳.从新冠疫情下的语言国际教育比较看国际中文在线教育的战略价值[J].语言教学与研究,2020(6):1-8.王辉.新冠疫情影响下的国际中文教育:问题与对策[J].语言教学与研究,2021(4):11-22.段鹏.历时、共时及经验:国际中文教育及传播应用研究[J].西北师大学报(社会科学版),2022,59(4):76-84.

济衰退造成的负面影响,巩固和拓展国际中文教育的覆盖面"。① 此外,大力发展课程数字化建设也有助于缓解部分地区孔子学院教学资源不平衡的问题。

(3)创新学科设置,强化语言服务意识。孔子学院的发展要"从以教育者为中心转向以教育者与受教育者的共识为中心,从以语言教学为中心转向以语言教学和语言服务结合为中心"②。实现语言教育和语言服务的结合可以采取加强区域国别研究,强化对各国中文教育相关政策的研究,精准把握国别中文教育走向;③注重语言及专业并举,以吸引更多外国留学生到中国留学;强化对教师的培训和语言课程体系的建设;规避人际隔离的风险,逐步考虑重点发展在地教师队伍等措施。④

(4)把握语言文化传播主线,为构建人类命运共同体贡献力量。虽然孔子学院划归中国国际中文教育基金会在一定程度上化解了部分国家和地区的疑虑,但为了规避争端,国际中文教育的传播和孔子学院的开设更应回归到教育与人文交流的路线上来,远离过于显性表达的意识形态和政治意图⑤,通过语言和中国文化传播,促进中外人文交流,增进各国之间的彼此了解,传递和平友好的感情,为构建人类命运共同体而不懈努力。

三、汉语水平等级考试(HSK)

1. 新旧 HSK 及其考试结构

汉语水平考试(简称 HSK)是为测试母语非汉语者(包括外国人、华

---

① 文秋芳,杨佳.从新冠疫情下的语言国际教育比较看国际中文在线教育的战略价值[J].语言教学与研究,2020(6):1—8.
② 胡范铸,陈佳璇,张虹倩.目标设定、路径选择、队伍建设:新时代汉语国际教育的重新认识[J].世界汉语教学,2018,32(1):3—11.
③ 吴应辉.国际中文教育新动态、新领域与新方法[J].河南大学学报(社会科学版),2022,62(2):103—110.
④ 胡范铸,张虹倩,陈佳璇.后疫情时代中文国际教育的挑战、机缘和对策[J].华文教学与研究,2022(2):49—56.
⑤ 段鹏.历时、共时及经验:国际中文教育及传播应用研究[J].西北师大学报(社会科学版),2022,59(4):76—84.

侨、华裔和中国少数民族考生)的汉语水平而设立的一项国际汉语能力标准化考试,1990年正式实施,这一考试重点考查汉语非第一语言的考生在生活、学习和工作中运用汉语进行交际的能力。

最初推出的HSK(简称旧HSK)分为11个等级,包括基础汉语水平考试〔简写为HSK(基础)〕、初、中等汉语水平考试〔简写为HSK(初、中等)〕和高等汉语水平考试〔简写为HSK(高等)〕。其中,HSK(基础)和HSK(初等)均无口试,HSK(高等)设有口试。

由于旧HSK等级过多,难以对标国际上其他语言标准,加之内容难度较大,导致HSK的海外推广效果不佳。为适应国际汉语推广,满足海外汉语学习者的需要,中国国家汉办(现教育部中外语言交流合作中心)借鉴国际语言测试理论的最新研究成果,紧密结合各国汉语教学实际,组织研发了"新汉语水平考试(HSK)"(以下简称新HSK)。经过海外试考、专家研讨以及2009年海外汉语考试考点工作会议后的调整和完善,从2009年11月起逐步推出新HSK[1],并于2010年开始在全球范围内正式实施。

新HSK分笔试和口试,笔试和口试相互独立。笔试分为1级到6级,6级为最高级别。口试分为初级、中级和高级三个级别,采取录音形式。

汉语水平考试(HSK)每年定期在中国国内和海外举办,凡考试成绩达到规定标准者,可获得相应等级的《汉语水平证书》。

2. 新HSK依据标准

新HSK是以《国际汉语能力标准》《欧洲语言共同参考框架(CEFR)》为依据组织实施的,其词汇量要求与两个标准的对应关系如表7-1所示。

---

[1] 关于实施新汉语考试的通知[EB/OL].(2009—10—16)[2024—02—27].http://www.chinesetest.cn/news/677486.

表 7-1 《国际汉语能力标准》《欧洲语言共同参考框架(CEFR)》对照

HSK 等级	词汇量	《国际汉语能力标准》	《欧洲语言共同参考框架(CEFR)》
HSK（六级）	5000 及以上	五级	C2
HSK（五级）	2500		C1
HSK（四级）	1200	四级	B2
HSK（三级）	600	三级	B1
HSK（二级）	300	二级	A2
HSK（一级）	150	一级	A1

2021 年 3 月,经国家语委语言文字规范标准审定委员会审定,《国际中文教育中文水平等级标准》发布,作为国家语委语言文字规范自 2021 年 7 月 1 日起正式实施。这是新 HSK 的新标准。

3. 新 HSK 各等级能力描述

新 HSK 对各级别考生的汉语能力进行了一定的描述,见表 7-2。

表 7-2 新 HSK 各等级能力描述

HSK 等级	能力描述
HSK（六级）	考生能用汉语自如地进行各种社会交际活动,汉语应用水平接近汉语为母语者。
HSK（五级）	考生能用汉语就比较抽象或专业的话题进行讨论、评价和发表看法,能较轻松地应对各种交际任务。

续表

HSK 等级	能力描述
HSK（四级）	考生能用汉语就比较复杂的话题进行交流,表达较为规范、得体。
HSK（三级）	考生能用汉语完成生活、学习、工作等方面的基本交际任务。
HSK（二级）	考生能理解并使用一些非常简单的汉语词语和句子,具备进一步学习汉语的能力。
HSK（一级）	考生能用汉语就生活中一些常见的话题进行简单而直接的交流。

新时代,HSK 有了新的思路,2021 年《国际中文教育中文水平等级标准》发布,确立了"三等九级"的分类标准,各等级语言量化指标见表 7-3。

表 7-3 《国际中文教育中文水平等级标准》语言量化指标总表

等次	级别	音节	汉字	词汇	语法
初等	一级	269	300	500	48
	二级	199/468	300/600	772/1272	81/129
	三级	140/608	300/900	973/2245	81/210
中等	四级	116/724	300/1200	1000/3245	76/286
	五级	98/822	300/1500	1071/4316	71/357
	六级	86/908	300/1800	1140/5456	67/424
高等	七—九级	202/1110	1200/3000	5636/11092	148/572
总计		1110	3000	11092	572

注:表中"/"前后两个数字,前面的数字表示本级新增的语言要素数量,后面的数字表示截至本级累积的语言要素数量。高等语言量化指标不再按级细分。

《国际中文教育中文水平等级标准》也对各等级汉语能力做了描述。

初等(一至三级):能够基本理解简单的语言材料,进行有效的社会交际。能够完成日常生活、学习、工作、社会交往等有限的话题表达,用常用句型组织简短的语段,完成简单的交际任务。能够运用简单的交际策略辅助日常表达。初步了解中国文化知识,具备初步的跨文化交际能力。完成初等阶段的学习,应掌握音节608个、汉字900个、词汇2245个、语法点210个,能够书写汉字300个。

中等(四至六级):能够理解多种主题的一般语言材料,较为流畅地进行社会交际。能够就日常生活、工作、职业、社会文化等领域的较为复杂的话题进行基本的成段表达。能够运用常见的交际策略。基本了解中国文化知识,具备基本的跨文化交际能力。完成中等阶段的学习,应掌握音节908个(新增300)、汉字1800个(新增900)、词汇5456个(新增3211)、语法点424个(新增214),能够书写汉字700个(新增400)。

高等(七至九级):能够理解多种主题和体裁的复杂语言材料,进行深入的交流和讨论。能够就社会生活、学术研究等领域的复杂话题进行规范得体的社会交际,逻辑清晰,结构严谨,篇章组织连贯合理。能够灵活运用各种交际策略。深入了解中国文化知识,具备国际视野和跨文化交际能力。完成高等阶段的学习,应掌握音节1110个(新增202)、汉字3000个(新增1200)、词汇11092个(新增5636)、语法点572个(新增148),能够书写汉字1200个(新增500)。

4. 考试用途[①]

HSK成绩和水平证书当前具备多种用途,可以满足学习者和机构的多元需求。

对学习者而言,学习者可以通过准备和参加HSK相应等级的考试,了解自己的汉语水平,并有针对性地从听力、阅读、书写、口语等方面提高自己的汉语应用能力;学习者通过相应等级考试或取得相应成绩后,可以用以作为申请"孔子学院奖学金"等来华留学或者来华夏令营等活动的凭证之一。

对国内院校和教学单位或者国外开设汉语课程的孔子学院或大学而

---

① 汉语水平考试(HSK)[EB/OL].[2024-02-07]. http://ci.zjnu.edu.cn/www/list.htm.

言,HSK 等级或成绩可以作为招生、分班授课、课程免修、学分授予的参考依据,或用于评价教学或培训的成效。对用人单位而言,HSK 等级或成绩可以作为录用、培训、晋升母语非汉语工作人员的参考依据。

5. 考试形式

HSK 考试的常规形式有纸笔考试和网络考试两种。网络考试和纸笔考试拥有同样的效力,网络考试基于计算机和网络进行,相较于纸笔考试更为方便灵活、经济高效、安全稳定,并支持在线考务管理、在线缴费和在线模拟等功能。

由于新冠疫情的冲击,在常规考试难以正常进行或者部分海外考生因疫情原因不能参加线下考试的情况下,HSK 联合全球上千个考点探索出了居家网考的新模式,为考生提供了便利,也在一定程度上保护了全球学习者学习汉语的热情。

6. 发展现状和未来前景

目前,汉语水平考试(HSK)已成为继雅思、托福之后的全球第三大知名考试品牌,具有相当大的国际影响力。截至 2023 年 12 月,全球有 83 个国家将中文纳入国民教育体系,中国以外正在学习中文的人数约 3000 万。据统计,"'十三五'期间全球参加 HSK(中文水平考试)、YCT(中小学中文考试)等中文水平考试的人数达 4000 万人次"[①],这表明国际中文教育拥有广泛而坚实的基础。

现在全球 HSK 考点总数达 1208 个(149 个国家或地区),从以前的一年只能考两三次到现在一年可考 18 次。在国外的考生也逐年增多,2019 年全球参加各类汉语考试者已达 750 万人次。比如韩国有 120 所大学开设了中文专业,HSK 考生从 1993 年的几百人增加到每年 200 万人。

随着各国学习者中文水平的不断提升,为满足高水平中文学习者的

---

① 教育部:全球 70 个国家已将中文纳入国民教育体系[EB/OL].(2020-12-22)[2024-02-27]. http://www.moe.gov.cn/fbh/live/2020/52834/mtbd/202012/t20201222_506957.html.

测评需求,HSK 考试开始寻求新的发展和改革,依据《国际中文教育中文水平等级标准(GF 0025—2021)》研发了 HSK 高等(7—9 级)考试,面向包括来华留学硕博阶段学习、中文专业学习和海外汉学研究等的外国高水平中文学习者。考试以考查学习者中文交际能力为主,涵盖《等级标准》所标定的"听说读写译"五项技能,并加强了对中国文化的考查。[①]

2022 年 5 月,全球 9 个考点共同举办了 HSK 高等(7—9 级)考试试测。共有来自韩国、日本、泰国、越南、美国、俄罗斯等国的 500 多名考生通过线上居家网考的形式参与了此次试测。考试已于 2022 年年底进行了首考。

相信随着 HSK 不断发展,国际影响力继续扩大,这一考试将对国际中文教育事业的发展起到越来越大的作用。

第二节 国际中文教育的聚合特征

语言是民族和国家文化的重要体现,也是世界不同文明之间交流、互鉴、合作的桥梁和纽带。国际中文教育既是一项事关中文和中华文化国际传播,与国家发展战略、国际地位提高、国家话语体系构建休戚相关的宏大事业,又是一个年轻、充满朝气、不断成长的新型交叉学科。基于国际中文教育自身的重要意义和责任担当,本节将从自身的学科交叉属性、事业的开放特征、教学内容交叉融合、教学方法兼收并蓄、学习需求多元交叉、信息科技智慧融合五个方面讨论国际中文教育的聚合特征。

一、学科交叉属性促进多学科融合

关于国际中文教育的专业学科属性,学术界存在不同的认识,进行了长期、深入的讨论。其核心学科及所涉及学科基础的多样化,导致"很难

[①] HSK 高等(7—9 级)考试试测成功举办[EB/OL].(2022-05-17)[2024-02-27]. https://mp.weixin.qq.com/s/1VWlB4-Hcsln9EZk3ar_8w.

简单地归之于某个单一学科"[①]。

1. 内部构成的跨学科属性

"国际中文教育并非纯粹属于某个一级学科,而是由多个一级学科交叉融合形成的学科。"[②]其核心学科分属于中国语言文学和教育学两个一级学科。教育学与心理学同属于教育学门类,在教育设计和教育实施的过程中,心理学的相关理论基础必不可少。由此,作为一门以"国际""中文"和"教育"为关键词的学科,国际中文教育学科的建设和发展必须立足于中国语言文学、教育学、心理学三个一级学科。三个学科的理论与知识跨界融合,相辅相成,构成了国际中文教育最核心的知识体系和理论基础。2020年,国家增设新的学科门类"交叉学科",为国际中文教育找到了适合的学科归属。

2. 教学内容的跨学科属性

国际中文教育是使学生"掌握汉语基础知识和听说读写基本技能,培养运用汉语进行交际的能力;增强学习汉语的兴趣和动力,发展智力,培养汉语的自学能力;掌握汉语的文化因素,熟悉基本的中国国情和文化背景知识,提高文化素养"[③],为实现这一教育目标,国际中文教育在来华留学课程设置和教学设计、教育管理、孔子学院建设等方面不断开拓学科知识和理论,融合中国语言文学、教育学、心理学、外国语言文学、哲学、社会学、民族学、历史学、经济学、政治学、管理学、法学、艺术学、新闻传播学等众多一级学科或理学、工学、农学、医学等学科门类,有效聚合不同专业知识和技能,提高国际中文教育对各类学生的培养效果。

比如,在来华留学生课程设置和教学设计方面,通用汉语的汉语语言和技能类课程,依托中国语言文学、教育学、心理学的知识和理论基础,并借鉴参考外国语言文学的相关教学模式和教学方法,为学生提供科学、有

[①] 崔希亮.关于汉语国际教育的学科定位问题[J].世界汉语教学,2015,29(3):405-411.
[②] 吴应辉,梁宇.交叉学科视域下国际中文教育学科理论体系与知识体系构建[J].教育研究,2020,41(12):121-128.
[③] 刘珣.对外汉语教育学引论[M].北京:北京语言文化大学出版社,2000:295.

效、可靠的语言学知识。此外,大多数开展来华留学生国际中文教育的高校均为学生开设了中国概况、中国文化、中国历史、中国文学类的课程,用以满足学生认识和了解中国、在中国生活和学习的需求。在此过程中,社会学、民族学、历史学、经济学、政治学等学科的知识和思维能力,被潜移默化地融入中文教育的过程中。并且,无论汉语基础课还是其他通识课程,所使用的教材经常将中国古代和现当代经典的成语、诗句、篇章等编写进课文,将文学、哲学等相关学科的理念也巧妙融合进了中文教育之中。

除了通用汉语,专门用途汉语教学的规模也在逐渐扩大。专门用途汉语教学以"中文+专业"的模式,汇聚经济学、管理学等众多学科及医学、理学、工学、农学等学科门类,使聚合课程的建设成为必要。

3. 讲好中国故事的跨界融合性

来华留学生教育管理是国际中文教育的重要组成部分。2010年,教育部印发了《留学中国计划》,要求"积极推动来华留学人员与我国学生的管理和服务趋同化,加强中国法律法规、优秀传统文化和国情教育,帮助来华留学人员客观了解中国社会发展情况"[①]。在此指导下,全国众多留学生培养机构将讲好中国故事理念融入来华留学教育管理,重视培养国际学生群体的文化认同,充分利用社会实践、文体活动等多样化渠道,提升国际学生适应中国经济、社会和文化的融入能力。[②] 比如,融合法学学科和艺术学科的知识,为学生开展趣味性普法活动,让学生在欢乐的氛围中学习与他们切实相关的法律法规,以满足学生在中国学习和生活的基本需要。各地孔子学院也为各国学员提供中文学习、中国文化体验服务,促进中外人文交流,推动中国优秀文化走向世界。除中文学习的基础课程以外,孔子学院还负责在当地组织和策划丰富的汉语体验、中华文化体

---

① 教育部关于印发《留学中国计划》的通知[EB/OL].(2010-09-21)[2024-02-27]. http://www.moe.gov.cn/srcsite/A20/moe_850/201009/t20100921_108815.html.
② 顾莎莎.法治逻辑与进路:"一带一路"教育共同体图景与来华留学生培养[J].比较教育研究,2019,41(12):3-11.

验与宣传活动,如中国美食、中国书法、中国画、中国戏曲、中式服装等主题的体验和宣传活动,融合了艺术学、新闻传播学等多学科知识。

国际中文教育以多学科融合、跨学科教育方式聚合了多学科的知识、教学资源,营造了更好的学习体验、达到了更佳的教学效果,体现出了先天的跨学科性和实践操作的可聚合性,契合聚合课程的特点。

二、事业发展推动跨学科融合

国家语言文字事业"十三五"发展规划中指出,要加强语言文化国际交流与传播,积极配合中国特色大国外交战略的实施,适应"一带一路"建设、中外人文交流机制等需求,加强与重点国家的语言文化交流与合作,开辟多层次语言文化交流渠道。要推动中华优秀语言文化走向世界,打造交流品牌,做好中华思想文化术语传播工作,充分发挥其桥梁纽带作用。[①] 国际中文教育的历史使命和当前责任就是要在不同文明之间搭建沟通理解的桥梁,促进文明交流互鉴,服务人类命运共同体构建,培育知华、友华力量,为不同国家的人民之间重建信任做出贡献。[②] 国际中文教育的宏大使命必然离不开中外文化、中外思想、中外师生聚合产生的"化学反应"。

国际中文教育将不同文化背景的教师和学生聚集在一起进行教与学的活动,有效验证了其自身的可聚合性。国际中文教育从教学主体和教学内容两方面发力,一方面,跨文化、跨学科的知识开阔了学生的视野,促进了学生对于所学知识的融合和反思,强化了学生对各国文化内涵、各类专业知识、多渠道的国际信息等的处理判断力,进而帮助他们增强辨别是非的能力,逐渐培养国际理解力。另一方面,教师和学生两个教学主体,

---

① 教育部 国家语委关于印发《〈国家语言文字事业"十三五"发展规划〉分工方案》的通知[EB/OL].(2017-01-16)[2024-02-27]. http://www.gov.cn/xinwen/2017-01/16/content_5160213.htm.
② 崔希亮.新时代国际中文教育面临新的课题:代主持人语[J].云南师范大学学报(哲学社会科学版),2022,54(3):46-47.吴应辉.新时代国际中文教育服务强国战略八大功能与实现路径[J].云南师范大学学报(哲学社会科学版),2022,54(3):48-56.

在"教"与"学"中产生思维碰撞,在不断交流之中互相促进,既学到了知识,也增进了友好感情。因此,聚合课程为国际中文教育培养全球视野和全球胜任力的跨文化人才贡献了新思路。

三、教学内容交叉融合促进了学科交叉统整

1."汉语语言知识＋汉语交际能力＋中国文化"构成了国际中文教育的核心内容

吕必松早在1990年就对"对外汉语教什么"进行了探讨,指出"语言内容不是教学内容的全部,如果不包括语言技能、交际技能和文化背景知识,就说明教学内容是不完整的"[①]。崔希亮认为"语言和文化是一体两面的,没有谁能把语言和文化彻底分开,这是由语言的属性决定的",语言是文化的载体,"学习一种语言不可能不涉及这种语言所负载的文化内容"[②]。由此可见,汉语语言知识、汉语交际能力、中国文化这三部分内容是国际中文教育的核心内容。仅有语言,没有文化,语言便不能发挥最大的工具作用;仅有文化,没有语言,便会增大理解难度,容易导致文化冲突;只有"三合一"才能真正培养知华、友华的高素质汉语人才。这种跨学科的内容构成适合运用聚合课程的模式开展教学活动。

2."汉语＋专业"培养跨学科人才

专门用途汉语采用"汉语＋专业"模式,将汉语语言知识和技能与相关专业知识和技能有机结合,在学习汉语的同时,学习商贸、旅游、科技、中医等专业知识,将语言知识、专业知识和实践教学相互融合,能够全面提升学生知识能力。这一融合过程体现了国际中文教育的可聚合性。

比如,在商务汉语教学中,通过案例等形式学习商务知识和商务技能,通过虚拟仿真实验室模拟真实场景,开展实践练习。这样将汉语与商务知识有机结合,将理论与实践相互融合,学生可以在"汉语＋商务"的聚

---

① 吕必松.关于教学内容与教学方法问题的思考[J].语言教学与研究,1990(2):4—13.
② 崔希亮.世界格局剧烈变化背景下的国际中文教育[J].天津师范大学学报(社会科学版),2022(4):23—29.

合过程中将语言知识应用于商务工作,强化学生语言知识和专业知识,增强学生实际工作能力。

四、教学方法兼收并蓄促进学科交叉融合

赵金铭对20世纪50年代到80年代的对外汉语教学法进行了分阶段分析。[①] 其中20世纪50年代到60年代初,主要使用"语法翻译法",在课堂实践中产生了将直接法和翻译法配合使用的综合教学法的痕迹。可见,尽管在对外汉语教学初创时期,在教学法的选取和使用方面,就呈现出了聚合的趋势。

第二阶段是20世纪60年代初到70年代初,这一阶段对外汉语教学法不断改进,产生了符合对外汉语教学特点的"精讲多练""实践性原则"。这一阶段主要采用"相对直接法",即把直接法和语法教学法相结合。至此,在教学法方面体现出了教学法与学科特色相结合的综合性特征,聚合趋势愈发明显。

第三阶段是20世纪70年代到80年代初,这一时期的教学法具有明显的听说法的特征,但仍然兼顾了传统教学法,是一种综合教学法。聚合性特征得以延续并发扬光大。

20世纪80年代以来,对外汉语教学界不断吸收借鉴国外的第二语言教学法理论,并摸索、创造适合汉语二语教学的教学法,各类教学法异常丰富,并互相借鉴,呈现出"教无定法,多法融合"的态势。这深刻揭示了国际中文教育兼收并蓄的聚合特质。

五、学习需求多元化需要学科统整聚合

随着中国在世界的影响力日益提升,中文学习的需求不断呈上升态势。据统计,截至2023年12月全球已有82个国家将中文纳入国民教育

[①] 赵金铭.对外汉语教学概论[M].北京:商务印书馆,2004:118.

体系,韩国、泰国、越南、俄罗斯、爱尔兰、以色列等国将其纳入高考。①4000多所国外大学开设了中文课程。据粗略估算,目前中国以外正在学习中文的人数约 2500 万,累计学习和使用中文的人数近 2 亿,国际中文教育拥有广泛而坚实的基础。② 随之而来的是,全球中文学习者的学习需求也正发生变化,展现多元化、实用化、专门化的趋势。

学习者的需求日趋多元化。从学习中文的理由看,已经从简单地学习一门语言、了解一种文化上升到更加专业的层面,例如与中国开展贸易活动、到中国求职、进行学术交流、学习中国先进的技术等。由此,学生对于中文的学习需求也日渐专门化、实用化,希望能够在学习语言的同时获得专业训练。

据统计,2016—2018 年来华留学生人数分别为 44.28 万人、48.92 万人、49.22 万人。其中学历生占比在不断增加,2017 年达 24.15 万人,占总数的 49.37%,同比增加 15.04%。2018 年接受学历教育的外国留学生总计 258122 人,占来华生总数的 52.44%,比 2017 年增加了 16579 人,同比增加 6.86%。③

面对规模不断扩大的专业教育需求,国际中文教育正在探索将不同学科知识有机融合的聚合课程教学模式,以寻找解决问题的突破口。重新规划教学目标、教学内容、教学途径和教师分工。纵向聚合来华留学生教育各阶段内容,增加知识的深度、广度和密度,构建多元化、循序渐进的知识体系,用以衔接不同国别、不同水平、不同层次来华留学生的学习,精准满足不同层次、不同文化背景学生对学习内容和效果的需求,增加学生学习中文的获得感、满足感;横向促进学科内部综合、听说、阅读、写作等不同课型的教师及不同学科教师交流合作、协作备课,以提高教学效率和

---

① 2018 来华留学统计[EB/OL].(2020-11-03)[2024-02-27]. https://www.xuelia.com/kaoshi/lxzx/15251.html.
② 全球已有 70 多个国家将中文纳入国民教育体系[EB/OL].(2020-12-15)[2024-02-27]. http://www.moe.gov.cn/jyb_zzjg/huodong/202012/t20201215_505528.html.
③ 外交部:82 个国家将中文纳入国民教育体系[EB/OL].(2023-04-21)[2024-02-27]. http://www.ixigua.com/7225173271896080952?wid-try=1.

课程质量。在核心主题的统领下,交叉融合不同层次不同专业学生合作学习,最大程度发挥生生互动作用,提高学生学习效率,增进彼此了解。

针对学生日益专门化、实用化的学习需求,国际中文教育大力发展专门用途汉语教育,推动"中文＋专业""中文＋职业"教育模式,聚合中文与各类专业、职业的知识与技能。比如,"在40多个国家和地区开设'中文＋职业教育'特色项目,涉及高铁、经贸、旅游、航空等领域,为各国学员提供了职业教育培训和就业发展机会"[①]。

国际中文教育快速发展带来的多元化、专门化、实用化需求,激发了国际中文教育中教学内容、教师、学生、中文与专业、中文与职业等各种类型的聚合,开辟了国际中文教育聚合的新路径。

六、专业知识与智慧教育深度融合推动聚合课程发展

近年来,科学技术的发展、科技成果的丰富和技术水平的提高,为国际中文教育面对百年未有之大变局进行转型升级提供了机会和依托。

1. 信息技术发展带来多学科的融合

基于国际中文教育对跨文化交际、打破时空界限方面的需求,信息技术、多媒体等有了更广阔的用武之地。尤其是大数据、人工智能、5G、区块链等高新科技成果的出现,让国际中文教育逐渐从传统课堂教学迈进了信息化时代,教学中融入了更多信息化手段,推动智慧教育、智慧学习、智慧考试等,实现常规教学资源与信息科技的有机融合。在一定程度上,提升了教学资源的使用价值,扩大了国际中文教育学习者人群,丰富了教学和学习体验。

2. 信息技术与教学的结合促进了聚合课程的开展

教师是教学活动的主体,在教学过程中发挥着主导作用,有效促进科学技术与智慧教学融合,是国际中文教育学科对教师教学技能和素养的

---

① 我国四百余所高职与国外合作办学,全日制来华留学生1.7万[EB/OL].(2022－05－24)[2024－02－27]. https://baijiahao.baidu.com/s?id=1733675179604307656&wfr=spider&for=pc.

要求,也是教师设计、组织、反思教学,进行教学管理的有力支撑。

数字资源、电子教材、网络课程、在线教育平台、汉语教学软件等科学技术与国际中文教学相融合,促进了翻转课堂、线上线下混合式教学模式的发展和革新,为教师提高教学质量提供了技术支持;信息技术融入国际中文教育与海外华文教育、海外中国学校、中华文化项目等,为全球汉语教师、教育机构提供跨越时空的实时教研平台,便于共同打造优质课程;信息技术融入教师、学习者和教育资源,大大提高学习资源和师资力量的利用效率,同时后台数据、相关功能也便利了教师对学生的管理,把技术优势发挥到最大。

2020年,突如其来的新冠疫情,迫使国际中文教育经历了一次较为根本的信息化变革。虽然此前国际中文教育已开始从各方面与前沿科技进行融合,但依然在很大程度上依赖于传统课堂教学。疫情的大规模传播使得人与人之间见面变得困难,传统面授课堂模式受到了很大冲击,直播、录播、录播+直播等教学形式成为新常态,网络在线教学成为汉语教师必备技能,在线教学平台和在线教育机构也开始在国际中文教育行业中占有重要地位。[①] 后疫情时代,国际中文教育必将进一步借助前面的教学研究成果,推进汉语教学和研究向着智慧化、信息化全面转型和升级,推进国际中文教育向着现代化的学科发展建设之路发展。

3. 信息技术的应用助力知识统整

以信息技术为代表的科学技术能够聚合线上、线下教学环境,以便学生随时随地学习中文;科学技术,例如虚拟现实技术,能够模拟真实的语言实践环境,透过多种实践模式强化学生对语言的使用,增进对中国的理解,辅之以教师团队对学生个人学习的辅导跟踪,既能完善学生的知识体系,又关注到了学生的个性化发展。同时,学生也在使用平台、体验智慧教学资源的过程中潜移默化地提升了信息思维、信息能力,实现了学习工

---

① 吴应辉.国际中文教育新动态、新领域与新方法[J].河南大学学报(社会科学版),2022,62(2):103-110.

具和技术能力的聚合。

先进的科技手段、新兴教学模式的发展与国际中文教育之间存在广阔的聚合前景,能够为国际中文教育的课堂带来更多有益选择。

第三节 国际中文教育的聚合课程建设形态

李泉认为"2020年已经是国际汉语教学和学科研究的转型之年",国际中文教育"遇到了不期而遇的挑战,却也迎来了前所未有的机遇"①。随着"一带一路"建设全面推进及世界各国对于构建"人类命运共同体"的共同认识逐步巩固,面对前所未有的挑战与机遇,国际中文教育事业应当迅速"转型升级",在课程建设上需要考虑不同课程之间的相互融合,相互补足,集聚多方资源、多方力量形成整体合力,实现教育效果最大化,以主动适应在经济发展和交流互鉴背景下世界各国对具有综合素质的中文人才的迫切需求。

一、从组织架构上聚合

1. 做好减法

教育部2010年印发的《留学中国计划》将"培养一大批知华、友华的高素质来华留学毕业生"作为发展目标之一;中共中央、国务院2019年印发的《中国教育现代化2035》提出"实施留学中国计划,建立并完善来华留学教育质量保障机制,全面提升来华留学质量"②。一系列文件强调了不断发展和完善来华留学教育管理,提高教学质量的重要性,这对以来华留学生教育为主体的国际中文教育有着重要的指导性作用。

宋乃莲通过总结我国来华留学教育管理经验,提出"以教学为中心,保证教学质量";"科学、规范的教育管理制度";"正确引导、因人而宜的思

---

① 李泉.2020:国际中文教育转型之元年[J].海外华文教育,2020(3):3—10.
② 中共中央、国务院印发《中国教育现代化2035》[EB/OL].(2019—02—23)[2024—02—27].http://www.gov.cn/zhengce/2019—02/23/content_5367987.htm.

想教育"的教育管理模式。① 从这三个方面出发，对国际中文教育对象的教学管理适当做减法，能够更好地以学生为中心，释放学生学习中文的自由度和活跃度，提高学生学习中文、了解中国的获得感和幸福感。

在管理和思想教育方面，院系层面的组织应当减少对学生的学业干预，侧重对学生的生活、思想管理，减少冰冷的制度约束，侧重为学生创造参加育人活动和项目的机会，因国而异、因人而异地增加对学生的人文关怀。比如，减少严肃的、重复强调管理规则的讲座，鼓励学生参加社会性、公益性社团，通过社团活动或者其他类型的交流活动促进学生和谐、健康发展；通过在学生中选树榜样，借助朋辈榜样的力量规范学生的日常行为；在春节、中秋节等重要时间节点，组织学生在学院范围内举办春节团拜会、中秋节月饼制作体验等学生喜闻乐见的活动，拉近师生、生生距离，增进感情。

在教学方面，学校或院系应当在教学上减少对学生选课的限制，在适当范围内减少必修课数量，减少课程之间的非必要捆绑，给学生充分自由选课的权利，充分发挥学分制的便利，做到开放的专业出口。在以往的教学实际中，由于培养方案和其他教学规定的限制，学生在选课时并非完全自由开放，这容易导致部分学生仅仅为修够学分、顺利毕业而选课。这种情况极有可能降低学生修习课程的积极性和兴趣度，导致学生学习效果不佳，学习获得感不高，严重者甚至有可能导致学生失去正确规划自己的学业和未来的动力，不利于学生自身的发展，也不利于促进中外高质量人才成长。由此，在符合专业培养目标的基础上最大限度给予学生选课自由，能够使学生按照自己的喜好和计划定制个人成长方案，增强学生对自身发展的信心和掌控感。

2. 做好加法

随着中国国际地位的提升，"一带一路"建设的走深走实，国际社会对中文人才的需求也呈多元化态势，"中文＋"复合型人才成为热门选

---

① 宋乃莲.浅谈来华留学生教育管理[J].中国高教研究,2000(9):44—45.

择。在这种情况下，国际中文教育亟须转变人才培养模式，及时做加法，以更好地服务新时代背景下学生的需求，成就学生的发展。需要注意的是，所谓"加法"并非各种措施和方法的简单叠加，而是相互作用，有机聚合。

除了专业上的相加外，在课程内涵方面还需要增加学生思想道德建设方面的课程，为培养拥有正确世界观、价值观的高素质人才和合格的世界公民奠定基础。国际中文教育是一个特色交叉学科，更是一项国家和民族的事业，肩负着为中国结交国际友人、为世界培养优秀人才的使命。在国际中文教育不同教育层级建设不同的育人课程，创设育人环境，有利于将思想道德教育与科学文化教育相结合，全面提升学生的综合素质。一方面，可以直接为学生开设思想道德方面的课程，如社会公德、职业道德、法律法规等主题，让学生直接接受道德、遵纪守法等方面的教育，提高学生的思想道德素质；另一方面，可以将思想道德教育内容间接融入到课堂教学的具体内容或者相关实践活动中，如在院系范围内开展"最美留学生""我最喜爱的老师"等投票评选，让学生在人物事迹中学习道德榜样；在课堂教学中适当补充现实生活中的中华传统美德、遵纪守法观念等方面的课文或者例子，拉近与学生的距离，加深学生的印象；组织学生到老字号企业参观、实习，体会良心企业的经营理念、社会担当；在生活中组织垃圾分类、志愿服务类的公益活动等。

除了课堂学习，还须注重增加学生感知和了解学科内容的机会，增加学生专业知识学习的自由度，同时利用社团组织等提升学生的协调和调度能力。无论在第一课堂还是第二课堂，都为学生提供更加丰富多样的知识获得机会。比如，处于不同学习阶段的学生有对应的课程，但也应根据具体阶段和层次进行调整，适当添加不同层次、不同难度、不同领域的课程供学生了解尝试。比如，预科教育阶段虽是学生专业学习的准备期，但这并不意味着预科阶段仅能且仅应该学习汉语知识，如果在此阶段为学生提供简单易懂的专业入门学习，同时聚合多学科的知识或思维方式，让学生更早地了解和步入专业学习，将对学生的专业学习提供更有力的帮助和指引,同时帮助学生真正发现自己的兴趣所在,持续提高学习的积极性。

3. 做好乘法

习近平总书记指出"文明交流互鉴是推动人类文明进步和世界和平发展的重要动力"①。在国际中文教育中做好乘法,可以成倍提高中文国际传播能力,培养更多知华、友华的高素质人才。

李宝贵、李辉对中文国际传播能力进行了详细分析,将其构成要素总结为国际中文教育教学能力、中文国际传播人才培养能力、中文国际传播服务能力、科技赋能中文传播能力、中文国际产品生产能力、中文国际传播风险防范能力六大要素。② 这六大能力均围绕国际中文教育传播人才培养展开,可见传播人才培养对国际中文教育转型升级的重要作用。

在对学生的培养中,我们要注重中文国际传播人才的培养,从教育学的视角,引导学生在深度认识和解读中国文化和发展的同时理解中国;培养更多的学生成为未来文化传播者,成为可以讲好中国故事、传播好中国声音的国际友人,在国际传播中能够起到几何级数的效应。比如,随着全球学习中文的人数日益攀升,国际中文教育呈现出很强的本土化趋势,将来本土中文教师将成为国际中文教育教学的重要组成部分,我们既可以在中国培养来华留学生的文化传播意识,鼓励他们将来回自己的国家做好中文教师,也可以直接在当地培养更多的本土教师,由这些本土教师将中文和中国文化传播给更多的学生,这将进一步提高中文国际传播能力,也将为中国构建更有力的国际话语体系、增进中外文明交流互鉴助力。

传播人才培养需要不断提升人才培养层次。在教育层次和模式上,要符合学生群体的多层次,体现国际中文教育的多样化,在本、硕、博各阶

---

① 习近平.文明交流互鉴是推动人类文明进步和世界和平发展的重要动力[J].思想政治工作研究,2019(6):7-9.
② 李宝贵,李辉.中文国际传播能力的内涵、要素及提升策略[J].语言文字应用,2021(2):2-15.

段着力培养更多的知华、友华人才。随着中国国际地位的提高以及中国全方位对外开放格局的形成,来华留学生数量不断攀升,学历生层次也愈发多元。本、硕、博不同层次学生的学习目的、学习方法、学习内容和深度、毕业生素质和能力水平各不相同,把握国际中文教育不同层次的特点,逐步形成适合不同教育层次的多元教学模式,能够更好地培养"术业有专攻"的高素质中文人才,放大国际中文教育的作用和意义。

二、从课程上聚合

不同的课程在聚合时有不同特点,预科教育和专业教育在课程聚合方面的表现不同;理论学习和实践教育的课程也各不相同,需要区别研究。以下将在预科教育和专业教育分类研究的基础上,对实践教育也展开分析。

1. 预科教育

"预科教育是对汉语和相关专业知识均为零起点或有一定汉语知识和能力的来华留学生,进行汉语知识教学和汉语技能的强化性培训,同时进行必要的数理化等相关专业的知识的教学,以使学习者达到进入中国高等院校学习专业所应具备的综合汉语能力、相关专业基础知识和基本技能。"[①]由此可见,预科教育本身所涵盖的教育内容和所承担的教学任务远不只汉语知识和技能的教学,预科教育阶段的教学本身具有学科交叉性和综合性,应当为学生提供专业学习和发展方面的准备与铺垫,同时为学生适应来华留学生活、尽快融入中国社会提供帮助。

在预科教育阶段,可以以汉语为线索,通过"汉语+"建设多学科融通的聚合课程资源包,比如"汉语+专业+人文+社会"模式,其中的汉语是指汉语零基础或基础薄弱的来华留学生在华生活和专业学习所必须掌握的汉语知识和汉语技能;专业指的是学生进入本科学历教育阶段将学习的专业,在此模式中是可以自由替换的;人文和社会是任何一位来华留学

---

① 李泉.试论汉语预科教育若干问题[J].国际汉语教学研究,2016(3):19—27.

生在中国生活、学习和工作的必修内容,是了解中国的途径,能够为他们未来进入专业学习奠定人文方面乃至专业方面的基础。比如以商务汉语方向的预科教育聚合课程为例,除对学生开展通用汉语强化训练和商务汉语教学以外,在人文方面可以聚合古今中外著名的商业文化课程,在社会方面可以引导学生通过简单易懂的资料或者实践内容了解中国经济社会,为学生正式进入专业学习减少阻力和不适应感。

在此阶段进行聚合课程的尝试需要注意以下两点:一是面向预科阶段学生所聚合的课程和资源应具备较强的普适性和可接受性,在知识深度和语言难度方面要把握准确,避免过度增加学生的接受难度和学业压力,应着力引导学生对汉语、专业知识和中国的兴趣,避免增加学生的心理压力。二是应当广泛拓展知识面,着力为学生填补知识空白,帮助学生在预备时期搭建起简易的知识体系和学习框架,便于学生在了解中国社会和学科前景的基础上,选择真正适合自己的专业方向,以更好地满足学生学习需求。

2. 专业教育

相较于预科教育阶段,专业教育阶段学生已经具备了基本的汉语交际和汉语生活能力,学习状态正从"学习汉语"迅速转变成为"用汉语学习专业"。这一阶段是学生语言能力、跨文化交际能力、专业能力等提升空间最大、可能性最多、提升最迅速的阶段。

在专业学习阶段,可以通过多学科统整建设聚合课程群,打造聚合课程体系,实现教书育人。聚合课程首先需要一个明确的核心主题,随后确定与主题联系密切的、有聚合的可能性和必要性的专题或者小课程,由来自相关学科的教师、助教、实践导师等组成教学共同体,各自从自己专业的视角开展育人活动。如前所述,以"构建人类命运共同体"为主题,融合汉语、学生专业、人类文明、科学技术等多方面的学科,可以从不同的视角解读各个学科的课程,教师组建教研共同体,共同探讨育人方案,实现知识和能力的综合提升。通过多学科的交叉融合,建设跨学科的融合课程体系,从知识结构、能力增长、素质提升、视野开阔等多方面满足学生的学习需求和发展需求。

此过程需要注意的是，在核心主题的统领下，专业课程与通识课程并存。专业聚合方面需要从教材聚合、教师聚合上开始奠定基础，横向拓展专业知识，构建全面、完整的专业知识网络；通识课程用以提升学生除专业以外的其他知识和能力，尤其是思维方式、创新意识等，以聚合课程为专业学习提供知识拓展和补充。

3. 实践教育

实践是教育的第二课堂，适当、有益的实践教育能够补充课堂教学的不足，活化学生的知识积淀。吴勇毅等认为，"有计划、有组织的课外语言实践活动是课堂教学的延伸和必不可少的辅助部分"[①]，建设协同育人的实践教育形态，不同学科的课程可以构建起跨学科的实践教育模式，将理论与实践融入多学科的交叉实践中，建立起更广泛的实践教育课程体系。

国际中文教育聚合课程实践教学不仅仅在于实践体验，更在于深化多学科理论，通过理论与实践的聚合机制，构筑多模态、语境真实、相互联系的语言听说读写能力实践，提升教学效果，完成培养目标。比如，汉语＋商务＋财务管理＋信息技术，可以建立起专业虚拟仿真实验室，通过仿真实验室完成学生的实践活动，为学生提供更多接触社会的机会，完成商务活动中的财务管理，帮助学生提升现代企业管理能力，并且提升语言能力。

三、从教育环境的拓展聚合

1. 开展信息化教学模式聚合

随着云计算、大数据、人工智能、5G等科技成果和手段的出现与广泛应用，科技赋能国际中文教育受到了越来越多人的重视。信息化时代及国际中文在线教育的热潮为国际中文教育带来了众多新兴、前卫的教学

[①] 吴勇毅,徐子亮,朱堪宇.对外汉语教学理论与语言学科目考试指南[M].北京：华语教学出版社,2003.

模式,通过这些教学模式开展课程聚合,能够大幅度改善当前国际中文教育的教学环境,为国际中文教育发展提供助力。

积极开展MOOC教学,开展线上、线下混合式教学,做好翻转课堂研究和实践,通过知识与技术的聚合,建立起新型的教学模态。此种教学模态可以很大程度上克服时间和空间的限制,帮助更多学生得到学习机会,同时科技的赋能也可以为学生提供更为丰富、更具针对性的学习资源,甚至可以为学生创造更加贴近生活的真实化语言环境。

信息技术不仅仅是辅助教学的技术手段,还是知识、内容和思维,科技赋能的聚合课程能够培养学生的信息化素养和数字化意识,培养时代新人,使他们更好地融入未来社会。

2. 开展第一课堂和第二课堂聚合

传统的课堂教学能够传授给学生专业、准确的知识,但终究无法给予学生广阔的展示平台。开展第一课堂和第二课堂聚合,举办多种形式的活动,为学生创造学习环境。利用各种国际交流合作的机会,为学生提供展示和学习的舞台,能够为学生在中国发展提供更多机会。比如,中非合作论坛是给来华留学的非洲同学提供的难得的机会,一方面,可以让留学生以志愿者身份参与会议组织及翻译工作,既能学以致用,也能提高沟通和写作能力;另一方面,有意识地组织学生设计或者参与文化活动,举办非洲主题的文化节、创办一个电视节目等,让更多的非洲同学在语言实践中展示自己的国家和文化,让世界各国的人了解非洲。

第八章 聚合课程指导国际中文教育实践育人[①]

实践教育是课堂教学的延伸和升华。通过实践教育,可以把书本知识变成生活体验,实现知识、能力、素质的全面提升。本章以国际中文教育中商务汉语课程的实践教育为例,通过聚合理论研究来华留学生的实践教育问题,为留学生提供更多更好的了解中国国情、感知传统文化、亲近社会生活的机会,增强对中国政治、经济、文化、社会的了解,使来华留学生对中国的友好感情内化于心、外化于行。

本章将首先概述国际中文教育实践育人的聚合特征,然后基于"三联动两机制"实践育人模式,研究探索国际中文教育课堂实践、校园实践、社会实践的路径。

第一节 国际中文教育实践育人概说

一、国际中文教育实践育人的聚合任务

近年来,随着中国经济的持续快速发展,综合国力的迅速提升,对外开放的深入发展,来华留学规模不断扩大。来华留学教育是培养中外友好使者的重要途径,是中外人文交流的重要桥梁,是国家软实力建设的重要组成部分。当前,随着"一带一路"、构建新型大国关系等外交战略的提出,中国"走出去"的步伐进一步加快,迫切需要将留学教育的功能从较为单一的语言教学为主,拓展到集育人、国际传播、外交、国家软实力和核心

[①] 本章的基本观点和部分内容发表于《重视和加强新形势下的来华留学实践教育》(《中国高等教育》2015 年第 11 期)。

竞争力、教育国际化于一体的多学科知识聚合,以培养更多了解中国经济、政治、文化、社会、历史的综合素质高的知华、友华人士。适应新时代、新形势、新要求,必须高度重视实践教育,为留学生提供亲身接触和体验中华文化、了解当代中国的机会。

1. 了解中国国情

国情是一个国家的基本面貌,代表一个国家的特点。了解国情是认识一个国家的基础,是培养友好感情的前提。加强国情教育最有效的办法,是鼓励和支持留学生走出教室、走向社会。要通过实践教育,让来华留学生踏足名山大川、参观企业、考察人文遗址,为他们直接了解中国的自然环境和人文景观,全面认识政治体制和现实运作,客观体验改革开放的伟大成就,深刻理解中国梦的内涵等,提供更多的观察点和更好的切入点。在此基础上,进一步引导来华留学生在与本国及其他国家的比较中了解中国的过去、现在和未来发展的前景。

2. 感知中国文化

文化是一个民族的符号,也是一个民族的生活方式。理解中国、理解中国人民,本质上是理解中国文化。深刻感知中国文化是培养对中国友好感情的关键。中华文化"多源一体"、源远流长,在五千多年的历史变迁中,始终一脉相承,积淀着中华民族最深层的精神追求,代表着中华民族独特的精神标识,形成了"和而不同""己所不欲,勿施于人""和为贵""言必信,行必果"等一整套独特的文化传统和价值观念。要通过实践教育,帮助来华留学生深刻体悟中国传统文化的精髓,认识中华民族的优秀品德。

3. 提高语言能力

语言是"存在之家",是表情达意、交流思想的工具。交际活动"不可能是单方面的,必须由交际双方同时参与"①。受制于客观环境,课堂的语言教学离实际应用会有一定差距。要通过实践教育让来华留学生获得

---

① 吕必松.对外汉语教学概论:讲义[M].国家教委对外汉语教师资格审查委员会办公室,1996:14.

习得语境,缓解留学生的文化休克,在真实的语言运用中体会汉语的丰富灵动,感知汉语的无穷魅力,增强对汉语的敏感度,提高准确把握和得体表达的能力,实现语言能力的根本突破。

4. 培养专业素质

学好专业是来华留学生的根本目的。要做好实践教育,必须要以培养专业素质为导向,依托专业、围绕专业,充分调动来华留学生参与学习的积极性和主动性。要通过实践教育,让来华留学生与一线技术人员和管理者直接深入交流,开展顶岗实习,进行动手操作,把课堂上学到的理论知识运用到社会实践,提高来华留学生谋求自身生存和发展、服务社会的本领,培养一批既掌握中国语言、熟悉中国文化和价值观念,又在某一专业领域具有一定造诣的优秀留学生。

二、国际中文教育实践育人亟待解决的问题

来华留学生实践教育关系到国家战略,涉及政府、高校、社会多个方面,必须加强顶层设计,注重多方联动,从转变观念、完善政策、调整机制等方面入手,全面加强来华留学生实践教育工作。

1. 完善宏观政策以解决留学生实践难的问题

目前国家关于留学生的管理政策很多都是改革开放初期制定的。当时不论是开放程度和领域,还是相应的监管能力和水平,都与现在有很大差异,一些政策措施已经不适应当前的形势。比如,在当前国家提出大众创业、万众创新的要求下,实习工作签证显然有些严格和僵化。可以顺应国际交往深度、规模日益扩大的形势,全面梳理现有政策,加快"废、改、立、释",改善宏观政策环境,为留学生实践教育的顺利实施铺平道路。

2. 完善协调机制以实现统筹联动

一是加强政府与学校的协调,政府要积极引导,主动提供相关信息,解释有关政策。二是加强学校与企业的协调,以提高专业素质为导向,共同规划实践教育内容,共同设计实践教育方案,共同管理实践教育过程,共同承担实践教育风险,合力打造合作共赢的实践教育环境。三是加强

学校内部教学单位与管理部门的协调,以加强实践教育、提高来华留学生综合素质为目标,强化专业学习与实践教育的衔接,针对不同语种、不同国家、不同文化、不同年龄、不同发展诉求的来华留学生,联合设计培养方案,加强信息互享。

3. 多方筹措资金以保障实践经费充足

政府要加大来华留学生实践教育投入力度,可考虑设立专项资金资助,也可通过调整政府奖学金项目的支出结构,加大实践教育的支出比例。高校要加强对留学生教育经费的统筹,把更多的经费用于实践教育,同时要积极争取社会捐款捐助,以冠名、提供有针对性的人才输出等方式,争取企业在学校设立奖励项目。

4. 加强趋同管理以便留学生融入中国生活

实践教育的根本目的是让学生真正融入中国社会,要为来华留学生积极创造走出校园的机会,更要利用好校园生活这一主阵地。从世界范围看,趋同管理是发达国家接收外国留学生普遍采用的培养方式。"趋同"不是无视差异的简单同一,而是要通过创新管理模式,实现跨文化交流,以促进不同文化间的相互影响、相互适应。尽管现阶段对来华留学生实施趋同管理还存在语言、文化、制度等许多客观上的困难和障碍,但不能因此停滞不前,而应遵循留学生教育规律,积极稳妥推进。当前,实施趋同管理的一个重点,是结合学校的实际推进混合编班、混合住宿,在中外学生日常生活这一最基本的"实践"行为中实现文化交流融通。

5. 加强师资建设以提高实践水平

实践教育不是简单地把学生放到社会,要达到教育目的,需要有针对性的、专业化的设计与指导,有无高水平的教师指导团队是实践教育成败的关键。一要重构教师结构,以聚合课程为核心,形成分工合作、协调一致的教学团队,解决统筹协调不够、力量相对分散的问题。二要借用外部力量,聘请企业优秀技术人员和管理人员到学校任教,做实践教育导师,解决实践教师数量不足、质量不高的问题。三要加强培训,有针对性地培养一批既有扎实语言能力和良好文化素质,又具备跨文化交流能力和专业基础的指导老师。四要加强配套制度设计。相较于中国学生,指导留学生开展实习实践工作量和协调难度都更大,有必要创新考核评价制度和分配制度,激发教师从事留学生实践教育的积极性和主动性。

三、建设"三联动两机制"实践育人模式

来华留学生是一个特殊的群体。要实现上述了解中国国情、感知中国文化、提高语言能力、培养专业素质的四大任务,必须充分认识留学生与中国学生在语言、心理上的差异,有针对性地创新教育途径,切实提高实践教育的效果。在聚合理论指导下,建立包括"课堂实践、校园实践、社会实践"的"三联动"育人模式及"校企联合培养机制、虚拟仿真实验室机制"的"两机制",简称"三联动两机制"实践育人体系,形成三级实践环境的协调联动,为学生创设实践育人的整体方案。下面通过两个例子说明"课堂实践、校园实践、社会实践""三联动"的具体落实。

1. 指导学生模拟建立公司

(1)总体设计。一是确定实践总任务。在课堂上,由老师指导学生共同体策划一个项目,确定实践主题,比如以"我来当老板"为主题开展实践活动。二是学生共同体在课后制订调研方案,开展校园实践。三是共同体开展一系列的社会实践活动,进行调查研究,分析市场,了解相关法律法规等。四是共同体返回学校,汇总信息,展开讨论,写出策划方案。五是论证项目,班级召开模拟论证会,共同体作陈述报告,老师和其他同学做"专家"参与评议,帮助修改完善公司运营方案。

(2)具体教学设计。可以分解为四个实践子任务。

子任务1:初期筹划。共同体商议在中国组建一个公司,确定所建公司的性质、规模、经营范围、市场定位、人员构成、公司名称等,讨论如何进行市场调研,并公布在学习平台上。(课堂实践+校园实践)

子任务2:实地咨询。对于外籍人士在中国注册公司有哪些相关的法律法规及具体的手续要求,需要通过咨询了解。首先通过平台了解每个共同体拟建立的公司性质,分析各个公司所涉及的相关管理部门。然

后,各个共同体分工合作,分别前往市场监督管理局、公安局、税务局、人力资源和社会保障局、银行、会计师事务所、律师事务所等部门进行咨询,获取相应的信息。最后把这些信息制作成电子文档,发布在平台上与其他共同体共享。(校园实践+社会实践)

子任务3:制定内部管理细则。各"公司"讨论并制定各职能部门发展规划,详细列出各部门具体的工作职责、发展目标、工作计划等,做出完整的计划书。(课堂实践+校园实践)

子任务4:项目论证。各"公司"把各部门的管理细则整合在一起,结合具体项目进行综合论证,建立起相对完善的公司运作模式,包括公司的组织结构、经营范围、市场定位、中长期发展规划、企业文化等。(课堂实践+校园实践)

2."中国摆脱贫困"主题实践

在课堂实践中,让学生在角色预设、真实环境模拟中,了解中国脱贫攻坚战取得的伟大胜利,为世界减贫事业做出的重要贡献;在校园实践中,围绕该主题组织学生开展讨论、演讲等活动,进一步深化学生对"中国摆脱贫困"这一主题的理解;在社会实践中,组织学生参观考察、社会调研、分析数据,并形成调研报告。

实践任务完成的整个过程需要在线和离线配合,教师和企业导师密切追踪,体现了课堂实践环境、校园实践环境、社会实践环境的有机转换,体现了"三联动"的特征。

第二节 课堂实践环境构建

在课堂实践、校园实践、社会实践"三联动"中,课堂实践环境是"三联动"之首,是实践的原点和基础,是校园实践的重要铺垫,是社会实践基本方案的重要起步阶段。课堂实践环境的构建,对于"三联动"的形成和实施具有重要意义。在课堂上探索场景还原教学,通过角色预设、环境沉浸等方式,针对课堂内容展开讨论、演讲和辩论,或就教学内容模拟真实社会活动,扮演一定的角色,建立师生互动、生生互动的课堂实践环境。下面以商务汉语课程为例,探讨课堂实践育人环境构建的问题。

一、课堂实践环境建设的必要性

课堂实践是一个聚合统整的过程,需要多学科、多领域知识与实践的有机融合。有意义的教学可以在课堂教学中建设课堂实践环境,教学效果通常可能有三种:其一是课堂很热闹,老师很幽默,但缺乏信息含量、知识含量、能力含量;其二是了解了做某项工作的程序、内容、使用的语言,清楚在跨文化交际中可能出现的障碍,但缺乏具体操作的能力;其三是掌握了从事某项工作的程序,能够使用正确适当得体的语言进行工作,可以有效应对并化解交际过程中的跨文化障碍。从教学层面看,第一种属于无效教学;第二种虽然使学生掌握了一定的理论性知识,但不具备实际工作能力;第三种使学生既掌握了一定的理论性知识又掌握了一定的程序性知识,让学生具备了一定的实际工作能力。从学习层面看,这三种分别是无学习、机械学习和有意义的学习。显然,第三种课堂教学效果符合汉语人才培养目标。

二、基于交互性的课堂实践环境建设

1. 交互使学生善于学习

20世纪七八十年代,美国教育心理学家布朗(A. L. Brown)和帕林萨(A. S. Palincsar)提出了交互式教学(Reciprocal Teaching)的概念,目的在于提高学生阅读理解和自我学习能力。交互式教学的核心理念是以学习者为中心,强调教与学相互交流、沟通、互动、联系、影响,教师要运用多种教学方法在师生之间、生生之间营造交流互动的关系,使学生从"乐学""好学"到"会学""学会"。这种教学思想体现了民主性、多样性、激励性、开放性、反馈性、生成性及技术性,它使教学的重心发生了由教师教向学生学的转变。

2. 交互式实践教学的理论基础

交互式学习的理论基础是建构主义,它是在支架式教学(Scaffolding

Teaching)理论基础上发展起来的,以最近发展区作为教师介入的空间,为学生学习提供实践支持。交互式学习理论践行了建构主义所强调的"学习是知识的社会协商"的思想,特别突出强调"知识建构共同体"的意义。杜威的"做中学"理论认为,"共同体"可以是一个小社会,在团体内部进行交流互动,提高能力;"共同体"也可以整体面向大社会,与社会进行交流互动,共同提高能力。而学习不是简单地获得一套知识技能,并在相应的场合运用这些技能,学习是要求学习者参与社会实践,学会在该活动中做出合理有效的举动。[①] 莱夫(J. Lave)和温格(E. Wenger)进一步发展了这种理论,强调实践不仅仅是发生在真实场景中的活动,更重要的是发生在实践者所构成的共同体之中,这种"实践共同体"的目标是获取实践情景知识,即获取蕴含在社会实践活动及其所使用的工具物品之中的知识,包括共同体成员的社会关系、实践规则等。[②]

3. 建设交互式学习环境的内涵

交互式学习有两种内涵:其一,是指学习者利用多媒体及网络技术进行人机交互的学习形式;其二,是指在教室里通过教师适当的教学方法的引导,达到师生互动、生生互动,从而激发学生求知欲,探索自主学习的方式。在商务汉语课堂中,前者为学习者创设虚拟商务实践环境,后者在实体课堂中营造便于学习者掌握商务知识和技能的真实或类真实的商务实践环境,它们共同的价值取向都在于实践环境。这都是在多学科的聚合统整的环境下进行的。这里的课堂实践环境是这两种课堂的融合,即依托于实体课堂环境,充分利用多媒体及网络课堂等现代技术资源,构建适合商务汉语教学的可操作的、应用型的实践教学管理平台。

三、商务汉语课堂实践交互环境构建例析

交互式学习理论认为,学习即改变。教学就是通过互动的方式改变

[①] 杜威. 杜威教育论著选[M]. 赵祥麟,王承绪,编译. 上海:华东师范大学出版社,1981.
[②] LAVE J, WENGER E. Situated learning:legitimate peripheral participation[M]. New York:Cambridge University Press,1991.

学习者的思想和行为,使之适应周围环境的过程。学习者是改变的主体。当学习者具备并掌握了在相应环境中的工作能力、工作语言、协调能力时,学习的成绩和效果就显露出来了,教育的目标就达到了。下面以商务汉语课堂实践教学环境构建为例,从顶层设计、过程管理、优化环境等方面分析课堂实践环境构建的相关问题。

实践性是商务汉语的重要特征。商务汉语与社会生活及职业发展息息相关,它的基本属性是实践性和交际性,它的教学特征是为学习者构建获得商务能力的互动环境。商务汉语学习者的目标指向也是实践和沟通。为此,商务汉语课堂要特别强化实践教学,通过创设适当的实践环境,为学生搭建参与、交流、合作、互动的平台,实现开放、动态、实效的自主学习,从而培养学习者的责任感和担当意识,增强学习者的就业、创业和创新能力。

1. 做好前期管理:商务汉语课堂实践的顶层设计

商务汉语课堂实践环境的顶层设计体现为教师和学生对实践教学项目进行的统筹规划,重点是明确商务汉语课堂实践的目标、主题和内容,明确课程环境的实践性特征构建,以形成实践教学的总体框架。

(1)确立实践目标。实践目标是商务汉语实践环境构建的指向,是顶层设计的首要任务。包括内容上所要达到的知识目标、能力目标和素质目标;层级上所要达到的终身目标、课程目标、课堂目标。具体操作步骤包括以下几点:第一,根据市场对商务汉语人才需求确立总的培养目标;第二,根据学习者的学能,即语言能力和商务能力,确定切实可行的教学目标;第三,根据学习内容确定阶段学习目标。实践目标的确立以教师为主,强调学生的有效参与。

(2)确定实践主题。主题是实践教学的主旨和灵魂,对课程建设、教学规划、教学活动起着统领作用,决定了实践的主要任务和目的。具体要求是:第一,体现商务活动的核心理念,与社会的经济、政治、文化生活息息相关,与中国同世界各国的外交、贸易等交流合作相联系,关注社会经济发展的热点、焦点问题;第二,体现学科知识的延伸,结合教材内容,并在此基础上拓展深度和广度;第三,贴近学生现在和未来的生活实际,贴近学生的语言能力和商务知识储备,关注学生的需求,关注学生的兴趣。主题可由学生提出,或以师生讨论协商的方式产生。

(3)规划实践内容。这是对实践任务的设计过程。首先,在主题的引领下,教师把实践内容按照学习者的习得规律和学能状况划分成具体可操作的任务;其次,把这些任务放到真实的商务环境中去观察思考,从中提取最具典型性特征的部分;最后,根据真实的商务场景,在课堂中设计类真实的商务实践环境,从而为学生进入商务实践活动做出整体规划。

比如,为"当代中国经济"这门课程做出实践教学环境的顶层设计,确定实践目标为"能够全面深入了解当代中国经济发展脉络,能够运用汉语和所掌握的经济理论分析中国社会经济现象,从而提高学生分析问题和解决问题的能力"。为了实现这一目标,可针对中国经济,特别是改革开放以来经济发展的特点,结合学生的兴趣点,把社会植入课堂,透视中国经济问题,为学生搭建分析经济现象、发现经济规律、探寻社会价值和意义、对未来做出前瞻性思考的环境。实践课程主题可以确定为"中国全面建成小康社会";实践内容是:"在这一时代大背景下,引导学生找到其间影响中国经济发展的大事,并对其进行分析研究,探索其中的缘由,寻找发展规律,为中国乃至世界经济把脉";实践环境包括网络查找资料、社会调查采访报告、小组讨论、班级辩论、撰写研究报告等。

2. 创设实践环境:商务汉语课堂实践的过程管理

商务汉语课堂实践环境可分为"硬环境"和"软环境"。"硬环境"一方面包括与学生获取信息、展示研究成果、和同学进行交流互动相关的计算机、班级的座位、墙壁贴画、共同体的标志物、教具、学具等;另一方面包括师师之间、师生之间、生生之间形成的教研共同体和学习共同体,学习共同体根据环境的空间维度又可分为班级共同体、小组共同体和互联网共同体等。"软环境"包括各类共同体内部和谐、友好的互动关系和彼此之间的联系。硬环境和软环境相互依存,依靠师生共同创设。

(1)营造课堂商务环境。在班级共同体中,通过各种表征营造商务环境,使学生沉浸在商务职场中。比如,利用教室的背景、展板、实物、多媒体设备等硬环境营造职场空间效果,使学生把每天的上课当作在公司上班;教学过程模拟真实商务环境,教学情景模拟商务活动,教师和学生扮演商务职业身份,按照行业规程设计教学过程。把传统课堂教学点名的形式改为打卡上班(模拟),根据绩效结果(完成学习任务)实施奖惩(作为平时成绩的参考)。

(2)构建班级人际环境。根据群体动力理论,人们在群体中讨论解决问题时,解决问题的知识是群体成员所拥有知识的函数,而不是简单的总和,形成"整体大于部分之和"的效果。建立小组共同体,其内部通过分工合作,自主探究,相互激励,相互碰撞,可以产生意想不到的学习效果。小组共同体可以是固定的,也可以是临时的。成员的结合可由志同道合者自愿组合,也可由教师按照一定的特征安排,比如按照成绩的差异来搭配,或按照穿皮鞋的、穿牛仔裤的、短头发的、长头发的、戴眼镜的等外在标记特征随机划分,还可以以竞聘的形式产生共同体"CEO",然后由"CEO"组建共同体团队。共同体是开放的,新成员通过"合法边缘参与",逐步从边缘化的身份转化为正式的共同体成员,在此过程中学习各种知识和技能。

(3)整合跨文化交际环境。文化是语言学习最重要的环境。在课堂中模拟建设企业文化,利用文化软环境进行跨文化交际活动,让学生熏陶在职场的商务文化氛围中,并不断在课堂实践活动中修改完善,构建起汉语、商务、文化三位一体的实践教学模式,使学生了解中外商务文化的差异,并逐步养成跨文化交际能力。比如,在班级墙壁或班级邮箱里贴上企业文化的标语,设计共同体的文化标志物,或设计共同体 LOGO,"员工"参与实践活动要实行"挂牌服务",为业绩突出者适时添加红花,为过生日的"员工"送上祝福等。

(4)搭建多媒体及网络互动环境。多媒体及网络构成的虚拟课堂是交互式商务汉语教学重要的实践环境。在抛锚式教学(Anchored Instruction)理论的指导下,利用多媒体技术实现翻转课堂,引导学生借助视频资料去学习,发现问题、分析问题、解决问题;通过互联网创建模拟商务环境、获取商务信息、共同研讨协商、相互沟通意见、思想碰撞的教学平台。比如,小组共同体通过网络教学平台学习微课程并研讨相关知识、完成学习任务,明确教学目标和主题,再通过实践获取相关信息,在小组共同体内部交流,最后参与班级共同体的讨论。

例如,结合《梦想,从历史深处走来》的视频资料设计100分钟的商务汉语课堂实践教学环境。视频以习近平主席出访中亚五国为主线,探讨世界区域经济合作的问题。实践目标为:学生能够运用正式、得体的汉语分析世界经济现象,具备参与高层次会谈的能力;实践主题为:"隆中对——世界经济纵横谈";实践内容为:引导来自世界各国具有不同文化背景的留学生探讨全球经济的发展趋势。实践环境建设包括以下三个主要环节:

第一步,信息准备。小组共同体通过翻转课堂观看视频,学习汉语、商务和文化知识,领会教师的要求;通过交流合作,从不同视角、不同侧面针对中国与中亚五国区域经济合作问题进行评论;选择确定世界某一个区域经济合作内容作为小组共同体研讨的对象;小组共同体通过网络查找所选择区域经济合作的资料并进行分析,讨论并形成参与班级共同体互动的材料。

第二步,信息交流。小组共同体汇报并参与班级共同体交互式学习;师生共同讨论并总结出分析世界经济形势的方法、逻辑顺序等;师生共同讨论并总结出分析世界经济形势的口语和书面语的语言表达形式;小组共同体之间以分析世界经济形势为主题,模拟国家领导人互访的环境进行友好会谈,畅谈天下经济合作发展大事,实现口语实践。

第三步,信息综合。小组共同体课后讨论,整理出"隆中对——世界经济纵横谈"的书面分析报告,进行书面语实践,网上提交报告。

上述实践过程经历了"网络课堂→实体课堂→网络课堂"的环境转换。在这个转换过程中,学生的视界在不断扩大,从一个小组共同体内部的一个区域合作到多个小组共同体展示的多个区域合作,信息量不断增加,知识面不断拓展;同时,从小组共同体内部分析研讨,到班级共同体研讨,再到模拟高层次正式场合口语交际,最后到正式书面语表达,学生的汉语和商务能力在不断提升。

3. 优化实践环境:商务汉语课堂实践教学的结果评价

商务汉语课堂实践教学环境是一个动态的开放系统,需要师生在实践过程中不断面对每一个新问题,分析并予以解决,通过纠正、改进,使环境得以优化。

优化的基础数据是评价。评价需要建立相应的指标,商务汉语课堂实践环境的评价指标依据交互式学习理论,重点在于考查共同体成员的参与度、多元拓展的宽度、激励创新的维度、交流互动的深度、自主学习的自觉度等。

(1)共同体成员的参与度是基本的评价指标。交互式学习的重要意义在于使学习者都能有机会参与到实践活动中来,共同体成员的参与度体现了实践环境的价值和科学性。

(2)多元拓展的宽度是重要的评价指标。交互式学习理论强调通过人机之间、人人之间的交流互动,加强信息交流的机会,从而获得多元的知识和能力,这是衡量实践环境效度的重要标准。

(3)激励创新的维度是实践环境的核心目标,现代教育的重要指向是培养创新型人才,要通过商务环境的有效构建,调动学习者的主动参与意识,积极鼓励和培养创新精神,使其具备创新能力,在未来的经济合作交流中发挥更大作用。

(4)交流互动的深度是实践环境创设的价值所在,课堂实践环境建设就是为学习者打开更多获取商务信息的窗口,深化师生之间、生生之间的交流互动。通过开放式合作交流,加强对知识的理解和掌握,提供学生运用所学知识的机会,使商务汉语学习变得更加真实、具象,学习更有成就感。

(5)自主学习的自觉度是实践教学人才培养的重要目标,也是学习能力养成的重要衡量指标。学校教育、课堂学习是人生中十分宝贵的短暂阶段,终身学习是未来社会对人才需求的重要要求。交互式课堂实践环境的构建把学习者引入合作互动的环境,为他们日后在工作中的合作互动及相互学习提供了方法论的指导。

交互式学习理论更强调学生参与评价,学生在评价中发现问题,调整学习环境,从而获得能力。在这个过程中,每个共同体及其成员都是商务环境的重要组成元素,通过对环境的评价实现对环境的优化。

例如,结合"广交会"的阅读资料,让学生以广交会工作人员的身份,为参展商设计一个参加广交会的申请表。首先,学生建立小组共同体,然后各个共同体建设广交会筹委会的环境。其次,筹委会召开会议,讨论确定广交会申请的条件、资质、标准等,设计成表格。再次,共同体间互换阅读,并做出点评。最后,每个共同体对自己的作品进行自我评价,也对其他共同体的作品进行评价,教师参与点评。

在整个设计过程中,教师的评价伴随始终,适时点评并给予一定的指导;在设计过程中,筹委会讨论的过程就是自我评价修改完善的过程;在共同体之间互换阅读的过程就是互评的过程。这样就实现了从环境创设到环境管理再到环境优化的一个完整历程。

第三节 校园实践环境构建

校园实践环境是"三联动"的"中坚力量",是连接课堂实践环境和社会实践环境的重要环节,是课堂实践环境的延伸,是社会实践环境的准备,是保证"三联动"顺利实施的基础。校园实践环境通过建设校园文化和虚拟仿真实验室构建实践育人的校园环境。

一、通过校园文化活动创设实践环境

校园文化活动是对课堂学习的拓展和延伸,是实践教育最便捷的载体之一,更是寓教于乐的重要手段。一是利用趣味性竞赛活动,拓展留学生参与面。比如,举办汉语节目表演、汉语达人赛、演讲比赛、体育运动会等。二是利用传统节日,加强文化认知。比如,举办天涯共此时中秋晚会、元宵灯谜晚会、重阳诗歌朗诵会等。三是利用社团活动,加强文化交

流与互动。比如,建立校园双语互鉴园地、举办中外学生艺术节、五洲风情文化周等活动。四是利用志愿服务,提高实践活动能力。鼓励留学生在图书馆、学校餐厅等场所或在重大活动中担任志愿者,在工作中提高能力,了解中国。五是利用专题讲座,加强对中国问题的深入思考。聘请有关专家及社会知名人士,为留学生作系列专题讲座,深入解读社会热点问题,增进留学生对当代中国问题的理解。在校园中强化自主学习,利用现代教育技术资源优势,采用MOOCs或翻转课堂的教学组织模式,为学生提供更多自主学习的机会,也为留学生参与社会实践提供便利条件。六是组织留学生开展多种形式的仿真竞赛,比如举办商务谈判竞赛,展示并提高留学生商务口语能力,通过交流互动,提高对中国的认知和对商务规则的了解。比赛的评委由学校老师和企业代表担任,既有对课堂教学内容的检查,又有对商务工作实际运用能力的考查。通过评委的点评,帮助留学生学习知识,提高能力。

二、通过虚拟仿真实验室机制建设校园实践环境

虚拟仿真实验机制是通过现代信息技术,整合多学科的知识和技能,通过计算机、人工智能等技术手段,建立虚拟仿真实验室,完成实践任务。虚拟仿真实验室是校园实践的重要方式,是有效解决国际中文教育实践难问题的重要手段,是现代信息技术与中文教学的聚合统整,是跨学科教学的重要举措,是现代实践教育的重要机制。

下面以商务汉语教学为例,探讨建立跨学科的国际中文教育学科交叉研究机构,利用虚拟仿真实验室开展聚合课程实践活动的育人机制。

(一)虚拟仿真实验机制对商务汉语教学的重要意义

1. 商务汉语教学现状需要建设虚拟仿真实验室

作为专门用途语言的商务汉语,自1987年开始设课教学以来,已经走过了30多年的发展历程。随着国际中文教育事业的深入发展,世界对国际化、复合型人才需求的迫切,商务汉语在国际中文教育领域的地位越来越凸显。目前,几乎每个开办对外汉语教学的学校都开设了商务汉语教学

的专业方向或课程,学习商务汉语者几乎占据了汉语学习者总数的半壁江山,囊括汉语、商务多门课程的商务汉语教学课程体系已经初具规模。

但是,在目前的商务汉语教学中,汉语课程和商务专业知识课程还缺乏有机的融合,真正意义的校企联合的商务实践活动还不能有效进行,数字化、信息化在商务汉语教学中还没有得到落实,中国学生、外国学生交流互动的通道还没有打开。上述问题严重影响了国际化、应用型、创新型人才培养的质量,也影响到了留学生招生数量。为此,需要建设商务汉语虚拟仿真实验室。

2. 商务汉语人才培养目标需要建设虚拟仿真实验室

根据李杨《对外汉语本科教育研究》,我们把商务汉语人才培养目标定义为:培养既具备汉语运用能力,又掌握经济管理知识和能力的国际化、复合型、高水平人才。

这一目标的核心是"知识+能力"。体现在商务汉语教学内容上为"汉语+商务+文化"三位一体的内容体系,以及信息化时代背景下商务信息化的知识及应用能力。具体来说,包括汉语语言知识及运用能力、商务专业知识及运用能力、企业信息化管理的知识及运用能力以及跨文化交际能力。因此,理想的商务汉语课程构成是"汉语+商务+实践"。

目前的课程设置在汉语和商务两个方面基本健全,但是实践方面还远远不足,而且实践信息化的教学(如企业 ERP 应用)和基于信息技术的实践教学(如企业经营电子沙盘模拟、基于 3R 的企业认知和经营感知、基于 VR 的业务场景理解等)基本没有。然而作为以应用性为特征的商务汉语教学,实践课程应该占据重要的地位,而且在信息化时代,实践信息化的教学也应该得到足够的重视。否则,将导致学习者汉语及商务运用能力和跨文化交际能力的弱化,以及信息社会中动手能力的欠缺。

3. 商务汉语学习者的实践要求需要建设虚拟仿真实验室

目前在中国的商务汉语学习者主要有三类:一是正在学校学习,毕业以后准备从事商务工作的学习者,他们非常希望在商务汉语的学习中有商务实践机会,掌握在中国商务环境中商务信息化处理和真实商务操作的能力。二是正在中国从事商务工作的人，他们一般具有一定的商务知识和能力，但是缺少汉语知识，并且对中国的商务环境不熟悉，特别希望了解中国的商务规则和企业信息化管理制度。三是预科教育、短期速成教育中的一部分即将到商科类学校或专业学习相应专业知识的学习者，他们急切希望更多地了解中国的商务环境及规则，希望有更多机会参与中国商务实践，为未来准备更多实际工作能力。可见，商务实践和信息化课程对这些学习者都是非常必要的。

4. 商务汉语教学存在的问题可通过虚拟仿真实验室解决

商务汉语教学目前存在的主要问题包括以下几个方面：一是汉语和商务课程缺乏融合。目前开设的商务汉语课程包括汉语言课程和商务专业知识课程两类。汉语言课程内容是商务汉语综合课，外加听说读写小四门，与通用汉语的课程设置基本一致。商务专业知识课程包括经济、贸易、管理、营销等，教学内容与给中国经济管理类学生的教学内容基本相同，只是稍作简化。各门课程相对独立，汉语课程和商务专业知识课程之间缺乏必要的联系，相互之间的融合不够，使得留学生学习往往事倍功半。二是实践机会少。商务汉语的专业性和应用性要求其教学要具有一定的实践性，但是在我们的教学中，实践教学远远不能满足学习者的需求。专业知识课程的上课形式主要以教师讲授为主，基本没有实操训练。三是信息化程度不够。现代企业管理包括大量的信息化的内容，商务汉语教学应该把这样的教学内容纳入其中。同时，基于信息技术的企业经营模拟沙盘和基于3R技术的数字仿真，可以为学习者提供具有真实感的实践场景，也是商务汉语实践教学的必要补充。而目前的商务汉语教学中还没有体现。四是缺乏统筹安排。目前商务汉语教学各课之间在内容上相对独立，每门课程都是任课教师个人安排，内容上缺乏宏观统筹协调，练习的重点和难点不集中，教学上各自为战，教学效果欠佳。

上述问题成为制约国际化、复合型、应用型商务汉语人才培养的瓶颈。然而，信息化革命的到来，为商务汉语教学打开了一个重要的通道。通过建设交叉学科的聚合课程体系，建立商务汉语仿真实验室成为必然选择。

（二）商务汉语仿真实验室所承担的任务

商务汉语仿真实验室所承担的任务是建设包括企业内部管理、企业外部环境、社会供应链管理等三个方面内容的智能化仿真教学平台。

1. 企业内部管理机制

建设企业内部各部门之间的协调联动机制。在实验室里，学习者组建仿真公司，可以是中资企业，可以是外商独资企业，当然最好是中外合资企业，学习者都是公司的职员，每个人都有各自的身份和职责。在操作中，他们基于 3R 技术和模拟沙盘，沉浸式地完成公司从生产到销售的内部业务管理。而且，利用信息技术，进行基于学习者操作数据的部门业绩评价与考核，以提升学习者的企业经营管理能力。

2. 企业外部环境机制

建设企业与政府和社会的联动关系，在实验室中，一些学习者模拟建立公司内部的相关部门（如企业的财务部、人事部、公关部等），一些学习者模拟中国政府的职能部门（如市场监督管理局、税务局、银行、公安局等），他们沉浸式地模拟完成企业与相关职能部门的协调联动。这样，学习者可以在仿真实验室中，真实感受体会与中国政府相关管理部门的沟通协调，学会注册、年检、报税、贷款等业务的办理方式，能够更好地帮助学习者理解和掌握中国的商务环境和商务规则。

3. 社会供应链管理机制

建设公司之间供需关系及相关业务协调机制，保持公司间的合作共赢关系。在仿真实验室中，通过信息技术建立国内外公司之间的仿真业务联系，学习者可沉浸式地参与公司之间的采购、收货、付款、销售、发货、收款等相关业务，学会国内和国际贸易操作，并可基于业务数据对公司业绩进行评价与考核。

（三）商务汉语仿真实验室的工作内容

商务汉语仿真实验室可以把汉语、商务、信息技术等多种课程内容进行整合，建设聚合课程体系，让学生在训练语言表达的基础上学习商务知识,在类真实的商务环境中进行国内和国际商务操作,可以在一定程度上解决商务汉语实践教学的难题,为学习者的自主学习、合作学习、讨论学习、探究学习提供条件,对国际中文教育发展具有重要的推动作用。

而且,基于信息技术的商务汉语仿真实验室,在利用国产软件解决商务汉语实践教学难题的同时,也对培育国产软件的国外用户和运维人才、帮助国产软件走出国门,起到积极的推动作用。

实验室建设内容主要包括以下五个方面。

1. 建立聚合课程体系

通过多学科课程的聚合、融合,建立汉语、商务、文化三位一体的聚合课程体系;通过汉语、商务与信息技术的交叉整合,实现多学科知识的融合;通过仿真商务活动实验室的构建,为学习者提供沉浸式参与商务活动的机会。

2. 建设中外融通的教学机制

中外学生同堂上课,可以为学习者提供更多文化互鉴、语言交流、情感沟通的机会,服务于中外学生融通教学的发展方向。

3. 建设物理的仿真商务环境

仿真实验室中设计物理仿真的中国商业社会环境,使得在该环境中进行商贸洽谈和业务办理的学习者具有真实感,并可为学习者理解和掌握中国商务环境及业务规则提供更形象和具体的实物场景。

4. 基于3R技术建设数字仿真的商务环境

在仿真实验室中,将基于3R技术建设虚拟的、可远程访问的3D虚拟社会环境、虚拟企业和虚拟业务场景,使学习者在信息技术的支持下,可以沉浸式认知中国商业社会环境、认知案例企业,并感知案例企业的内部经营管理流程和外部供应链情况。

5. 进行面向留学生的教学软件二次开发

目前,面向中国学生的商务信息化和实训软件已经比较成熟,主要包括中文版企业资源规划(ERP)系统、企业经营管理电子沙盘等,但面向留学生的中文版相关教学软件还需要二次开发,这样既可为学习者提供更便捷的商务汉语的信息化应用和实训环境,也可为中国软件走向世界打下基础。例如,面向留学生的商务信息化和实训软件的二次开发可以侧重多语种开发,首先完成可中英文切换的教学软件的开发,再在力所能及的情况下完成其他语种(特别是"一带一路"沿线小语种)教学软件的开发。

(四)商务汉语仿真实验室的应用场景

1. 整合课程

通过商务汉语课程的整合,对包括口语、写作、商务文化的商务语言课程内容与包括营销、管理、贸易等商务专业知识内容及企业信息化管理的课程内容进行分析研究,从中抽取各自的核心教学内容,进行高度融合,建立起聚合课程体系。

2. 集体备课

不同学科专业的老师分别承担相应的任务,集体备课。把汉语、商务、信息技术高度融合,建立适合学生实际动手操练的,融汉语、商务、文化、信息为一体的商务汉语教学资源。

3. 合作上课

多种专业背景的老师一起上课,内容互动,形式联动,完成汉语、商务、文化、信息的高度融合,实现模拟真实商务场景的实践操练,建立理论与实践紧密联系、相辅相成、互相促进的教学模式。

(五)商务汉语仿真实验室的课程建设

1. 建设综合实践课程

开设中外学生同堂的商务汉语综合实训课程。在仿真实验室中,通过创设的中国商业社会仿真环境,让中外学生共同沉浸在商贸洽谈和业务处理中。

2. 建设商务信息化应用相关课程

基于中文软件开设商务信息化应用相关课程,如供应链应用、网络营销、电子商务等课程。通过仿真实验室建设的商务汉语信息化应用和实训环境,帮助学习者学会使用相关的中文版软件,如企业资源规划(ERP)

系统、企业经营管理电子沙盘等。

3. 建设开放的商务汉语实验平台

首先,人员开放,有意愿为学生建设聚合课程的老师都可以随时参加进来。其次,课程开放,无论什么课程的聚合,只要老师们有自己的聚合课程规划,需要结合信息化教学,都可以在这个实验室中实现。再次,学习时间开放,学生可以根据自己的情况提前预约学习时间,实验室随时为他们开放。

4. 研究设计商务汉语实践能力发展评价体系

实践能力发展评价体系一直是一个很难解决的问题,因为需要将各种评价指标进行量化,仿真实验室可以推动这一问题的解决。实验室可以根据学生参与的各项内容设定具体评价参数,主要从汉语的表达、商务知识的理解和运用、企业的实操等几个方面考查。同时兼顾课堂及各种活动(如大赛等)的参与度。这样的评价体系既有横向比较,又注重发展性评价,把个人能力提升作为重要的考量标准。

第四节　社会实践环境构建

社会实践教学是"三联动"的最终指向,是最具实践特色的实践教学活动。为了研究社会实践问题,我们专门做了社会调查,并根据调研深入探讨了聚合课程环境下社会实践的开展问题。

一、社会实践教学情况调查分析

(一)调查走访情况

1. 走访院校

走访了6所首都高校,与教师进行交流,了解学生实践教学的情况。对商务汉语学习者做了问卷调查,共获得400份问卷,并对问卷做了分析。

从对留学生的问卷调查结果看,所有被试都希望有机会到企业实习,最好能有一年时间。已经有过实习经历的占 32%,他们做过的实习工作有翻译、教授外语、联系客户、参加会展、参加谈判、组织企业宣传、策划广告等。他们认为,实习带来的不仅仅是经验,更多的是对中国的深度了解,还有与中国人交流的方式方法。他们遇到的最大困惑是,当遇到问题时,比如身份问题、食宿问题,他们不知道该找谁,企业一般不太清楚,有时就需要回到学校解决。

2. 走访接收留学生实践的单位

走访了 8 家曾经接收来华留学生商务实践的单位,就接收留学生实践或实习的收获、遇到的问题等相关问题进行了访谈,通过分析,探索建设校企联合培养的实践基地管理模式的可行性。

受访者普遍认为,接收来华留学生实习是一件好事,他们带来了很多新思想、新观点,有些是自己从来没有思考过的角度,在企业发展理念上是一种很好的补充。一位接收比利时学生实习的企业受访者认为,外国人不作假,有什么说什么,做事认真的态度,对中国员工有很大触动。

同时他们也表示,留学生给他们带来的麻烦也不少。主要有:签证的问题,需要给他们提供各种证明;时间的问题,实习时间太短,开始时什么都做不了,工作刚刚熟悉就离开了;文化冲突严重,有的留学生个性太强,不知如何与同事合作,有的留学生在与客户交流时,不懂得中国文化的一般常识,方式方法有问题,造成很坏的影响;宗教信仰和风俗习惯的问题,有的小企业没有穆斯林餐厅,一些信仰伊斯兰教的留学生生活上会遇到麻烦。企业表示,最大的问题是用工性质,中国政府不允许留学生有偿工作,但是企业不知如何解决他们的待遇问题,有时操作起来很麻烦。

3. 召开座谈会

与北京亦庄高新技术开发区、苏州工业园区、京融典当连锁公司、广州进出口商品交易会管理处、深圳三达进出口贸易有限公司等企业就合作培养商务汉语应用型人才问题召开多次座谈会,结合其中一些具体问题进行探讨。他们都接收了一定量的学生实习,建立了长期合作的关系。

(二) 数据整理

1. 基本情况

我们整理出北京语言大学近10年共计20次来华留学生长途语言实践活动近350万字的资料,包括实践活动的准备、过程、总结以及实习报告,同时对校企联合培养的实践教学模式进行了深入研究。

2. 进行课程资源整合

首先梳理出已开设的商务汉语特色课程的实践项目,对已有模式、将要采用的模式等进行横向聚合,分析商务汉语实践教学可采用的常态模式(如表8-1所示)。

表8-1 社会实践方式

课程	已有实践模式	计划实践模式	常态模式
商务汉语综合	参观、考察	短期实习	1.深入参观、考察,请企业讲师团介绍企业发展历史及特点,深入了解中国企业特点。 2.与企业建立长期联系,参与短期或临时的企业业务工作。 3.与企业建立长期联系,定期组织留学生实习。 4.学生自己建立网络或实体公司,自主实践。 5 组织学生参加各种会展,做志愿者,或成为工作人员。 6.组织学生做社会调查,就一个社会现象进行深入探究。 7.在企业参与下,组织学生参加各种竞赛,在竞赛中学习提高。 8.在企业指导下,建设商务汉语仿真实验室,提供学生实践场所。
商务汉语口语	参观、考察	参与商务谈判	
国际贸易实务	利用仿真实验室进行贸易活动	真实贸易活动	
当代中国经济	参观、考察		
经济学原理	调查中国经济现象	深度调研	
市场营销	模拟成立公司	市场调研	
经济调研	调查数据整理	深度调研	
商务文化	考察	深度调研	

然后,纵向理顺实践任务,系统规划商务实践在不同层级的内容,认真落实,并制定严格的实践考核标准。在教师和企业导师的指导下,三年

级以学校组织为主,鼓励学生参加实践。三上可以去参观生产企业和经营企业、去饭馆订餐、去开发区参观考察、发放广告宣传单、做产品用户意见调查、向顾客解释产品说明等;三下可以与媒体商谈广告、去税务局咨询、参与业务洽谈、向老板汇报工作、组织召开公司业务大会、参加会展做志愿者服务等。四年级以校企联合培养为主,建设双师型学习模式。四上去企业实习(半学期)、草拟合同、设计企业策划书、设计产品宣传广告、就一个经济现象做社会调查等;四下综合运用所学知识,模拟开设一个公司,深入了解外国人在中国开设公司的全部过程及相关管理运营情况。学生毕业前完成毕业汇报演出。

3. 社会实践教育的基本路径

(1)充分利用聚合课程跨学科的优势,做好实践设计方案

社会实践与课堂理论学习是互促共生的学习阶段,也是使知识和能力相互促进、相互依存、相互融合的成长过程。充分的理论知识学习、足够的课堂知识储备、细致周全的实践设计是完成社会实践的必要准备和前提保障。聚合课程从多学科的视角赋予学生知识储备,开阔了学生的视野,拓展了学生的学习空间,提升了学生参与社会实践的认知范围,为学生参与无限广阔的社会实践提供了更加充分的准备,使成功的社会实践成为可能。所以,聚合课程的每一聚合项都要在理论教学中为学生参与社会实践做好学科专业知识的铺垫和实践的衔接。将多学科的内容进行统整,形成实践的目标、行动、程序、结果,从而设计出完整的实践方案。

(2)通过多学科交叉融合,开展多方位实践考察

多学科的知识积累拓宽了参与社会实践的覆盖面。可以开展实践考察活动,通过参观使学生实地了解中国社会的发展状况,帮助其转变对中国的旧有观念,消除因不同文化产生的偏见和误解,加深对中国文化的理解和体验,培养对中国的友好感情。考察可以根据需要采取多种类型,一是参观有代表性的自然和人文景观,比如,北京胡同、长城、故宫、苏州园林、敦煌莫高窟等,加深对中国文化的理解。二是深入考察改革前沿重点建设项目,比如,三峡大坝、南水北调、经济特区等,加深对中国改革开放

的理解。三是有针对性地进行社会调研,比如,调查分析中国老字号企业的发展情况、某一中外合作项目的进展情况等,充分了解中国市场经济的特点、中外合作的意义等。四是开展助残慈善活动,比如,组织留学生利用双休日到孤儿院、养老院开展志愿服务,帮助学生深入感知中国尊老爱幼的优秀传统。

(3)基于多学科知识储备,开展多形态实践活动

实践活动的开展还可以根据各个聚合项的学科特点进行设计。以前述的"人类文明与当代中国"聚合课程为例,基于文学和艺术学科知识,可以开展竞赛、作品设计展演等形式,让学生在文学艺术的创作中提升自己的人文素养和能力;基于计算机、新媒体等学科知识,可以开展电子商务实践,指导学生设计电子商务方案,鼓励并引导学生积极参与项目策划,从选题、市场调研、数据分析,到撰写市场调研报告、论证商务企划书、参加答辩等,完成全程活动;基于人工智能、大数据等学科知识,可以开展调研和考察活动,围绕感兴趣的话题设计调研问卷或考察提纲,完成调研或访谈,再进行数据整理和分析,形成调查报告或考察报告;基于语言学、教育学等学科知识,开展翻译、语言志愿服务等活动,助力各种会展、大型外事活动等顺利举办。

(4)综合学科知识积累,开展毕业设计

将毕业设计与实习实践相结合,完成理实兼备的实践成果。首先通过课堂学习和一定的社会体验确定选题;然后针对选题进行深入的社会实践,获得大量有助于完成毕业设计的数据资料;之后在此基础上完成研究假设;最后通过实践验证假设,从而完成毕业设计。

二、校企联合培养的实践育人机制

(一)校企联合培养的意义

1. 拓宽了教学内容,丰富了国际中文教育思想

书本上的订单、谈判等教学内容已经不能满足信息化时代汉语学习者的要求,真实社会环境中的知识是丰富多彩的,让学生通过亲力亲为掌

握知识,提高能力,是现代教育的一个内容创新。借助线上线下相结合的信息化教学手段,使教学内容成为开放的系统,通过学校与企业联合培养,为学习者提供更为实用、开放的中文知识系统和更多元的能力保障。

中国传统教育理念强调知行合一,校企联合培养的中文教学的理论基础是建构主义和人本主义。教育必须尊重学生原有的经验,并要努力为学生提供亲身经历积累经验的机会,使学生在真实世界的环境下通过自主学习,发展创新实践能力;重视学生间的合作学习和社会实践,发展社会交往能力。通过校企联合,探索社会实践教学的内容、方法、路径,找到困扰实践教学的瓶颈,为来华留学生社会实践教学找到一条规范有序的新路径。

2. 提高留学生职业素质,增强留学生就业竞争力

与中外企业建立联合共赢的培养关系,通过校企联合培养,留学生学以致用,在为企业做市场调研、数据收集与分析、项目研究及行业内公司分析、提供行业研究报告等实践性工作的同时,对企业的商务环境与行业要求能够有相对完整的认识,便于对自身的职业发展进行规划定位,为日后就业提供积极的教育环境,还可以为毕业论文写作提供选题参考。教学环境由传统的教室转到线上,再转为真实的社会环境,使学生亲身接触社会中相关工作,在实践中得到锻炼和提高,创生出新的教学业态。通过校企联合培养,把在教室中学习理论知识的学生转变为参与实践活动的职员,教师由师傅替代。这对于学生适应社会,提高工作能力是非常有利的,也提高了学生的自主创新精神和实际业务能力。

建立校企联合培养中文人才的教学模式,通过多形式、多渠道建设社会实践教学基地,形成科学适用的人才培养模式,能够使学生的知识结构和专业能力得到全面发展,为国际人才市场及跨国企业提供具有实际工作能力的多元复合型人才,培养全球化公民。同时,来华留学生的中文、专业理论知识储备和实际工作技能的全面提升,为学生的就业提供了更多机会,也为其参与国际人才市场竞争奠定了基础。

3. 建立校企联合培养机制,实现教学理念和教学方法的转变

校企联合培养是高等学校对"转变教育观念,创新培养模式,改革管

理体制,提高培养质量"的践行,符合现代教育的理念。国际中文教育是实践性较为鲜明的专业,教学强调理论与实践的结合,要始终与企业保持密切联系,通过校企联合的平台,建设校企联合培养的教学模式,建设一套适合来华留学生的校企联合培养的课程体系、教学方法、人才评价体系、考核体系。传统的师生授受的形式已经不能满足现代教育的需要,通过实践教学,采取"双师制"教育形式,让学生在做中学,同时通过在工作环境中与同事的交流互动,实现理论与实践的结合。把传统的校园学习转变为全方位、多层次育人环境,走出一条国际中文教育的新路,把来华留学生的教育建设为培养国际化、复合型、应用型的高水平人才的摇篮。

以应用性和专业性较强的专业汉语——商务汉语为例,搞好这一领域汉语教学,找到一条适合其发展的路径,可以为包括旅游汉语、科技汉语、中医汉语等专门用途汉语的教学提供范式。从建构主义理论入手,研究建立具有普适性的联合培养理论指导体系,能够为来华留学生的实践能力养成提供理论支撑。通过校企联合培养,实现了理论与实践的结合,使学生在商务语言和商务理论知识学习的基础上,重视商务实践能力的养成,学会中国商务环境下的实际操作,从而有助于探索校企联合培养商务汉语人才的规范有序的路径。

4. 提高学校的知名度和影响力,培养一批专业化的教师

学校与企业联合培养国际化人才,可以提高学校的声誉,也可以给学校带来一些发展的新思路,比如可以把联合培养课题化、项目化、制度化。同时在联合培养中,教师与企业的近距离接触是了解企业经营管理以及企业文化的最佳途径,可以为教师开展案例研发和拓展科研课题提供重要的第一手材料。

5. 增强企业外向型竞争力,为企业发展提供活水之源

在留学生实习或见习的过程中,企业可以充分展示企业实力和形象,有利于企业的口碑宣传和商业合作。同时,企业可以借助来自校园和跨文化的智慧获得有价值的参考意见,比如学生可以为企业就某一专题提

供解决问题的思路和建议。企业也可以在实践中发现人才和储备人才,为将来聘用提供参考依据,充实企业的国际化力量,促进企业整体形象和实力的提升。通过多元文化的交融,提高企业的核心竞争力。

(二) 校企联合培养的必要性

校企联合培养是实践教育的延伸和指向,这种培养模式是一种多赢之举。对留学生来说,可以直接见证中国发展,提高语言交际能力,提升职业资历和就业竞争力;对企业来说,可以优化企业文化,展示企业实力,发现和留住高素质、国际化的人才;对学校来说,可以培养高质量、复合型、应用型人才,使之更好地与国际人才市场接轨。[①] 下面以商务汉语为例阐释其意义。

1. 从商务汉语自身的特点看

商务汉语是以汉语为目标语言,以商务活动作为专门用途,以掌握经济、贸易、管理等基础知识和基本技能以及商务规则等文化因素为复合培养目标的对外汉语专门用途语言教育。它的基本内容围绕贸易、投资等经济、商务和社会活动展开,涉及经济、管理、法律、外交、媒体、社交等多领域,实践性是其重要特征。《2011国际商务汉语年度报告》在"商务汉语教学的知识板块"排列中,把"商务实践能力"作为最高级别的教学目标。而商务实践能力的养成不是通过简单的与中国人进行交流就可以实现的,必须经过专业、行业的培养,因此校企联合培养是必要的选择。

2. 从社会的客观需求看

目前,实践教育已成为高等教育的一种普遍性理念和制度化要求。党的十八大报告中提出要培养学生的社会责任感、创新精神和实践能力。《教育部等部门关于进一步加强高校实践育人工作的若干意见》(教思政〔2012〕1号)中明确指出,各高校要结合专业特点和人才培养要求,增加实践教学比重,人文社会科学类本科专业实践教学比重不少于总学分(学

---

① 沈庶英.商务汉语教学理论研究与方法创新[M].北京:北京语言大学出版社,2013:127.

时)的15%、理工农医类本科专业不少于25%、高职高专类专业不少于50%,师范类学生教育实践不少于一个学期,专业学位硕士研究生不少于半年。

作为与商务汉语同属于专门用途语言的商务英语,其教学模式可以为商务汉语教学提供参考,商务英语教学结合探究式教学法、体验式教学法、任务型语言教学法、内容型语言教学法、项目教学法、问题教学法等理论,采取场景模拟、项目主导、校企合作、工学结合、顶岗实习、建立实习实训基地等模式,对实践教学进行了一系列探索。但商务汉语实践教学的研究还很薄弱,大多仅以课堂为核心,或在课堂教学中增加一定的实践元素,或创设一些模拟商务活动,而没有形成真正意义的商务汉语实践教学体系。加强来华留学生汉语、商务专业知识的应用能力及中国文化的素养,提高学生整体素质,是培养国际化、复合型、高素质、创新型人才的重要途径。

3. 从学生的主观愿望看

通过对学生的调查,所有学生对课程结构中实习和实践活动太少感到不满意,认为这是他们日后就业所必需能力结构的严重缺失,迫切希望有到企业实习、实践的机会,以提高职业素质,加强职业竞争力。

(三) 校企联合培养亟待解决的问题

目前就大多数学校来说,针对来华留学生的实践教学还很薄弱,校企联合培养没有真正进行。学生在四年的学习时间里,只有三下阶段有一次为期一周的长途考察活动,而活动仅仅限于参观,并没有真正深入到企业中工作和学习,对于企业的经营管理、基本业务、深层文化都没有机会了解,更谈不上建立校企联合培养的课程设置、教学内容、教学评价等一系列成熟完整的体系。这直接影响了学生创新能力和实践能力的养成。校企联合培养应考虑以下问题。

(1)考察应制订相对稳定、系统的主题大纲;需建设多家代表中国经济发展特点的典型商务考察基地;考察时间、方式、线路安排应整体规划,通盘设计;学校应自主选择,而不应迁就企业的情况临时安排。

(2)为来自各个国家的学生提供均等的实践机会。企业用人常常有国别的要求，导致一些大语种国家的留学生有更多的实习机会，而小语种国家的留学生机会很少，甚至没有机会实习。这对于全面提升学生整体素质和能力有一定影响。应通过校企多种合作，为每个学生寻找实习机会。

（3）企业的实践内容与学校的教学内容需要充分衔接。接纳实习的企业工作性质和工作环境不同，对学生的知识储备要求不同，而现在的学校课程设置还没有细化到按照企业类型来设置，因此理论和实践的对接还有一定的差距。这就需要校企联合建设课程体系。

（4）联合培养的教学管理、组织架构、导师队伍建设需要不断完善，教学管理需要形成一个成熟的体制、机制，各个企业的管理模式虽然不尽相同，但外国人进入企业的一些必要措施需要跟上；需要校企合作共同建设一支专业导师队伍，导师要有人才培养的整体意识和培养能力，在评价体系上需要一整套科学有序的标准。

（5）注意理实结合。第二课堂的建立不仅仅需要实践过程，更需要理论指导和科学总结，从而形成一整套校企联合培养的理论架构。目前的很多方面都在探索和尝试，还缺少理论支撑，要着眼实践教学的理论研究，从而形成学校、企业、社会多方联动的人才培养理论体系。

（四）校企联合培养模式研究内容

1. 设计培养方案

建立校企合作规划、合作培养机制，把人才培养融入企业生产服务流程和价值创造过程。中文实践能力培养注重理论知识的实际应用，应建设包括语言能力、工作能力、跨文化交际能力在内的应用型课程体系。语言能力重在于通过实践进一步理解所学的中文知识，提升中文应用技能；工作能力强调在中国社会环境下对中文的运用能力；跨文化交际能力侧重不同文化背景的人们能够顺畅地运用中文进行交际，正常推进工作的能力。

2. 研究联合培养形式

结合信息化时代中文教学特点，利用在线教学的优势资源，积极探索"企业班"、订单培养，顶岗实习，共建实训基地等多形式、多主体、多层次校企联合培养模式，基地建设可以采取建立企业培养基地、校园培养基地、引校进厂、引厂进校、前企后校等多种形式。可以是2+2或2+1+1或1+2+1等分段培养模式,也可以让学生利用寒暑假进驻基地实习,或者在理论学习的同时给学生一定的工作任务,采取融合式项目化管理等。学生实习的工作可以是面上的,如帮助企业做一些翻译工作,或为企业做一些宣传广告等;也可以是深层次的,如参与项目策划,或参与项目谈判,甚至可以参与企业的管理。比如,学生在典当行等金融机构参与企业融资、信贷管理、保险经营、租赁业务等,对金融系统的业务有了一定了解,同时熟悉了中国的商务环境。学生在做中学,采用项目教学、案例教学、讨论教学、现场教学等形式,做到校企一体化、理实一体化、教师师傅一体化、学生员工一体化。

3. 研究联合培养考核体系

联合培养评价要灵活多样,实行过程性评价与终结性考试相结合,注重过程性评价,注重应用型能力考查,建立完善的学分管理制度,特别注重考核真实社会环境下语言应用能力和实际业务操作能力,实行模块考核,注重能力分析,重视理论知识的掌握也强调实际运用能力的提升。根据实践的不同阶段制定动态开放的评价标准。学生可以自由选择模块,每一模块可以参加多次考核,选择最好成绩计入学分成绩。分组完成工作任务,以组内的最差成绩计入学分成绩,从而调动学生合作协调能力。结合信息化技术提供的教学平台,为学生提供过程性评价支撑。

4. 研究来华留学生校企联合培养的参与者

一是针对学生的研究。第一,研究如何使来华留学生积累更多的在中国实际工作的经验;第二,研究如何使来华留学生开阔视野,增长见识,拓宽知识面,增加对中国社会深层次了解,提高应对跨文化障碍的能力;第三,研究如何使来华留学生更好地把课堂学到的知识运用于实际工作,提高就业竞争力。

二是针对学校的研究。第一,研究如何通过开展校企联合培养,使首都高校学科和课程体系更臻完善;第二,研究如何拓展校企联合培养的方法,并进一步形成独特的教学模式;第三,研究如何增强校企联合,建立国际化人才培养基地,把知识与应用相结合,为教学和科研拓宽新的路径;第四,研究如何培养高质量、复合型、创新型、应用型人才,更好地适应国际人才市场需求,从而提高相关高校的知名度和影响力,形成良性循环。

三是针对实践单位的研究。第一,研究接收留学生联合培养的企业,如何形成多元文化、养成国际化视野;第二,研究如何将接收留学生实践变成企业引进国际化人才的良好途径;第三,研究企业如何培养和建立人脉关系和社会资源网络。

5. 研究建立联合培养的理论体系

在社会实践教学应用层面研究基础上,结合社会需求,完善课程体系,研究联合培养方案,从人才培养的角度分析联合培养的实践必要性和理论充分性,逐步形成校企联合教学的理论体系。研究校企联合培养的实践教学类型、层级等。教学的类型根据实践环境分为自然实践感知、人文实践浸润、企业实践教学等;根据实践内容分为语言实践、文化体验、专业知识传授等;根据学习者所处的学习阶段分布不同的层级,既要考虑学习者的语言能力,又要考虑学习者的专业理论基础,形成系统化、理论化、规范化、标准化的模式。

(五) 校企联合培养的措施

根据来华留学的教学和相关管理政策实际,校企联合培养形式需要逐步探索。

1. 建设实践基地

学校与企业合作建设实践基地,每学期组织学生开展参观考察、实习实训、社会调研、项目研究等社会实践,由企业和学校一起开展教学,完善留学生评价体系,把单纯的课堂评价和卷面考试变为考试、考查、实践能力的综合测评。与中外企事业单位联合培养,建立来华留学生社会实践基地。目前在中国适合中文实践的机构、部门或领域有很多,像中国企业、外商投资企业、跨国公司、开发区、港口等,以及与国际中文教育活动密切相关的事业单位,都可以考虑接收来华留学生进行实践。企业还可以为留学生指定指导教师,与学校老师共同指导学生毕业论文写作,共同考核评议学生论文。

2. 建设第二课堂

与企业合作办班,由企业和学校一起授课。还可以到企业去,建立校企联合培养的课程。与企业联合举办联谊活动,让留学生参与策划。在社会上开展研究型学习,为学生设计和提供研究项目,通过课题研究引导学生主动走出课堂,深入了解中国社会,掌握在中国情境下解决问题的能力。比如,举办"中外企业家大讲堂",聘请专家讲师团,由企业经理人给学生讲授和分析企业的经营管理和企业文化知识,增强学生实践能力。讲授地点可以在学校,也可以在企业。

3. 充分利用各种机会为学生创造实践环境

利用中外学生艺术节搞商品展卖促销活动;利用节日鼓励留学生开展商务实践活动,如拉赞助、租会场、出售校园T恤衫等;学生论文答辩请所研究企业的人员参加;学生旁听庭审会,加强对经济法的理解;组织学生参加会展,充分利用各种会展为学生提供实习机会;与各国的商会联系,为留学生在来华的本国企业中寻找实习机会。

实践教学是教学的重要组成部分,也是聚合课程的重要组成部分。社会生活是丰富多彩的,社会实践常常不受学科的局限。很多职业都不是只具备单一学科知识便能胜任的,常涉及跨学科知识。聚合课程的多学科交叉融合的特性为实践教学提供了更为广阔的学科视野和更加多元的实践机会,为实践教学的开展在知识结构上拓宽了路径,做好了厚实的铺垫。聚合课程理论为实践教学提供了指导,并为实践教学的顺利进行开辟了理论通道;实践教学的开展为聚合课程找到了落脚点和理论归宿,一方面可以验证聚合课程的理论,另一方面又能够在实践中将聚合课程的聚合项进行拓展,使通识教育向专业教育拓展。通过聚合课程的实践,学习者可以找到自己学习的兴趣点,激发学习热情,进而有助于确定学科定位,实现持续学习、终身学习。可见,聚合课程既能帮助学习者获得更多更好的实践体验,又能带来更多更实在的学习获得感。

参考文献

专著：

阿什比.科技发达时代的大学教育[M].滕大春,滕大生,译.北京:人民教育出版
　　社,1983.
陈小红.大学通识教育课程:理论与实践[M].汕头:汕头大学出版社,2010.
杜娟,石雪飞,邹丽娜.核心素养导向的STEM教育[M].北京:清华大学出版
　　社,2021.
杜威.杜威教育论著选[M].赵祥麟,王承绪,编译.上海:华东师范大学出版社,1981.
冯惠敏,熊淦,沈凌.弘扬教育自信:中国特色通识教育模式探新[C]//高校·学科·
　　育人:高等教育现代化:2017年高等教育国际论坛论文集,2017:202－211.
甫玉龙,于颖,申福广.大学通识教育比较研究[M].北京:光明日报出版社,2019.
哈佛委员会.哈佛通识教育红皮书[M].李曼丽,译.北京:北京大学出版社,2010.
怀特海.教育的目的[M].庄莲平,王立中,译.上海:文汇出版社,2012.
怀特海.现代西方资产阶级教育思想流派论著选[M].北京:人民教育出版社,1980.
黄俊杰.全球化时代的大学通识教育[M].北京:北京大学出版社,2006.
黄坤锦.美国大学的通识教育:美国心灵的攀登[M].北京:商务印书馆,2023.
江山野.简明国际教育百科全书:课程[M].北京:教育科学出版社,1991.
孔建益,顾杰.提高人才培养质量与高等教育教学改革研究[M].武汉:湖北人民出
　　版社,2012.
联合国教科文组织.反思教育:向"全球共同利益"的理念转变?[M].联合国教科文
　　组织中文科,译.北京:教育科学出版社,2017.
刘珣.对外汉语教育学引论[M].北京:北京语言文化大学出版社,2000.
罗伯特·M.卡普拉罗,玛丽·玛格丽特·卡普拉罗,詹姆斯·R.摩根,等.基于项目
　　的STEM学习:一种整合科学、技术、工程和数学的学习方式[M].王雪华,屈梅,
　　译.上海:上海科技教育出版社,2016.
芦雅洁.工程教育中的通识教育:以四所工科院校机械工程专业为例[C]//素质教育

与立德树人:中国高等教育学会大学素质教育研究分会2018年年会暨第七届大学素质教育高层论坛论文集,2018:341—354.

麦克尼尔.课程导论:第6版[M].谢登斌,陈振中,等译.北京:中国轻工业出版社,2007.

沈庶英.商务汉语教学理论研究与方法创新[M].北京:北京语言大学出版社,2013.

吴勇毅,徐子亮,朱堪宇.对外汉语教学理论与语言学科目考试指南[M].北京:华语教学出版社,2003.

杨颉.大学通识教育课程:借鉴与启示[M].上海:上海交通大学出版社,2009.

赵金铭.对外汉语教学概论[M].北京:商务印书馆,2004.

CAMPBELL D M, HARRIS L S. Collaborative theme building: how teachers write integrated curriculum[M]. Boston, MA: Allyn and Bacon, 2001.

ERICKSON H L. Concept-based curriculum and instruction: teaching beyond the facts[M]. Thousand Oaks, CA: Corwin Press, 2002.

FARRINGTON C A, MELISSA R, ELAINE A, et al. Teaching adolescents to become learners: the role of noncognitive factors in shaping school performance: a critical literature review[M]. The University of Chicago Consortium on Chicago School Research, Chicago, 2012.

KOVALIK S, OLSEN K. ITI: the model: integrated thematic instruction[M]. 3rd ed. Oak Creek, AZ: Susan Kovalik & Associates, 1997.

LAVE J, WENGER E. Situated learning: legitimate peripheral participation[M]. New York: Cambridge University Press, 1991.

RONIS D L. Clustering standards in integrated units[M]. 2nd ed. Thousand Oaks, CA: Corwin Press, 2008.

SOUSA D A. How the brain learns[M]. 3rd ed. Thousand Oaks, CA: Corwin Press, 2005.

STUFFLEBEAM D L. The CIPP model for evaluation[M]//KELLAGHAN T, STUFFLEBEAM D L, WINGATE L A. International handbook of educational evaluation. Dordrecht: Kluwer Academic Publishers, 2003.

VYGOTSKY L S. Mind in society: the development of higher psychological processes[M]. Cambridge, MA: Harvard University Press, 1978.

VYGOTSKY L S. Thought and language[M]. Rev. ed. Cambridge,MA:MIT Press,1986.

ZEIDNER M,BOEKAERTS M,PINTRICH P R. Self-regulation:directions and challenges for future research[M]//BOEKAERTS M,PINTRICH P R,ZEIDNER M. Handbook of self-regulation. Pittsburgh:Academic Press,2000:749-768.

报刊文献:

白强.大学知识生产模式变革与学科建设创新[J].大学教育科学,2020(3):31-38.

陈凡,何俊.新文科:本质、内涵和建设思路[J].杭州师范大学学报(社会科学版),2020,42(1):7-11.

陈向明.对通识教育有关概念的辨析[J].高等教育研究,2006(3):64-68.

崔军,汪霞.从历史走向未来:麻省理工学院通识教育理念探析[J].大学(学术版),2012(6):71-77.

崔希亮.关于汉语国际教育的学科定位问题[J].世界汉语教学,2015,29(3):405-411.

崔希亮.世界格局剧烈变化背景下的国际中文教育[J].天津师范大学学报(社会科学版),2022(4):23-29.

崔希亮.新时代国际中文教育面临新的课题:代主持人语[J].云南师范大学学报(哲学社会科学版),2022,54(3):46-47.

戴丽娟.美国大学通识教育课程模式研究:以UCLA的聚合课程为例[J].大学(学术版),2013(12):73-77.

段鹏.历时、共时及经验:国际中文教育及传播应用研究[J].西北师大学报(社会科学版),2022,59(4):76-84.

段禹,崔延强.新文科建设的理论内涵与实践路向[J].云南师范大学学报(哲学社会科学版),2020,52(2):149-156.

樊丽明,杨灿明,马骁,等.新文科建设的内涵与发展路径:笔谈[J].中国高教研究,2019(10):10-13.

方嘉静,田秋华.基于CIPP模式构建中小学劳动教育课程评价指标体系[J].教育导刊,2022(5):56-63.

冯果.新理念与法学教育创新[J].中国大学教学,2019(10):32-36.

冯增俊.香港高校通识教育初探[J].比较教育研究,2004(8):66-70.

龚放.现代大学通识教育之我见[J].上海高教研究,1997(2):46-50.

顾莎莎.法治逻辑与进路:"一带一路"教育共同体图景与来华留学生培养[J].比较教育研究,2019,41(12):3-11.

郭晶,吴应辉.大变局下汉语国际传播的国际政治风险、机遇与战略调整[J].云南师范大学学报(哲学社会科学版),2021,53(1):46-53.

何克抗.建构主义的教学模式、教学方法与教学设计[J].北京师范大学学报(社会科学版),1997(5):74-81.

何玲,黎加厚.促进学生深度学习[J].现代教学,2005(5):29-30.

何万国,漆新贵.大学生实践能力的形成及其培养机制[J].高等教育研究,2010,31(10):62-66.

核心素养研究课题组.中国学生发展核心素养[J].中国教育学刊,2016(10):1-3.

胡范铸,陈佳璇,张虹倩.目标设定、路径选择、队伍建设:新时代汉语国际教育的重新认识[J].世界汉语教学,2018,32(1):3-11.

胡范铸,张虹倩,陈佳璇.后疫情时代中文国际教育的挑战、机缘和对策[J].华文教学与研究,2022(2):49-56.

江渝."通才教育":西南联大成功经验探析[J].西南民族大学学报(人文社科版),2010,31(8):252-257.

江渝,李杰.从思想自由到学术自由:西南联大的大学之道[J].西南民族大学学报(人文社科版),2008,29(12):286-290.

金宏奎.中西大学通识教育理念演进与制度建设比较研究[J].当代教育理论与实践,2017,9(12):48-53.

李宝贵,李辉.中文国际传播能力的内涵、要素及提升策略[J].语言文字应用,2021(2):2-15.

李宝山,钱明辉.论知识增值机制[J].山西财经大学学报,2003(6):20-23.

李凤亮.新文科:定义·定位·定向[J].探索与争鸣,2020(1):5-7.

李建珍.建构主义理论指导下的中小学教师信息技术培训[J].电化教育研究,2003(3):70-73.

李曼丽.专业教育与通识教育相结合:面向21世纪的中国高等学校课程改革[J].高

等教育研究,1998(1):27-28.

李曼丽,汪永铨.关于"通识教育"概念内涵的讨论[J].清华大学教育研究,1999(1):96-101.

李泉.2020:国际中文教育转型之元年[J].海外华文教育,2020(3):3-10.

李泉.试论汉语预科教育若干问题[J].国际汉语教学研究,2016(3):19-27.

李睿.新加坡大学通识教育课程模式的特征及问题[J].惠州学院学报(社会科学版),2017,37(5):119-124.

李宇明,翟艳.来华留学汉语教育70年:回顾与展望[J].语言教学与研究,2021(4):1-10.

刘利.新文科专业建设的思考与实践:以北京语言大学为例[J].云南师范大学学报(哲学社会科学版),2020,52(2):143-148.

刘民,田娟.教育综合改革背景下我国高等教育教学的变与不变[J].高教探索,2015(8):36-40.

刘拓,陈秀平,李平康.中美部分大学通识教育实践比较研究[J].黑龙江高教研究,2004(3):156-159.

刘献君.抓住四个关键问题 加强大学本科课程建设[J].中国高等教育,2013(17):40-43.

路甬祥.学科交叉与交叉科学的意义[J].中国科学院院刊,2005(1):58-60.

吕必松.关于教学内容与教学方法问题的思考[J].语言教学与研究,1990(2):4-13.

马世年.新文科视野下中文学科的重构与革新[J].西北师大学报(社会科学版),2019,56(5):18-21.

宁琦.社会需求与新文科建设的核心任务[J].上海交通大学学报(哲学社会科学版),2020,28(2):13-17.

庞海芍,王瑞珍.通识教育在香港[J].北京理工大学学报(社会科学版),2007,9(S1):164-169.

庞海芍,余静,郇秀红.港台高校的通识教育管理模式与启示[J].江苏高教,2016(2):103-106.

屈淑娟.新文科背景下多元学习评价研究[J].甘肃教育研究,2022(2):4-6.

任伟伟,郭峰.澳门科技大学人才培养模式述评及其启示[J].现代教育科学,2010(1):135-138.

沈庶英.基于跨学科模式的聚合课程研究:兼谈商务汉语聚合课程建设[J].教育研究,2018,39(1):119-125.

沈庶英.重视和加强新形势下的来华留学实践教育[J].中国高等教育,2015(11):45-47.

施久铭.核心素养:为了培养"全面发展的人"[J].人民教育,2014(10):13-15.

宋乃莲.浅谈来华留学生教育管理[J].中国高教研究,2000(9):44-45.

孙莉,冯秀娥,赵玉辉,等.高等院校文化素质教育课程体系建设的比较研究[J].教书育人,2014(5):65-67.

孙智昌.论学生的实践能力及其培养[J].教育研究,2016,37(2):110-118.

唐少清.全人教育模式的中外比较[J].社会科学家,2014(12):110-118.

唐衍军,蒋翠珍.跨界融合:新时代新文科人才培养的新进路[J].当代教育科学,2020(2):71-74.

陶东风.新文科新在何处[J].探索与争鸣,2020(1):8-10.

王辉.新冠疫情影响下的国际中文教育:问题与对策[J].语言教学与研究,2021(4):11-22.

王娟,吴永和."互联网+"时代STEAM教育应用的反思与创新路径[J].远程教育杂志,2016,35(2):90-97.

王铭玉,张涛.高校"新文科"建设:概念与行动[N].中国社会科学报,2019-03-21(4).

王义遒."漏网之鱼"或许是"卓越"之源:从《"双一流"建设,学科真的那么重要吗》一文说开去[N].中国科学报,2019-12-18(1).

王正.新文科的实践导向性与平民性[J].探索与争鸣,2022(3):26-28.

魏影.中国与新加坡历史学专业本科课程体系比较研究:以南洋理工大学与黑龙江大学为例[J].黑龙江教育(理论与实践),2017(12):5-6.

温荣芬.新文科背景下高校教材重构及实施路径:以大学英语通用教材为例[J].高教探索,2021(9):124-127.

文秋芳,杨佳.从新冠疫情下的语言国际教育比较看国际中文在线教育的战略价值[J].语言教学与研究,2020(6):1-8.

吴成国,吴攸.港澳高校通识教育对我们的启示[J].通识教育研究,2017(00):36-43.

吴坚.美国研究型大学通识教育课程模式及启示[J].华南师范大学学报(社会科学版),2016(6):97—102.

吴岩.新使命 大格局 新文科 大外语[J].外语教育研究前沿,2019,2(2):3—7.

吴应辉.国际中文教育新动态、新领域与新方法[J].河南大学学报(社会科学版),2022,62(2):103—110.

吴应辉.新时代国际中文教育服务强国战略八大功能与实现路径[J].云南师范大学学报(哲学社会科学版),2022,54(3):48—56.

吴应辉,梁宇.交叉学科视域下国际中文教育学科理论体系与知识体系构建[J].教育研究,2020,41(12):121—128.

习近平.结合中国特色社会主义伟大实践 加快构建中国特色哲学社会科学[N].光明日报,2016—05—18(1).

习近平.同舟共济创造美好未来:在亚太经合组织工商领导人峰会上的主旨演讲[J].中华人民共和国国务院公报,2018(34):7—11.

习近平.文明交流互鉴是推动人类文明进步和世界和平发展的重要动力[J].思想政治工作研究,2019(6):7—9.

谢鑫,蔡芬.美国一流大学通识课程结构的模式分析:以哈佛大学、哥伦比亚大学、普林斯顿大学、芝加哥大学和布朗大学为例[J].教学研究,2020,43(3):67—75.

阎亚林.另一种大学竞争力:中国台湾高校通识教育的两次评鉴[J].教育理论与实践,2005(10):57—62.

殷冬玲,朱镜人.古希腊自由教育思想的嬗变及对英国大学通识教育的影响[J].高教探索,2015(12):41—45.

殷世东.中小学劳动教育课程评价体系的建构与运行:基于CIPP课程评价模式[J].中国教育学刊,2021(10):85—88.

余胜泉,胡翔.STEM教育理念与跨学科整合模式[J].开放教育研究,2015,21(4):13—22.

余新.国际理解教育发展的研究[J].外国教育研究,2002(8):22—26.

袁凯,姜兆亮,刘传勇.新时代 新需求 新文科:山东大学新文科建设探索与实践[J].中国大学教学,2020(7):67—70.

张德启.台湾高校通识教育课程发展及其特色[J].河北师范大学学报(教育科学版),2009,11(9):89—94.

张建芳.美国STEM发展脉络及对我国基础教育的启示[J].湖北教育(科学课),2018(4):87－91.

张健.创客空间支持下小学STEM课程建设的实践研究[J].求知导刊,2020(12):18－19.

张俊.美与自由教育[J].哲学动态,2020(10):120－126.

张俊宗.新文科:四个维度的解读[J].西北师大学报(社会科学版),2019,56(5):13－17.

张亮.我国通识教育改革的成就、困境与出路[J].清华大学教育研究,2014,35(6):80－84.

张庆玲.世界一流学科建设背景下人文学科的生长困局分析[J].大学教育科学,2021(1):44－52.

张伟达,张伟成,王海艳,等.STEAM教育对我国科学教育改革的启示[J].东南大学学报(哲学社会科学版),2017,19(S2):136－138.

张雪,张志强.学科交叉研究系统综述[J].图书情报工作,2020,64(14):112－125.

章开沅.通识教育与人文精神[J].高等教育研究,1995(2):1－3.

赵奎英.试谈"新文科"的五大理念[J].南京社会科学,2021(9):147－155.

赵兴龙,许林.STEM教育的五大争议及回应[J].中国电化教育,2016(10):62－65.

赵中建,施久铭.STEM视野中的课程改革[J].人民教育,2014(2):64－67.

钟建林,苏圣奎."强基计划"政策解读及因应策略:兼析36所"强基计划"试点高校2020年招生简章[J].教育评论,2020(5):3－13.

周谷平,张丽.我国大学通识教育的回顾与展望[J].教育研究,2019,40(3):107－116.

周毅,李卓卓.新文科建设的理路与设计[J].中国大学教学,2019(6):52－59.

朱立明,宋乃庆,黄瑾,等.STEAM教育核心理念下的深度学习:理据、架构与路径[J].中国教育学刊,2022(1):69－73.

APPLEFIELD J M, HUBER R, MOALLEM M. Constructivism in theory and practice: toward a better understanding[J]. The high school journal, 2001, 84(2): 35－53.

BANDURA A. Self-efficacy: toward a unifying theory of behavioral change[J]. Psychological review, 1977, 84(2): 191－215.

EISNER E. Preparing for today and tomorrow[J]. Educational leadership, 2003,

61(4):6—10.

LEE M. Spark up the American Revolution with math, science, and more: an example of an integrative curriculum unit[J]. The social studies, 2007,98(4):159—165.

PRINTY S M, MARKS H M. Shared leadership for teacher and student learning[J]. Theory into practice, 2006,45(2):125—132.

SCRIBNER J, SAWYER R K, WATSON S, et al. Teacher teams and distributed leadership: a study of group discourse and collaboration[J]. Educational administration quarterly, 2007,43(1):67—100.

SCRIVEN M. The fine line between evaluation and explanation[J]. Social work practice, 1999, 9(4):521—524.

学位论文：

JOHNSON T R. Natural resources integrated curriculum: a formative program evaluation[D]. Minneapolis: Walden University, 2011.

电子资源：

王辉,冯伟娟. 何为"国际中文教育"[EB/OL]. (2021—03—15)[2024—02—27]. https://www.gmw.cn/xueshu/2021—03/15/content_34688036.htm.

习近平. 在哲学社会科学工作座谈会上的讲话[EB/OL]. (2016—05—18)[2024—02—27]. http://www.xinhuanet.com/politics/2016—05/18/c_118891128_2.htm.

VARLOTTA L. The new liberal arts: where mobile technology meets mindful technology[EB/OL]. (2020—03—26)[2024—02—25]. https://evolllution.com/technology/tech-tools-and-resources/the-new-liberal-arts-where-mobile-technology-meets-mindful-technology.

VARLOTTA L. Hiram College as the new liberal arts: integrated study, high-impact experiences, mindful technology[EB/OL]. (2017—04—05)[2024—02—25]. https://www.higheredtoday.org/2017/04/05/hiram-college-new-liberal-arts-integrated-study-high-impact-experiences-mindful-technology.

教育部.《新文科建设宣言》正式发布[EB/OL]. (2020—11—03)[2024—02—27]. https://www.eol.cn/news/yaowen/202011/t20201103_2029763.shtml.

教育部 国家语委关于印发《〈国家语言文字事业"十三五"发展规划〉分工方案》的通知[EB/OL].(2017-01-16)[2024-02-27]. http://www.gov.cn/xinwen/2017-01/16/content_5160213.htm.

中共中央、国务院印发《中国教育现代化2035》[EB/OL].(2019-02-23)[2024-02-27]. http://www.gov.cn/zhengce/2019-02/23/content_5367987.htm.